“十三五” 期间权威专家联袂推荐　全新解码整合案例

整合创新

移动互联 · 物联网 · 大数据时代的资源整合

Integrate together Pioneering

杜芸◎编著

中国财经出版传媒集团
中国财政经济出版社

图书在版编目（CIP）数据

整合创新：移动互联·物联网·大数据时代的资源整合／杜芸编著．
—北京：中国财政经济出版社，2017.7
ISBN 978-7-5095-7606-9

Ⅰ．①整…　Ⅱ．①杜…　Ⅲ．①企业管理—战略管理—研究
Ⅳ．①F272.1

中国版本图书馆 CIP 数据核字（2017）第 175560 号

责任编辑：贾延平　张　莹　宁　鑫　　　　责任校对：张　凡
版式设计：陈宇琰

中国财政经济出版社出版
URL：http：//www.cfeph.cn
E-mail：cfeph@cfeph.cn

社址：北京市海淀区阜成路甲 28 号　邮政编码：100142
营销中心电话：88190406　北京财经书店电话：64033436　84041336
北京中兴印刷有限公司印刷　各地新华书店经销
787×1092 毫米　16 开　27.75 印张　383 000 字
2017 年 10 月第 1 版　2017 年 10 月北京第 1 次印刷
定价：57.80 元
ISBN 978-7-5095-7606-9
（图书出现印装问题，本社负责调换）
本社质量投诉电话：010-88190744
打击盗版举报热线：010-88190414　QQ：447268889

序一

Preface

如今，整合创新面临一个全新的时代，就是以移动互联、物联网、海量数据为代表的大数据时代。

大数据时代扑面而来，数据成为越来越重要的战略资源，具有巨大的开发利用价值和广阔的发展前景。面对汹涌的信息化潮流，只有积极抢占制高点，才能赢得发展先机。数据资源是各级政府、国民经济各行业、企业、各类协会商会以及个人的重要资源，已经成为发展的核心竞争力，我们要以开放的姿态拥抱大数据，积极推动大数据与现代资源整合的深度融合，争当大数据时代资源整合创新开发利用的“排头兵”。

我在参加《政府工作报告》起草工作时，运用智库、专家库进行支撑，运用互联网、大数据、云计算等现代方法和手段，找内容、找数据、找词语，这都是利用大数据进行资源整合创新的过程。大数据应用既能让我们获得更加客观真实的外部数据，也能让我们得到更加丰富完整的资源总体，提高数据资源采集效率，对数据资源进行深度整合。如果真正打破区域间、部门间的“信息孤岛”，实现资源共享，我们就能倾力打造数据资源整合创新之轨，展开资源整合创新的崭新的时代画卷。

杜芸女士的这本《整合创新——移动互联·物联网·大数据时代的资源整合》紧扣大数据时代脉搏，从新的时代特点出发研究资源的整合创新问题，内容比较翔实，资料较为丰富，对于大数据时代的整合创新和企业发展具有启发作用。

宁吉喆

（国家发展和改革委员会副主任、

国家统计局局长、党组书记）

序二

Preface

“整合思维（Integrative Thinking）”创新性思想是加拿大多伦多大学罗特曼管理学院院长罗杰·马丁（Roger Martin）教授最早提出来的。该思想是马丁教授在他17年商业咨询经验的基础上以及他在哈佛商学院学习的反思中得出的。他认为，领导者制胜的关键在于整合思维，在头脑中能同时处理两种相互对立的观点，并从中得出汇集两方优势的解决方案。马丁教授与许多著名的成功企业家进行了长达数百小时的录像访谈，进一步验证了他的观点。

整合思维是制胜的法宝，但是整合思维绝不只是少数人的天赋。只要人们有意识地去训练自己解决问题的能力，养成一种积极的思维习惯，通过学习，任何人都可以掌握这种方法，最终提高自己整合思维的能力。

目前，对整合思维理论的介绍还不多见，结合大数据时代特点进行落地式的整合创新案例分析和系统研究的专著更少。杜芸女士这本书通过对整合创新思维理论内容的阐述和对国内外案例的研究，比较了整合创新思维与传统思维的关系，重点探讨了整合创新思维对处于经济新常态下经济发展和企业创新的现实意义和价值体现。本书的出版对整合创新思维的传播和实践将起到助推作用。

侯云春

（国务院发展研究中心副主任）

序三

Preface

“整合思维”就是运用发散思维，寻找新的解决方案，而非仅局限于从已有的“解决方案清单”中选择。这一资源整合创新思维理念，贯穿于《整合创新——移动互联·物联网·大数据时代的资源整合》的书。无论是互联网时代的整合创新，还是经济新常态下的企业创新发展，无论是国际大格局下的世界区域经济整合战略，还是人脉资源的发掘，杜芸女士的这本新书都充分体现了整合思维创新的运用。

整合思维需要个人的生活经历、直觉（Gut Feeling）和想象力。

人们进行整合思维一般都包括以下几个步骤：

1. 整合考虑各种因素：在尝试设计问题、提出解决方案的时候，综合考虑各种因素之后再区分主次因素，而非一开始就忽略掉一些因素。

2. 寻找因果关系：积极探索“显性”因素和决定之间的联系。发现思考“非线性”的因果关系，尝试找出数种因果关系的可能性进行比较。

3. 排序和建构：决定哪些因素被重点考虑，哪些应出局；哪些方案应入选，哪些方案应被否定。

4. 生成解决方案：运用“整合思维”最重要的是接受“模糊性”和“不确定性”，需要开放心胸（Open Minded）。

尊杜芸嘱，是为序。

郜风涛

（国有重点大型企业监事会主席）

自序

Preface

我这本《整合创新——移动互联·物联网·大数据时代的资源整合》与前两年出版的《整合致胜》《整合发展》算是“整合”三部曲。把自己多年来从事资源整合、企业战略策划的一点实践体会，结合中外企业与社会发展的案例，做一些梳理，印刷成册，供读者朋友们参考，一直是我的心愿。

新科技、新经济、新时代，创新永远在路上，我们的新思维是永无止境的。本书力图用更多的实践案例来诠释资源整合与创新发展，使读者能够深入浅出地理解整合创新，并在实践和理论探索中创造更加丰硕的成果。

资源整合，本质上是人的整合，因为资源掌握在人的手上。在人生与事业发展中可能缺资金、缺人才、缺团队、缺技术、缺渠道、缺关系等，缺的都是资源，缺的是一个好的环境和圈子。“微软公司”比尔·盖茨能够成为软件行业的领导者和品牌，就是因为他找到了IBM公司。与IBM公司的合作使微软公司在成立之初就站在了巨人的肩膀上。

不怕起步晚，就怕起点低，找到自己的优势，明确自己的方向，善于把别人的价值转换成自己的价值，这就是整合的艺术。

资源整合是企业和社会发展的一条捷径，是现代企业经营中的“法宝”。优秀的创业者所体现出的卓越技能之一，就是善于用发现的眼光，洞悉身边各种资源的属性，运用创新思维，将它们创造性地整合起来，发挥比较优势，带来持续竞争优势的战略资源。

多年来，我执着于整合研究，是因为我把她作为一种爱和虔诚的信仰，我相信，这个世界需要人们从个体的小天地里走出来，带着诚信为本的人格力量融入社会之中，取长补短，相融相守，只有这样，社会才会进步。

这本书，作为一种观点和理念，我知道她并不完全正确。作为读者，你也一定会有所思考。

谨以此，献给我的读者朋友们。

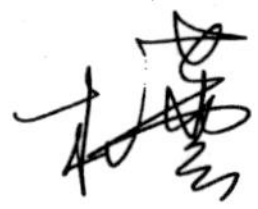

2017.10.1 国庆

要让自己沉浸在

人类创造出的最美好的事物中，

尽力让那些精华为己所用。

——史蒂夫·乔布斯

目录

Contents

第一篇　整合创新概论

第二篇　移动互联时代的整合创新

第三篇　企业的整合创新

第四篇 区域经济与国际合作的整合创新

第五篇　人脉资源整合创新

第六篇　行业协会、商会资源整合创新

第一篇
整合创新概论

第1章

整合创新释义

整合创新（Integration and Innovation），整合是手段，创新是目的。通过整合可以利用的价值资源有人脉关系、技术手段、经济元素、信息数据、社会环境、知识成果等，产生某种新颖、独特、有社会价值或个人价值的思想、观点、方法、技术和产品，形成核心竞争力，就是整合创新。

1.1　整合创新的动力来自于人生目标的追求

我们上小学的时候，使用过一种带橡皮头的铅笔。你知道吗？原来这个整合了两种元素创新出来的产品，恰恰来自于一位画家想要摆脱生活不舒服的感觉。

在铅笔上加个小橡皮，看来十分简单，似乎用不着思考就自然出现了，其实不然。铅笔出现在200多年以前，但过了100多年之后才出现带橡皮的铅笔。

美国有个穷画家，一生没有创作出什么有影响的作品，但是他非常勤奋，每天都要进行创作，因此画室里到处都是草稿纸，搞得他经常不是找不到铅笔，就是找不到橡皮，为此耽误了他不少时间，也破坏了不少创作灵感，他非常恼火。有一天，他实在无法忍受了，就突然产生了一个想法：把橡皮和铅笔绑在一起！

不过，随便绑一块橡皮还是不太方便，头重脚轻，于是，他竟然连画也不画了，着手解决两个问题：

他首先想，橡皮多了太重，少了又不够用，到底多少比较合适呢？其次，他要解决的是用什么方法固定橡皮更方便、合理？最后，他终于想出了一好办法：用一块薄铁皮将橡皮包在铅笔的一头。这就是今天我们见到的带橡皮的铅笔——为此，他申请了专利。

不久，一家著名的铅笔公司用55万美元的巨款买下了这个专利，一个穷画家成了发明家和大富翁。

这是一个典型的将生活中遇到的麻烦转变成新产品的发明，而正是因为这个麻烦太小，小到被人们熟视无睹，所以才在铅笔出现100多年后被这个穷画家发明出来。

人生两大目标是追求快乐和远离苦难，追求快乐可以激发创造，远离苦难同样也能发生改变。因此，当我们在工作、生活中遇到的所有的不舒服、不方便、不适应、不过瘾、不来劲的感受，哪怕最初看起来微不足道，都可能成为我们发明创造和整合创新的灵感源泉，也许，那就是一次革命。

1.2 整合创新的要素在于逻辑思维的突破

中国人有一句名言：有条件要上，没有条件创造条件也要上。整合创新就是创造条件。当然，创造条件是需要突破性思维的，因此整合创新会用到更复杂的逻辑，涉及更多事物的关联性。

讲一个类似笑话的整合资源的故事。

一天，天堂的门坏了，上帝招标重修。上帝找到 A。A 的报价是 6 000 元：材料费 2 000 元，人工费 2 000 元，自己赚 2 000 元。这时，在一旁的 B 赶忙说：我们人工成本低，消费也低，所以我只需要 3 000 元就能给您弄好，理由是材料费 1 000 元，人工费 1 000 元，自己赚 1 000 元。可上帝不想这么快就做决定，又找到 C，C 淡定地说：一共要 9 000 元，3 000 元给 B 干，剩下 6 000 元咱们干另一项工程。最后上帝拍板：就按你说的办！

这显然是杜撰出来的一个笑话，但恰好能够说明整合创新的原则——对资源的关联性的认识及利用。

1.3　整合创新的能力源于创造力

其实，当我们仔细研究许多发明创造的过程时，会惊奇地发现，真正的创造性的技术发明是很少的，大多数的发明都是来自于整合创新。

活力无限的创新者和头脑僵化的专业人士之间最大的差别就是“整合能力”，也就是将各个不同领域内看似毫无内在关联的问题、想法、事物成功地联系在一起的能力。而这种“整合能力”的获得，必须要有宽广的知识面和对事物本质的把握作为支撑。

只有我们对各个行业、各种事物都有所了解，我们才有进行“整合”的基础。如果我们只知道自己所从事的行业，根本没有广博的知识，没有宽阔的视野，没有广泛的兴趣，我们去“整合”什么呢？

在博闻强识、视野开阔的基础上，我们还要善于透过各行各业、万事万物的表象，去挖掘出事物的本质，找出所有事物共同点、共通点，这个“万变不离其宗”的规则，就是我们进行“整合”的方向。

乔布斯是一位伟大的发明家。乔布斯在激发灵感上比绝大多数人做得都好，因为他善于展开联想，将看似无关的事物整合到一起。最重要的是，他是有意而为之。他并不是每一次都清楚这些看似无关的小经历如何串起来，指向何方，但他对此有足够强大的信念：生活中我们经历的一切，无论它怎样细微，怎样平常，只要我们用心，就会发现一切事物和经历都暗藏深意。

我们通过一个例子看看乔布斯的新奇发明吧。

苹果的笔记本电脑插在墙上的电源适配器名叫"Magsafe"，它是一块连接笔记本和电源线的磁铁。

那么，这个 Magsafe 是怎么来的呢？

相信我们许多人都经历过（或害怕经历）这样的事儿：走路的时候，一不留神就可能被电脑的电源线绊住，然后只能眼睁睁地看着桌子上的电脑"砰"的一声翻落在地上。

乔布斯发明 Magsafe 的目的，就是为了防止这种"惨剧"的发生——Magsafe 可以轻松、安全地将电源线与电脑分离。乔布斯的这个创意是怎么来的呢？

他是从日本人身上"窃取"来的。更具体地说，乔布斯将"电饭煲"和"计算机"这两件本质上牛头不对马嘴的东西联想在了一起。

日本人生产的电饭煲多年来一直都采用磁性闩锁的设计，原因只有一个：防止里面的东西洒出来。电脑掉在地上，我们损失的只是一件可以替换的商品，而如果滚开的电饭煲掉在地上，特别是当小孩被电源线绊倒的时候，那后果就不堪设想了！

当 Magsafe 于 2006 年随着苹果的 Macbook 被采用的时候，大小论坛顿时被热情的苹果粉丝铺天盖地的留言占领，他们觉得这是长久以来见到的最酷、最有创意的概念。

当然，Magsafe 确实不是一个新的发明，但关键是，苹果的竞争对手都没能为自己的顾客无微不至地想到这个细节，只有乔布斯做到了！

这就是联想、整合的能力，因为整合，所以才有创新！

1.4　资源整合和资本运作：我们缺乏的可能只是思路

1.4.1　把资源利用到极致

一个 IT 界人士，拥有博士头衔，有在国外学习、生活的经验和圈子，这就是他的资源，于是，他充分利用这一资源来实现自己的创富梦想。

做法：他先提出了在中国建立一个搜索引擎网站的设想（那时，中国网站很少，不像现在，网站多如牛毛），并告诉了他的老师。老师借给他 10 万美金。经过一段时间的探索，他想出了一个有可能赚钱的模式，于是找到国外的风险投资进行游说，并成功获得了新的投资，几年后又成功在纳斯达克上市，赶上股市正疯狂炒作互联网概念，该股票价格和其他相关概念的股票价格一样，一路飙升。于是，该 IT 人士立马成为 IT 精英，一举进入中国富豪榜。其他 IT 精英的致富之路，也基本差不多。

评论：其实，现在看来，建一个网站很容易，找 10 万美金也很容易，那么，为什么他能成功，而别人没有成功，关键在于：

（1）他充分利用了自己所拥有的资源，并且将它发挥到了极致。试想，如果他没有在国外生活过，没有博士头衔，他就很难有超前的眼光，来发现他的机遇，很难去说服国外的风险投资商，除非你实打实地拿出现金流，拿出利润来。

（2）他抓住了一个可以让人发挥想象力的项目，就是说，这个项目有无限扩张的潜力。

1.4.2 整合资源成功就是因为掌握了运作技巧

十几年前，有一个17岁的小伙子来到北京，经过几年打拼，经营起了一家销售家电的商店，后来又经营若干家连锁店，同时他也做一点房地产生意。尽管他干得很成功，但也默默无名。由于进行了资本运作，他突然身价暴涨，成为百亿元富翁。到底是怎么回事呢？其实很简单。

做法：他首先把房地产作价给一家在中国香港上市的公司（在中国香港，低于1港元一股的股票叫仙股）进行资产股权置换，从而很容易地取得上市公司的控股权；然后他迅速扩张他的连锁店，由几家变成几十家，无形资产迅速膨胀。经过评估，再次作价进行资产股权置换，上市公司随即变成市值超过百亿元的几十家家电连锁店的控股公司。小伙子在一夜之间从拥有看不见的、迅速膨胀的、一时无法变现的、说不清楚的无形资产，变成拥有价值上百亿元的可以随时变现的上市公司股东。

评论：经营家电零售业，据说利润很低，很多商店经营困难，为什么这个小伙子能成功。关键是：

（1）他看到了连锁店的好处，即一家成功的模式可以迅速被复制，而实际投入的资本不需要增加太多，但无形资产却能以几何级数增长；

（2）通过学习，他成功地掌握了资本运作的技巧，无须花费太多的资金就实现了对市值上百亿元的上市公司的控制。

1.4.3 发明家的整合传奇

前些年，有一个发明家发明了一种据说可以代替现行冰箱或空调中的制冷剂的环保产品。

做法：为了推广该产品，他在全国各地注册了许多家公司，并创造了一种新的推销模式，该模式的核心就是以免费更换更环保的制冷剂的名义，向宾馆、饭店、机关单位、广大的家庭住户直接推销该产品。由于产品具有垄断性，国内市场又如此庞大，经过一番精心准备和概念化包装，他终于使自己的公司在中国香港创业板成功上市。上市后，由于“故事”毕竟是“故事”，公司业绩并不理想，于是他改变主意，打着整合制冷行业的大旗，利用上市所融资金以及其他杠杆资金，大肆收购国内的空调、冰箱企业，经过合并报表，使上市公司的业绩由虚变实。几年下来，发明家已不再是单纯的发明家，而是行业内的财富人士。

评论：发明家如果只是将发明专利卖掉，撑死了也就是个百万富翁。但此案例中的发明家，把发明专利与特殊的营销方式结合起来，再成功上市，这不是一般人所能做到的。

1.4.4　摆平各方利益，结出整合硕果

有一个文化人，几年前去了中国香港，发了财。后来回国投资失败，变得几乎一无所有，甚至欠了一屁股债，于是他打起了资本运作的主意。

做法：他先在维京群岛注册一个A传媒公司，并以A名义与各地方电视台签了一揽子协议。协议规定，A公司将免费为各电视台提供一定时段的节目，回报是给A公司每天几分钟广告时间。接着，他又找到某节目制作公司，承诺向该公司进行投资，回报是制作公司必须向A公司每年提供若干小时的节目。一切搞定之后，他向一家股票已“成仙”的中国香港上市公司老板讲，他手中掌握着大量的广告时段经营权，这足以使他每年获得几亿元的广告收益。老板听后，决定以现金加股票的形式收购A公司30%的股权，该文化人立即成为上市公司第二大股东，他拿出所获现金的一部分投资给制作公司，以兑现诺言。文化人如此这般运作后，成了有钱人，时间不超过两年。

评论：只要善于整合资源，把各方利益摆平，就会结出硕果。这是此案例给我们的启示。纵观当事各方，电视台有广告时段，没节目制作能

力；制作方有节目制作能力，没有节目制作资金，上市公司有资金却没有项目。而文化人什么都没有，把他们整合在一起，从而突显了文化人的价值。再通过资本运作，使这种价值得以在股市上以具体数字体现出来。

1.4.5 资本运作，整合成功

一家经营化妆品的中国香港上市公司，上市不过三年却因连年亏损而被停牌。仔细研究后发现，公司经营虽然困难，甚至行将倒闭，但公司发起人却发了财。

做法：她先找了两个合伙人，一个是有技术、有配方的高级研究人员，另一个则是有十几年著名品牌运作经验的高级管理人员。首先他们合伙用极少量资金在加拿大、中国香港、中国台湾分别注册了研究公司、品牌公司、经销公司，并开了几家店铺。经过一年的打理，各公司独自取得了产品配方、许可证、商标以及其他商誉，也卖出了少许产品，有了些收入。之后，他们在维京群岛注册了一家壳公司，并以壳公司名义高价收购先期注册的公司股权，壳公司资产迅速膨胀到创业板上市要求的规模，收购资金则由大股东先借给壳公司，壳公司以债务形式列支在账目上，而现金实际上已作为收购款，重新流回了大股东腰包。经过一番努力，壳公司成功在中国香港上市，并融到一大笔资金，其中一半用于还债，归还大股东，另一半用于公司日常经营。由于发起人夫妻双方都是执行董事或董事，按中国香港的标准，两人年薪总计就达 300 万～400 万港币。两年过去了，公司经营得没有什么起色，但发起人的收益却相当可观。

评论：总体感觉，此案例发起人有欺骗之嫌，但其做法又似乎合理合法，无可指责，因为其在招股说明书中有明确的风险提示，所有账目的信息披露也很充分。发起人之所以能聚集财富，很大程度上依靠以下三点：一是充分运用关联交易的资本运作技巧，使其前期投资所形成的无形资产迅速膨胀；二是通过垫资的形式，将这些无形资产以负债的形式体现在公司资产负债表上；三是成功运作上市，将大股东的债权迅速变现，实现大股东资产增值。当然，公司如果不能成功上市，大股东前期的投资，的确存在无法收回的风险。

1.5　在整合资源中如何定位自己的角色

整合资源的人，有点像中间人。因为人都有自我保护和追求自我利益的意识，卖家需要买家，买家也需要卖家，一旦买卖双方作为资源被“整合”到一起，那么中间人确实有很大可能性被“跳过”。

其实那种有可能被“跳过”的资源整合根本就不能算是资源整合，那只是个掮客所做的事情。这种感觉就像是某个产品通过媒体做广告，而顾客在看到广告之后产生了购买行为，媒体会认为自己被“跳过”了吗？我想发布广告的媒体也不会被认为其是在“整合资源”吧。

由此我们可以联想到，如果你在资源之间起到的作用就像一个发布信息的媒体一样，那么担心自己被“跳过”就“不正常”了，因为你不必担心，你一定会被“跳过”。

在被人问及“整合资源过程中如何不被跳过”的问题的时候，我也针对很多具体情况提出了一些解决方案：想要不被“跳过”，从根本上说，你不应该只是一个中介，而应当也是一个其他人想整合的资源——只有你也成为别人想整合的资源，才真的永远不会被踢出局。

想要不被“跳过”，只是担心、防备是没有用的，重要的还是要体现出自己的价值——和励志无关，我们还是要谈市场营销。

在整合资源之前，很多人都忽略了一个关键的问题：在面对资源的时候，“你是谁？”我问过很多觉得“整合资源”是件好事的朋友，发现他们都答不出这个问题，在一个资源整合的项目中，其实你自身扮演什么角色是很关键的。

看到这里，不妨停下来思考一下，你认为的整合资源到底是什么？是像上文提到的那样，把不对称的信息传递给各方吗？是要说服各个资源方加入你的设计架构中吗？我觉得整合资源是一种水到渠成的感觉，只有在资源方得到信息，想要主动加入的时候，整合资源才算是真的成功。

当你想要做一个整合资源项目的时候，应该清楚地知道资源方不是傻子，否则你也没有整合他们的必要了。在这一基础上，你只要把项目的相关信息公布出来，相关资源方自然会评价自己参与后的得失，也只有他们自发地认为得大于失，这个资源整合平台才可以搭建起来。

那么要怎样才能让资源方把你也视为资源，不会轻易地把你“跳过”呢？

第一靠的是积累资源。稀缺产品的价值总是更高的，如果你需要整合的资源是唯一的，那么你只能看着他或他们坐地起价。我们都应该清楚，在当今的形势下，其实没有什么资源是唯一的，只有看自己是不是有足够多的资源储备，当自己的资源积累到了一个数量之后，每个看到想加入你的平台的资源方就会先担心自己是否会被取代，那么你的价值自然就会被“高估”。

第二靠的是项目积累。资源方会把你“跳过”的最大的可能性就是认为你不再有新的“价值”。如果你能够源源不断地带来项目，我想资源方应该不会为了眼前的一棵树而牺牲未来的那片森林。如果你想成为一个优秀的资源整合操作者，你必须让自己的信息获取程度达到一个“极限”的概念，这样才会给别人以这种印象，就是你的项目“无穷多”。

第三靠的是法律合约。协议、合同是在商业行为中保护自己的有效手段，不要怕麻烦或者莫名的信任就放弃这一方法。整合资源是需要过程和时间的，在条件允许的前提下，和各个资源方分别签署法律合约，各自的利益保障自然又多了一层。

第四靠的是整合能力。如果你能够发起一个整合资源的设计架构，那么至少在这个架构中，你的整合能力应该是最强的，所以，你应当让已经入局的各个资源方清晰地知道，如果项目遇到任何困难或者阻碍，你都有足够的能力整合来需要的资源，这样的话，即使你在项目初期并没有什么实质的“价值”，大家也会认可你的“价值”。

第2章

整合创新：从历史走向未来

2.1 中国历史上的资源整合

整合，听上去既新鲜又时髦，不过它绝对算得上是瓮中陈酒，是从历史的深处传来的悠远醇香。

2.1.1 从鬼谷子到诸葛亮

早在2300年前，苏秦和张仪提出的“合纵连横”，以及荀子、韩非子的某些理念，便暗合了我们今天资源整合的理念。“合纵连横”，让时人为之“一怒而诸侯惧，安居而息天下”。苏秦一人配六国帅印，张仪协助秦国统一六国，从而让纵横家名扬天下，纵横家倡导的理念，几千年来为各家所推崇。著名思想家荀子说：“假舆马者，非利足也，而至千里；假舟楫者，非能水也，而绝江河。君子生非异也，善假于物也。”意思是，能日行千里者，不是他跑得快，而是他整合了马的脚力；能漂洋过海的，不是因为他会水，而是他整合了船只的浮力；那些能成就大事的君子，不是他们自己有特异功能，而是他们拥有善于整合世间万事万物的能力。

纵横家的开山鼻祖是鬼谷子，由于鬼谷子的纵横术可以改变个人命运，许多底层的知识分子都跟随他学习，其中特别著名的有十几个人，如孙膑、庞涓、苏秦、张仪、司马错等，他们都成为战国时期封侯拜相的风云人物。他们以三寸之舌退百万雄师，以纵横之术解不测之危，或配六国之相印，或收失地于谈判，或责强敌于敌营，在政治、军事、外交等方面发挥的作用远超过 10 万大军。后来秦始皇之所以能统一六国，更得益于纵横家。秦朝统一之前，有两位纵横家活跃于天下，一个是“合纵之祖”苏秦，一个是“连横之父”张仪。苏秦从鬼谷子那里学成之后，曾经谋求出仕，以施展自己的远大抱负，可惜两次均未被录用。于是他回到故里发奋苦读，对兵法、医学、经济和法令的掌握更加炉火纯青。经过这段时间的学习，苏秦认为当时七国中秦国是最强大的，其他六国想要生存下来，必须联合抗秦。他再次出行，周游列国，终于把互有矛盾的六国国君说服，订立了攻守同盟，苏秦也得以同时掌管六国相印，逼得秦国整整 15 年不敢越函谷关一步。要不是苏秦后来被那些嫉贤妒能的贵族派人刺杀身亡，秦国统一天下的日子恐怕还会被推迟多年。

苏秦的一位同窗好友，名叫张仪，也是鬼谷子的学生，苏秦挂六国相印之后，张仪十分动心，他去投奔秦国，受到秦惠文王的重用，政绩卓著。后来他出任秦国丞相，开始实施“连横”战略，就是说服各国背离六国之前订立的盟约，转向与秦国结盟，经过他多年的不懈努力，那些原本联合抗秦的六国竟然先后犹豫起来，最终完全放弃了原来的盟约。这为秦国的统一扫清了障碍，打下了坚实的基础。

纵横家能够呼风唤雨，就是因为他们善于整合，变荒原为金矿，化腐朽为神奇。水是常见的东西，沙子也是廉价之物，但是，一旦把他们与钢筋整合在一起，就可以建造出无比坚实、高耸入云的摩天大厦。以史为镜，整则存，合则兴。在市场经济中竞争的各行各业，必须联横合纵，整合资源，只有这样才能使自己立于不败之地。

在中国古代帝王中，只有两位是通过农民起义成就霸业的。一位是朱元璋，另一位是刘邦。刘邦开创了中国历史上第一个通过平民造反登上帝位的先例。48 岁之前，他一直在沛县默默无闻地劳作，才不及众人，那他为何能在那段波澜壮阔的历史中干出一番惊天动地的大事业呢？刘邦得天下后，不止一次地问："我和项羽争天下，为什么最后天下是我的？"刘邦听完众人的回答后说："运筹帷幄之中，决胜千里之外，吾不如子房；镇国家，抚百姓，给馈赠，不绝粮道，吾不如萧何；连百万之众，战必胜，攻必克，吾不如韩信。这三人是当今天下的人杰，可是这三人都能为我所用，所以我能够夺取天下。项羽呢？只有一个范增，而不能用，所以他丢了天下。"刘邦之所以能够成为中国历史上一位里程碑似的人物，正是因为他有爱才之心，识才之眼，选才之德，谋才之脑，提才之能，用才之胆，容才之量，护才之魄，育才之法和集才之力，他把当时天下的人才都集结、整合在自己的周围，从而创立了延续 400 余年的大汉天下。

三国时期的诸葛亮，提出并终身实施了"联吴抗曹"的蜀国国家防御战略。他主张，联合吴国，共同抵御北部魏国的战略和壮举，从而大获全胜，使曹操多年不敢轻易出兵，由先前的攻势变为了守势。同时，诸葛亮在蜀国内对少数民族实行安抚的政策，使云南和贵州的少数民族归顺，并决不再造反。如此策略贯穿了诸葛亮的一生，他使蜀国和吴国数十年来立于不败之地，百姓安居乐业，为繁荣两国经济立下汗马功劳。当时，诸葛亮未雨绸缪，未出茅庐便已、制定出三分天下治国安邦之策，在刘备被曹操大军追赶得居无定所、无立锥之地的情况下，依然决定与吴国共同抵御曹操。火烧赤壁，孙刘联军大败曹军，最终使刘备得到了荆襄九郡，终于有了落脚之地。通过孙刘和亲，孙权的妹妹孙尚香嫁给了刘备，成就了一段龙凤呈祥的佳话，构筑了孙刘联盟牢固的基石，使曹操大军不敢贸然出兵南进，从而维持了几十年的和平，为刘备进军湖南、贵阳，夺取西川赢得了宝贵的时间，进而缔造了蜀国大业。

联吴是一个战略，抗曹也是一个战略，两个战略合起来就是一个战略整合，只有这样，才能统一强化，优势互补，这无疑体现了一种资源整合的思想。诸葛亮凭着自己的智慧，借天时、借地利、借人和、借荆州、借东风、借火、借雨等，成就了大业。他借的都不用还，这种“借”的智慧，也是整合战略的具体体现。

纵观人类发展的历史，汇集了众多的人才精英，聚集了多少能人志士整合的智慧，推动着历史巨轮，在潮起潮落的整合和被整合中滚滚向前。

2.1.2　资源整合大师刘邦

西汉司马迁在《史记·高祖本纪》中记载了这样一个场景：

帝置酒洛阳南宫，上曰：“彻侯、诸将毋敢隐朕，皆言其情：吾所以有天下者何？项氏之所以失天下者何?”高起、王陵对曰：“陛下使人攻城略地，因以与之，与天下同其利；项羽不然，有功者害之，贤者疑之，此其所以失天下也。”高祖曰：“公知其一，未知其二。夫运筹策帷帐之中，决胜于千里之外，吾不如子房。镇国家，抚百姓，给馈饷，不绝粮道，吾不如萧何。连百万之军，战必胜，攻必取，吾不如韩信。此三者，皆人杰也，吾能用之，此吾所以取天下也。项羽有一范增而不能用，此其所以为我擒也。”

大意是说，西汉时期，刘邦当皇帝后在都城洛阳南宫摆酒宴，招待文武百官。他问百官他与项羽的区别，百官纷纷夸赞他大仁大义。刘邦说，运筹帷幄他不如张良，安抚百姓他不如萧何，率军打仗他不如韩信，但他能合理地使用三位俊杰，所以能得天下。由此可见，刘邦是位资源整合大师。

为什么说刘邦是资源整合大师呢？

第一，他整合了罪囚和劳役的资源，带领他们逃入茫荡山中，并且不断收编来投奔的人，逐渐凝聚了一支几百人的基本队伍，这是刘邦干革命的最核心的班底。

第二，在陈胜、吴广起义的大背景下，整合家乡沛县的反对派势力，夺取了沛县的地盘，建立了自己的根据地。

第三，在此基础上，他投靠项梁获得了强大的军事力量的支持，并且获得了军力的扩充，达到了数千之众。

第四，项梁死后，在楚怀王的支持下，得到了独挡一方的基础，并且获得了楚怀王这个最大的政治后盾的支持。

第五，一南一北和项羽发动对秦的军事打击，刘邦靠的是智取，政治仗越打越娴熟，军力也从出征时的两三万人发展到十万之众，而项羽靠的是蛮征，确实厉害，但是却搞得不得人心。从刘邦的“约法三章”与项羽的连连屠城杀降将对比来看，力量一个在凝聚，一个在离散。

第六，刘邦身边的人越来越多，项羽身边的人越来越少。最终完成垓下之围的韩信、英布，都曾是项羽的旧部，刘邦的两个顶级谋士之一的陈平，也曾是项羽的部下，甚至连最终将项羽分尸邀功的几个人，也都曾是项羽的部将。

刘邦是个世事洞明、人情练达、长袖善舞、进退从容的政治家，更是一个人脉资源和政治资源整合的高手。他所独创的“约法三章”可谓是当时整合人力资源的创新之举。

2.1.3 老子的天人合一理论

天人合一，是中国最古老的宇宙观，众多学派都对它进行了阐释。天人合一，对中国后来几千年以至于今日的影响都甚为深厚。从资源整合的角度，我们着重理解老子关于天人合一的联系论观点。

老子是位智者，他学识渊博，通晓古今之变，他的智慧对中国人乃至整个人类的启示也是多方面的。他的思想和思维方式，开启了中国人的思维方式和思想方法，影响了中国人的历史。即使是在现代，当我们重读他的五千言时，仍能受到很多新的启发。

“道”是万物运动的规律，是人类行为的准则。老子的宇宙观首先是天、地、人等宇宙万物是一个整体（天人合一），因为从包括人类在内的天地万物的共性来看，它们都含有“阴阳”，都是阴阳二气妙合而成的。老子把整个宇宙看作是一个有机的整体，即天人合一。各部分都是相互关联、相互影响、相互牵制的。

古人带兵打仗讲究天时、地利、人和，三者缺一不可，这就是资源整合的一个典范，资源的整合就是“1 + 1 > 2”，整合就是利用一切可以利用的资源重新组合，然后为一个目标或梦想共同努力。古代军事天才都善于资源的整合。例如：战国时代的军事家苏秦、张仪的合纵连横之策；元朝成吉思汗铁木真整合小部落而统一蒙古草原；军事家毛泽东也特别重视资源整合的重要性，在抗日时期的统一作战思想中，就有团结一切可以团结的力量，共同抵御日本帝国主义侵略的思想。

天人合一的思想作为中国哲学的基本特征之一，强调的是天与人、人与人、人与社会的自然和谐关系，倡导把人看作宇宙自然的一部分，在实践中达到主观与客观、情感与理性、权利与义务、个体与社会的和谐统一。天人合一的思想，仍是我们今天可以借鉴的重要思想，对于我们在新的时代背景下整合资源、创新发展，具有重要的现实意义。

2.2　中国商战谋略之资源整合

2.2.1　潮商陈氏兄弟的故事

中国的潮人足迹遍四海，经营范围、经营领域也涉及全球，他们视野开阔，善捕商机。他们最擅长整合全球范围内的资源，整合各方力量，长袖善舞，获得超人一等的商业利润。

中国大量的日用百货是通过在法国创业的潮人陈氏兄弟（克光、克威）的商场、郑辉的巴黎超市进入欧洲市场的；中国的茅台酒进入澳洲市场也是潮人周光明代理的；张裕葡萄酒在泰国的销售，同样是由潮人经营的泰中酒业代理的。戴德丰的四洲集团代理的食品，来自日本、美国、英国、加拿大、澳大利亚、韩国、泰国、南非、意大利、荷兰等20多个国家和地区。

潮人陈克光、陈克威兄弟为了改善华人在欧洲特别是法国的形象，不但与传媒保持良好的关系，还与政府接触，尽量出面调解华人和法国人的误会，促进双方的了解。这样，慢慢地就和法国传媒机构和政府建立了比较好的关系。1993年，一个偶然的机遇，陈氏企业参加法国支持北京申奥的活动，来到中国。在与中央电视台台长杨伟光见面时，他们了解到中央台4套节目在法国落地比较困难，因为当时法国的外交部要搞对等，但双方的国情不同，有困难。陈氏兄弟恰好跟法国文化部长是好朋友，最后绕过了法国外交部，促成了中央4套节目在法国最大的有线电视网落地。

这样，陈氏兄弟又在无意之间结识了很多中国传媒界的朋友。这些都是极好的资源，促使陈氏兄弟于2001年正式成立了陈氏传媒。当初，陈氏兄弟发现很多法国人有很好的节目，到中国来却不知道要卖给谁，直接找中央电视台肯定沟通不了，而需要节目的中国人自己跑到欧洲也沟通不了。陈氏兄弟整合资源的优势这时候开始起作用了。

陈氏传媒主要有四方面的业务，一是做中法电视节目的双向交流。目前陈氏传媒已经同法国最大的电视节目公司签订了中国市场独家代理合同，拥有各类电视节目超过1万小时，大量向中央电视台介绍法国电视节目的工作已经开始。二是投资影视制作，陈氏传媒计划协助包括法国在内的欧洲国家与中国合作，投资拍摄制作各类节目。三是做咨询和服务，主要是利用中法双重文化背景的条件，为中国和法国媒体提供传媒经营管理方面的信息咨询以及专业培训项目。四是做广告业务，陈氏传媒已经获准在中法两国电视台代理广告业务。

陈克威说："做生意像结一张网，我们起初以做食品为出发点并形成了自己的行业优势，在发展的道路上，我们不断扩大自己的网络，拓展新的资源，我们的优势也随之延伸到其他领域，而不仅局限在食品方面。重要的是我们要学会发现这些优势并加以扩展和利用。"

2.2.2　一个资源整合、经商无界的创业者的六步秘诀自述——以休闲食品为例

"资源整合，经商无界"，这是在互联网时代整合创新的热门话题。纵观"互联网+"、大众创新、万众创业的时代，各种舆论报道，逢人必谈"资源整合、跨界、行业颠覆"，创业大潮一波又一波。这些创业者如何从无到有，进行资源整合，造出一个个"互联网+公司"的呢？整合创新的秘诀就在其中。

第一步：造梦

梦想，需要志同道合的小伙伴来共同完成！

创业者、老板都有一项特殊技能——做规划，俗称"画饼"！哪怕现在什么都没有，能够谈梦想就行。那需要什么样的规划呢？满足三个条件：一是市场要大，有上千亿元的市场价值，投资者才感兴趣；二是找足够传统的行业，用21世纪最新的互联网思维去打败还在用20世纪守株待兔式经营的行业；三是做年轻人的生意，这是互联网和移动互联时代的消费主力。满足这三个条件的规划有多少，那就不计其数了，什么土特产平台、中药材电商、美业APP、早餐O2O、水果O2O……

以中药材这个超级传统的行业为例，我们通过整合创新可以把这么一个再传统不过的行业塑造成为一个潜力无限的项目。中药材分类特别多，我们需要找一个细分的点来切入，其中"藏药"是一个不错的点，因为藏

药纯天然，无污染，有数百种，且各种功效齐备，类似虫草、藏红花之类的畅销藏药更是家喻户晓，人人都知道它是好东西。西藏地区一个大的藏药批发商，一年仅藏红花一种药材的销售收入就是近 1 亿元，所以藏药市场的潜力是无限的。

如何把藏药变成一个赚钱的生意呢?

产品卖给谁? 首先，藏药目前的主要消费群体是中老年人，这一部分人群当然不可能放弃；其次，藏药还要卖给年轻人。

产品怎么卖? 一种是通过互联网来卖，微商城、APP、PC 商城等渠道一样都不能少，同时还可以在线下门店销售，这样就成就了“O2O”。

客户为什么会接受? 要客户接受必须要解决客户的痛点，我们需要总结一下中老年客户的痛点在哪里?

痛点一：中老年消费者大多都知道藏药养生、健体的好处，但是很少人知道怎么辨别藏药的真伪。

解决方式：打造藏药系列品牌，提供指定的销售渠道，保证产品是真品，质量过硬。

痛点二：不知道怎么食用效果好，味道佳。

解决方式：我们卖的不是藏药，是养生解决方案! 在网上开通直供商城，把原材料藏药与其他食材进行组合成各种养生套装，如藏红花炖鸡是活血化瘀的、虫草烧牦牛肉是抗衰老的。每个套装都是把各种食材打包好，并提供详细做法和具体功效，单个套装还可以依据粤菜、川菜等不同做法做出不同的口味。

痛点三：不知道哪里买，要买也舍不得花钱。

解决方式：网上、实体店都有售，老年人舍不得花钱，儿子女儿舍得啊。年轻的小伙伴们，在为节日不知道送父母什么好犯愁啊。电视广告天天播的太俗气，好吃又健康，纯天然的养生套餐礼包是让父母开心的最好礼物。

那么，年轻人会自己买藏药来吃吗? 当然会。年轻人喜欢吃零食。据调查，目前市场上70%以上的零食都是被“80后”“90后”这些年轻人消费掉的，尤其是女孩子，所以这是一块还未被充分挖掘的蓝海。把休闲零食与纯天然藏药结合，让藏红花、虫草磨成粉与各种休闲零食擦出结合的火花，这绝对是一个颠覆整个休闲零食行业的想法。年轻人喜欢吃零食，但是担心零食的添加剂多怎么办？我们提供来自大自然的纯天然藏药系列零食。女孩子担心吃多了零食长胖怎么办？我们藏药系列零食不仅好吃，还有吃了减肥、美容的功效，“越吃越瘦，越吃越漂亮，越吃越健康”，这样年轻人还会拒绝藏药吗？中国年轻人网购基数这么大，瞬间打开一个市场，销量翻个几十倍。

有了这个梦想“大饼”，就可以给自己的公司想个特牛的名字，然后开始各种宣传，直到整合到资源和志同道合的小伙伴来和我们共同完成这个梦想！

第二步：搞定供应渠道，通过塑造品牌产业链，获得高额收益

带着第一步的合作计划，开始整合资源。首先找到藏药批发商老板谈合作。

人家凭什么要和你合作？

首先，我们的身份，我们是向批发商采购产品，我们是买家，而且起码得说预计明年至少要采购几亿元的订单。买家是上帝啊。其次，给他们一些底气，坚定地告诉批发商老板我们拥有的资源：

在××省有几百上千家实体门店，拥有当地丰富的实体销售渠道；

与某高科技企业有合作，能够建成直营电商平台和一体化的信息技术支撑；

拥有一帮来自知名互联网公司的精英团队，包括技术大牛、运营大咖、营销大王等；

与几家风投机构在对接，预计再有一两个月一期融资的数千万美元就到账了。

批发商老板听到这里已经肃然起敬。这个时候把合作前景给他看，然后告诉批发商老板：咱们走到一起后，可以把藏药打造成一个品牌，他未来的收入将大大提升。虽然他现在只是一个批发商，以后他会有种植、加工、物流、销售一体化的产业链，而且考虑到我们公司只找一个批发商进行战略合作，批发商可以占我公司原始股份的 10%，盈利后再补原始资金。这样形成战略合作，批发商当然得保证我们的订单优先满足，并且批发价格最低，同时我们公司也把批发商当作唯一的供货渠道。批发商老板听到这里一定会认同，这是多好的事啊！自己的藏药产品明年开始有了大销路，还可以依靠战略合作做大做强，而且自己还什么都不用付出，什么风险都没有，这是多好的事啊！我们赶紧来签一个战略合作备忘录吧。我们需要的就是这么个东西，它对接下来的资源整合之路至关重要。

战略合作备忘录至少包含以下内容：

一、××公司与 A 公司×年×月×日建立了战略合作，签下备忘录。

二、××公司 2016 年有能力为 A 公司以最低价格提供数亿元的产品供应，并且优先满足。

三、××公司考虑入股 A 公司。

这里的“战略合作”“最低价格”“优先满足”“考虑入股”，这几个关键词和批发商老板的签字、盖章的书面备忘录，就是整合资源成功的一半！

第三步：搞定销售渠道，确立健康零食，吃的不是零食、是健康的理念

供应渠道搞定了，接下来就是销售渠道了。我们既然要把藏药做成休闲零食，那连锁化的休闲零食经销企业绝对是不二之选。我们在当地找一个门店几百家以上的零食企业。首先分析零食企业的痛点，主要包括三点：

第一，零食行业的产品品类已经很久没有出现有特色的创新产品了，几乎所有零食企业的产品都是同质化的，零食企业迫切想要找到有竞争力的产品。

第二，食品的安全质量已经成为客户的首选条件，知名大品牌在同类产品中，价格一般是普通产品价格的3～4倍；

第三，休闲零食的主要消费群体是“80后”“90后”的年轻人，又以女性居多，同时，消费者购买习惯正在逐渐转变，在网上购买零食的消费者越来越多。

找到痛点就好合作。首先和零食企业老板谈“健康零食”的理念，以前消费者是为了好吃才吃零食，而我们全新的理念是“不仅为了好吃，更为了健康”。现在的年轻人缺乏锻炼，几乎都是亚健康，通过吃零食来调理身体，以此理念推出来自大自然的“纯天然无污染绿色西域风藏药系列”零食产品就具有了竞争力。我们两家公司若形成合作，我的藏药零食对你独家供应，我这里已经和全国最大的藏药批发商签订了战略合作备忘录，我们掌握了全国80%的藏药货源。零食领域的销售专家，来做消费者喜欢口味的零食配方开发和包装，我们公司来提供货源，到时候整体打造一个藏药系列品牌，还有中老年人养生解决方案套餐也可以在零售门店卖。年轻人买了零食顺便给家里老人拎点健康礼盒回去，连锁店又开拓了一个很赚钱的品类。藏药系列零食全国仅此一家，这是可以做成行业龙头的机会。

另外，A公司搭建电商自营平台，负责线上，零售店负责线下，新品一出来先让几百个门店提供给消费者试吃。品牌打出去了，客户也有了，到时候再把线上线下数据全部打通。为体现合作诚意，零售商可以入股该公司购买10%的原始股份，等有分红了再补注册资金。让我们一起颠覆零食行业吧！

零食企业老板瞬间有种醍醐灌顶的感觉，零食企业老板获得的好处太多了：有了全国独家的“健康零食”产品，建立了“O2O”能力，销售渠道大大拓展，销售品类也更丰富，还获得了一个潜力无限的A公司的股份，都还不用付出任何风险和成本！

接下来再签订一个战略合作备忘录吧，内容如下：

一、××零食企业与A公司×年×月×日通过战略合作，签下备忘录。

二、××零食企业拥有丰富的经验和人才，希望与A公司一起研发健康零食。

三、××零食企业的实体门店共×家，希望成为“健康零食”的零食销售商。

四、××零食企业目前所有零食产品，都可以通过A公司的电商平台销售，且与实体门店的进销存数据打通，实现“O2O”。

五、××零食企业考虑入股A公司。

第四步：搞定技术支撑，整合技术资源，用技术来投资

要实现梦想价值，技术支撑是非常关键的一环，涉及的系统不仅包括PC电商平台、微信商城、APP这些销售渠道入口，还包括对产品全面管理的ERP管理系统、对物流配送进行管理的订单自动派单系统、对办公与事务流程管理的OA系统等。仅一期PC和移动端商城加上对商品的进销存管理，没有个上百万元的投入，肯定做不出拿得出手的东西，所以很多创业者都被难倒在这第一关——技术平台上。不过，对于执着想要整合资源创业的人，可通过资源整合创新来解决。

首先找一个实力强、口碑好、擅长软件开发的公司合作。这类软件公司的苦恼：软件开发的项目不好拿，动辄好几个月都没有；市场竞争激烈，利润越来越低，软件项目交付率不高；客户维系难，其他公司经常挖墙脚，屡遇客户抛弃；研发人员工资成本高，项目来了还不得不招，成本越来越大。

现在很多技术型的公司都开始主动接触一些有资源的客户，完全以技术去投资，待电商项目实现盈利后再分配。这样对软件公司有几大好处：

一是与客户建立了战略合作，地位稳固，竞争对手撬不动；

二是未来有可能获得高额的收益；

三是双方都有共同利益点，都是奔着平台盈利后进行分配，项目交付率非常高。所以，我们和软件公司的合同可以比较务实一点，直接把我们共同的梦想分享一下，然后把我们已经签订的供应渠道与销售渠道的资源拿出来，证明我们拥有的实力，再者就是针对合作方式与需求确定了。

在合作方式上，可以直接给软件公司20%的股份，以技术直接占股。软件公司通常不会在经营决策上和你有分歧，因为它和我们的利益诉求完全一致，可以说永远是站在我们这一边的，以后就是我们坚实的后盾。这就是共赢的合作。20%的股份换来的是平台的所有权必须属于A公司，光这一点让公司虚拟资产升值百万元。这样双方再签一份战略合作备忘录。

第五步：拥有自己的团队

团队哪里找？如果身边有各种"牛人"，拉一帮朋友一起创业当然最好！如果没有怎么办？挖人去，去各种知名互联网公司挖运营人才。挖人的核心是"高薪+梦想"。

如何出得起高薪，可采用"1+1>2"模式。什么是"1+1>2"模式？挖一个互联网公司的运营人员如果年薪10万元，可以给他年薪20万元，10万元是保底收入，另外10万元是股权，高出一倍的收入谁不心动。以前在大公司竞争激烈，什么事情都做不了主，到A公司马上变股东，而且职位立刻提升到"总"字级别，一连跃升好几级，有吸引力。

另外，要突出讲项目的未来前途——"颠覆行业"。这么牛的供应商、销售商、软件公司都是我们的投资股东，已经有多家风投在谈，计划半年投产、一年占领全省、三年内公司整体上市，到时候个个都是"开国功臣"，身价千万不是梦。人奋斗一辈子是为了啥？也许这就是人生唯一的一次机会啦！多找几个，一定可以找到志同道合的精英团队。

第六步：让风投来得更猛烈些吧

成功就在眼前。好项目需要包装，怎么包装呢？首先给项目一个很有气质的、突出的理念，例如"让你的生活更有格调!"。接下来做一些具体工作：公司选址、写内容丰富的商业计划书、做一个高大上的PPT、做一个比较合理的调研等!

在与风投洽谈之前，首先搞清楚风投判断一个项目的标准是什么，尤其是创业型的项目，投资人一般看什么？主要看三方面：

一是创业团队，投资者认为，创业项目本身不是最重要的，他们最看重的是创业团队是否合理，资历如何。针对这一点，我们找的知名互联网公司的精英就占据优势。

二是做这个项目拥有的资源是什么，凭什么你能做，别人不能做？这一点，我们有自主研发的电商平台，我们的战略合作伙伴是全国最大的藏药批发商，全国门店最多的零食企业是我们经销商，还有知名软件公司为我们提供技术支撑。以上这些都是我们的股东。目前，这块市场还是空白。一旦做起来，我们就垄断了供应和销售渠道的资源，任何人都干不了，可提供签字盖章的三个战略合作备忘录。

三是投资者最关注的股权。之前按照“10%（供应渠道）+10%（销售渠道）+20%（平台技术支撑）”这样来划分，就是为吸引风投预备的。剩下60%的股份，第一个给风投公司，让它觉得自己是唯一资金成本投入的股东，一定要占大的股份，这意味着至少要拿出20%的股份来作为融资，剩下40%的股份，有9%要给以后的创业团队管理股预留，留给自己的只有31%的股份。

为什么自己一定要31%的股份呢？当然是为了控股。31%表面上不能控股，但是软件公司的股东兄弟还有20%的股份呢，加在一起51%刚刚好，可以主导公司的方向。风投在创业期一定不会要太多的股份，因为一个公司在创业期，一定只能有一个声音，如果风投股份过多，意见不一致很可能就会影响到公司发展。公司创业初期只有创始人才能把各方意见、资源统一起来，力气朝一个方向使。风投想的是等公司雏形已经建立起来，作为公司创始人的价值已经降到最低之后，通过收购其他股东的股份或者加大资金投入稀释其他股东的股份，然后成功控股公司。

如果有三家以上风投表达了投资的意愿，就可以邀请十几家风投进行路演，有竞争获得的收益会更大。按照我们的条件和风投找项目的标准，拿个几百万美元投资是轻而易举的事。运气好，说不定数千万美元到手也不是没有可能。至此，通过资源整合，合纵连横，成功逆袭当上 CEO 啦。

2.3　资源整合创新：打败对手的最高境界是整合对手

谁都知道 21 世纪是资源整合的时代，如果你现在只有 1 家店、2 家店或 3 家店，而且做得还不怎么样，你是断然不会去想如何再去开 10 家店的。你天天想的是如何提高业绩、如何学习模式、如何规范管理、如何提高技术、如何教育员工……

一大堆的问题好像永远都解决不完，但是，其实可以这样：不管你现在有多少家店，学习以下方法后 1 个月你就可以开 10 家直营店，10 家店一年就可以变成 100 家……

首先你需要做的是忘掉业绩，忘掉模式，忘掉管理、技术、流程。如果你有 1 000 万元，那么你可以直接请人来解决这些问题，用现金流的方法来看待：一家店一年做 150 万元的业绩，10 家店就是 1 500 万元，100 家就是 1.5 亿元。

2.3.1　资源互换可以产生强大的魔力

假如你擅长技术，你对面或隔壁的店擅长管理，过去的思维模式是你拼命地去学习管理来打败你对面或隔壁的竞争对手；同理，你的竞争对手也在拼命地学习技术来打败你。三年过去了，你们谁也没有打败谁，因为你和你的对手都在不断地学习和进步，最终的结局是，在你和你的竞争对手拼得你死我活、两败俱伤的时候，一个大连锁进来把你和你的竞争对手全部收购了……

这就是大多数单店老板的思维！上海有一个连锁店客户，他非常擅长资源整合：他经常出资同时收购2～3家生意不是很好的店，收购后保留一家地理位置最好的，然后把其他两家店的员工合并到这家店来，这样员工就不缺了；再把那两家店的会员顾客集中到这家店来消费，然后顾客也不缺了。如果当初被他收购的那三家店懂得一起合作而不是自相残杀……

我们来换个思维：假如当初你和你的竞争对手联合起来，成立一家公司，你负责技术，他负责管理。那么你省下三年的时间来研究管理，他省下三年的时间来研究技术。你们一合作管理和技术都有了，再找一个营销比较擅长的老板来合作，那么技术、管理、营销全部都有了，不必天天想着如何整垮别人。

一谈到和别人合作，大多数老板的思维却是：和他合作我有什么好处？一旦你形成了这种和别人合作就必须占别人便宜的思维，那么你就永远做不大，因为没有人愿意和小心眼的人来往。

而真正正确的思维方式是：和他合作我能带给他什么好处？一旦你形成这种总裁的格局，你缺的只是方法而已……

2.3.2 整合的方法

两家店如何合作呢？谁也不要去想收购谁，股权互换就可以了。假如你们两家店的股本都是50万元，那么你用20%的股权换他20%的股权就可以了，如果两家店股本不一样，用等价交换股权的方法是一样的。账谁来管都一样，请专职会计就可以了，管钱的事到银行申请一个你和他的联名账号就可以了。两家股本各50万元的店合并在一起后，总股本就达到了100万元，这时再去整合第三家店，假如第三家店的总股本也是50万元，那么你用10%的股权就可以换他20%的股权了，三家店加在一起后总股本就达到了150万元，用同样的方法再去整合第四家、第五家……第十家。

假如每家店的股本都是 50 万元，那么 10 家店的股本就是 500 万元，成立公司后，公司控门店的股份为 30%，那么公司占门店的总股权就是 500 万元总股本 ×30% 股份 =150 万元，也就是说，公司董事会股本是 150 万元，而公司本身的总股本就是董事会股本加公司实际投资金额。

假如原始创业团队是 10 个老板，每人一家店，那么就代表董事会股东是 10 个人，每个人的占股比例就是你转到董事会的实际股本除以公司总股本，得出你在公司所占的股份比例。成立公司的法律流程、公司章程、股份合同等花 3 000 元钱找个律师事务所就全部搞定了。

一个人去开 10 家店会累死，因为你什么都要管；10 个人去开 100 家店就很轻松，因为分工明确：搞技术的搞技术，搞管理的搞管理，搞营销的搞营销，搞流程的搞流程……

通过整合的方法谁也没有花一分钱，用股权互换的模式你已经拥有了 10 家店，那么整合 10 家店的时间一个月足够，一分钱都不用花。在资源整合的过程中，考验的是你的谈判沟通技巧和你的格局，斤斤计较的人是永远做不大的。

切记，有多少人愿意和你一起合作就代表你有多少便宜给别人占，如果你总想去占别人的便宜，你就不要往下看了，因为看了也白看。

2.3.3　连锁之路——成立公司

当有了 10 家店的时候，就必须找办公场地开始正式公司化经营了，因为连锁和多店最本质的区别就在于连锁是以公司为单位来经营的，而多店是以店为单位来经营的，所以，不懂得如何运作公司的连锁店老板，他是很难突破 30 家店这个瓶颈的。

连锁必须公司化营运，否则做大了也会崩盘！

在公司没有成立之前，你在整合的过程中，千万不要去叫别人把店的招牌换成你的招牌：第一，你这样做会让对方很反感，直接导致整合失败；第二，这个时候换不换招牌没有任何实际意义。但在公司成立以后就必须统一招牌了，因为要塑造品牌了。

真正的品牌在于实际规模，合作的老板不要纠结于要不要用你的店名来做品牌，因为名字本身并不重要，就像叫张富贵的人不一定就富贵一样。当你有了100家店的时候，哪怕就叫“阿猫造型”，那也是全国知名连锁品牌。

通过资源整合的方法让你从有1家店变成了有10家，这个时候你一分钱都没有花。那么成立公司要不要花钱呢？假如在市中心租一间300平方米的办公室，租金要30万元，我们可以通过收取门店管理费的方法来实现，假如每家店一年的劳动业绩是150万元（中等偏上），那么10家店就是1 500万元，我们收取劳动业绩的5%来作为公司的管理费（店多了以后管理费必须下调），那么就是75万元管理费，拿出30万元来付房租，再拿出20万元来装修，10万元买办公设备，剩下15万元用作公司的备用资金。

由于所有合作的老板都是公司董事会成员，没有人不同意收取门店管理费，你的店也同样向公司支付了5%的管理费，每年收取的75万元管理费，足够支付公司30个办公人员的工资。

2.3.4 一分钱没花，你拥有了10家店和一个300平方米的公司

收购店的时候，记住一定是现金收购门店30%的股份，因为现金收购的方式是最快的，你拿现金来收购别人的门店，被收购的门店就认为你很有诚意，他就会完全放心和你合作，千万不要像有的连锁机构动不动就要别人拿干股出来和他合作，这是种鼠目寸光的行为。

钱从哪里来呢？

方法是：建立发展基金。发展基金就是每月每个股东的分红扣除15%

那部分资金，建立发展基金的目的就是用来投资开店的。

划分区域以后，开股东投资会都省了，店在谁的区域，就谁来投资，公司财务直接从他的个人发展基金里划账就可以了。

说的这里，给经销商的利益还不够。等你发展到30家店的时候，你可以和经销商谈分红了，经销商供到你店里的产品的利润是30%，你要他再分给你30%利润，经销商不会不同意的（他自己还有70%的利润）。

用方法整合了经销商，用同样的方法再去整合装修公司、广告公司。

如果是一个有思想、有格局的老板，那么从10家店到150家店，只需要两年。

2.3.5 跨区域发展——整合小连锁

一个中型城市只能容纳30~50家店，当你发展了30家店以后，假如你还想在当地发展20家，这件事交给股东们去干就可以了。你必须要去实现连锁发展的第二步：跨区域发展。

要想发展得又稳又快，就要使用保龄球战略。

什么叫保龄球战略？就是你手里抓住1个母球扔出去，然后炸开10个子球。什么是母球？母球就是连锁。什么是子球？子球就是你要充分利用你隔壁城市连锁的团队和他的资源、他的网络，你把一整套资源整合的方案复制到它身上就可以了。由于你们两家公司已经合并了，他用你的方法去拼命开的店其实也是你的店。所以，一个简单的哲学思维就是：想开100家店，只要找到10个想开10家店的人来合作就可以了。

如何整合连锁？只要成功地合并3家隔壁城市的小连锁，并把资源整合的方法复制到他们身上，让他们去发展，那么，想开150家店，两年的时间已经足够了。

连锁与连锁合作比单店与单店合作的成功率高3倍，因为连锁店老板已经具备了一定的格局，合作思维也相对开放得多。

但连锁与连锁合并等同于两家公司合并，所涉及的股权交易股本核算、资产重组与董事会重组要复杂得多，而且还涉及多品牌运作的方法和公司的法律程序。这个时候缺管理，就直接找个擅长管理的老板合作；缺技术，就直接找个擅长技术的老板合作；不懂营销，就直接找个懂营销的老板合作，成功者就是不断地在自己的创业团队里加人来弥补自己的不足，不要自己天天在那里瞎研究。

今天这个时代，只有合作才有用！是时候改变思维，整合创新，从心智模式出发做生意了！

第3章

恒大健康产业资源整合创新纪实

3.1 抓住历史机遇

人类社会发展的终极目标之一，就是要让人民大众健康、快乐、长寿。进入21世纪，大健康产业成为全球最大的新兴产业，全球股票市值中，健康产业相关股票市值约占总市值的13%。在发达国家，健康产业已经成为带动整个国民经济增长的强大动力。美国的健康产业占GDP的比重超过15%，加拿大、日本等国的健康产业占GDP的比重超过10%。中国的大健康产业处于起步阶段，健康产业占GDP的4%~5%。“十三五”规划中，建设“健康中国”上升为国家战略，医疗健康产业有望突破十万亿元的市场规模，医疗健康产业将引领新一轮经济发展浪潮。

如今，人类已经进入移动互联网、物联网、大数据的时代，互联网时代为健康产业发展提供了无限的可能性和广阔的远景。生命科学研究、生物技术发展不断取得重大突破，全基因组检测与基因治疗、干细胞治疗、

3D细胞打印技术等为新阶段人类生命健康需求提供了新手段、新途径。云计算、超级计算、大数据等信息技术水平不断提升，为发展健康产业提供了强大的技术支撑。随着生物技术与信息技术的相互渗透融合，生命健康产业正迎来蓬勃发展的战略机遇期。未来10年，中国健康产品的消费将形成一个全球瞩目的兆亿元价值的市场。在社会经济快速发展的地区，尤其是京津冀、环渤海、长三角、珠三角等都市区域，应率先开展高端健康产业的投资建设。

严格意义上说，我们现在所说的健康产业主要指的是医疗产业，是以疾病治疗为中心的产业。但影响人类健康的因素是多方面的，要使人民群众健康、快乐、长寿，必须将产业重心从疾病治疗向前、向后延伸。向前延伸就是中医所称的“治未病”，将疾病消灭在萌芽之中；向后延伸就是加强康复，使疾病不再犯，提高病后的生存质量。从影响人类健康的源头和全过程入手来发展健康产业，这将是大健康产业的发展趋势。

中国健康产业发展已经进入“腾飞元年”。近年来，国务院也陆续出台了若干促进健康产业发展的意见，健康产业即将进入爆发式增长期。政策的东风已经吹来，健康产业是处于风口上的“鹰”！

恒大集团抓住了这一机遇，开始整合资源创新，向健康产业进军。其实，作为行业龙头企业的一员，恒大集团很早就在思考这个问题，希望能通过企业行动为中国人民的健康福祉尽一份绵薄之力。

恒大健康产业集团借助互联网优势，在“互联网+”的新产业业态下，寻求健康产业与互联网云计算、大数据等技术的深度融合，开创“互联网+健康”的新时代，突破服务资源时空限制，以更迅速、更低廉的成本服务全民，为人类的健康事业贡献力量。

作为大型地产企业，恒大社区资源规模在全国排第一，在全国170多个城市拥有400多个社区、400万业主，每年又新增七八十万业主。恒大健康产业借助恒大地产社区服务体系拥有得天独厚的优势，可为社区老百姓提供独一无二的配套和健康增值服务，覆盖社区及周边，服务数千万人。

3.2　整合上市公司资源

恒大集团为了快速启动健康产业，首先瞄准中国香港股市，寻找可以利用的上市公司资源。经过发掘股市资源，恒大集团发现了可以利用的一家上市公司——新传媒，股票代码为 HK. 00708。接着，经过一番紧张的收购谈判，新传媒公司与恒大健康产业有限公司订立了股权收购协议，新传媒收购天津恒大原辰医学美容医院有限公司 96. 25% 股权，韩国原辰医疗美容集团持有恒大原辰其余 3. 75% 股权。

当时发布的公告显示，恒大原辰主营业务为在天津开设的美容整容外科医院（天津医院），已取得天津市卫计委规划批复和医疗机构设置批准书等。新传媒（恒大健康）、韩国原辰的合作是前者负责投资市场及医疗设备，后者负责提供专业医疗团队及全韩技术、管理模式及管理流程。新传媒（恒大健康）为韩国原辰在中国的唯一合作方。

新传媒（恒大健康）称，收购恒大原辰是其进军健康产业采取的重要战略举措。公司致力于打造全球高品质健康管理，搭建医疗服务平台，倡导科学健康理念，提供卓越的健康医疗服务。

新传媒（恒大健康）与海南博鳌乐城国际医疗旅游先行区管理委员会、韩国原辰医疗美容集团就合作建立国际级医学美容及抗衰老中心签署了战略投资合作框架协议。

根据协议，新传媒（恒大健康）将联手韩国原辰，在中国首个国际医疗旅游先行区投资建设集医学整形、美容美体和抗衰老保健为一体的医院，力争将医院打造成为技术先进、团队专业、现代化管理的高端国际美容整形医院，并计划运用高效精准的大数据及移动互联等信息手段提供美容整形、抗衰老及健康旅游一条龙服务。

3.3　整合健康管理、医疗美容资源，形成迅猛发展势头

进入健康产业后，恒大健康发展迅猛。2015 年 6 月 18 日，中国首家互联网社区医院——恒大互联网社区医院在广州开业；中国首家全韩团队的医学美容医院 ——恒大原辰医学美容医院亦于 6 月 23 日在天津开业；9 月 24 日，恒大健康与哈佛附属布莱根医院达成战略合作；10 月 19 日，恒大健康竞得博鳌乐城先行区地块用于建设新型高端国际医院。11 月 15 日 ~ 12 月 6 日，恒大集团旗下恒大健康于广州、长沙、南昌、武汉、成都、洛阳、济南、石家庄 8 个城市的 11 家“互联网 +”社区健康管理中心陆续开业，实现了该业务板块全国布局的雏形。

截至 2015 年 12 月 31 日，恒大健康在 18 个月内实现营业额 6. 38 亿港元，毛利 2. 23 亿港元，毛利率达 35%，净利润达 0. 96 亿港元，每股基本盈利 1. 156 港元。数据背后，恒大健康谋局万亿元健康蓝海的思路和表现值得关注。

2016 年，进入快速发展阶段的恒大健康根据市场发展趋势、自身优势和客户需求，推动几大业务板块齐头并进，包括依托建成运营的 12 家互联网社区医院，聚焦“早期筛查、社区门诊、精准医疗、慢病管理”，推动家庭医生和分级诊疗模式，打造“身边一站式健康管家”品牌，并在全国推广复制。加快国际医院落地步伐，博鳌恒大国际医疗中心按计划开展工程建设和医疗配置，海南三亚国际医院项目完成规划设计并启动建设；探索“互联网 +”健康管理、嵌入式养老机构与金融保险机构合作的模式，建成开业 5 家微养老机构；在海南、上海、重庆等地建设一批医学美容机构，形成连锁服务体系。

3.4　恒大健康启动“互联网+”战略，整合全球医疗资源

大数据时代，医疗最热门的关键词莫过于“互联网+”。简单来说，“互联网+”就是将互联网与传统行业相结合，恒大互联网社区医院的开业意味着恒大健康正式启动“互联网+”战略。此战略构建基于“互联网+”的健康管理实体、智慧健康云体、医院联合体和健康生态综合体“四体联动”的独创型健康管理体系，彻底颠覆了传统医疗模式，使居民足不出户即可享受世界级医疗健康服务。仅半年时间，恒大健康的一大批互联网社区医院落地，发展速度创行业之最。如此的发展速度，与其强大的医疗资源整合能力和领先的“互联网+”大数据技术密不可分。恒大互联网社区医院的战略合作方——国际数学大师、哈佛大学终身教授、菲尔兹奖得主、美国科学院院士、中国科学院外籍院士丘成桐教授及其领衔的团队，通过全球最顶尖的健康大数据模型，与恒大健康共同打造个人健康信息管理分析系统和智能专家系统，对社区医疗健康服务具有划时代的意义。

恒大健康产业集团整合创新健康产业发展新模式，立足全球大健康产业制高点，全面推进规模化、精品化、标准化的企业发展战略。与国内外顶尖医学院校和国际知名专家团队深入合作，引进国际先进技术及设备，制定国际化服务标准，借助移动互联网技术，提供高水平、国际化的健康服务。

恒大互联网社区医院的起点高，模式先进，技术顶尖，服务完善，名医集中，不仅给社区居民带来了全方位的健康服务，更以其全新模式为医疗健康业带来了颠覆性的影响。

恒大互联网社区医院只是恒大健康产业发展平台的一部分，恒大健康还涵盖了新型国际医院、医学美容及抗衰老、养老产业等多方业务领域。恒大健康与全球优质健康管理机构展开合作，构建以社区健康管理为基础，新型国际医院为引领的医疗资源“金字塔”，打造医疗服务及健康管理协同平台，让已入住的 5 万多户 20 多万人足不出户即可享受世界级医疗健康服务。

美国当地时间 2015 年 9 月 24 日上午，哈佛附属布莱根医院与恒大健康举行合作签约仪式，成为其战略合作伙伴，双方共同致力于推进中国医疗健康服务的进步。恒大董事局主席许家印、哈佛附属布莱根医院院长娜波尔出席签约仪式。恒大集团常务副总裁、恒大健康上市公司董事长谈朝晖和哈佛附属布莱根医院高级副总裁、首席发展官史蒂芬·汤姆森代表双方签约。

事实上，早在 2015 年 6 月，哈佛附属布莱根医院就与恒大合作建立新型国际医院选址事宜，在深圳、三亚和广州进行了考察。哈佛附属布莱根医院签约成为恒大健康战略合作伙伴，为其提供医疗健康战略性指导，包括新型医疗健康服务模型和系统等。同时，在医疗管理、培训、医疗设计、研究和病患看护以及临床项目等领域，给予恒大健康全面支持。哈佛附属布莱根医院是哈佛医学院附属医院，是世界顶级医院，也是全球产生诺贝尔奖最多的医院，多年获评全美最佳医院，在癌症、心脏病、妇科等多个领域均处于世界领先水平。作为世界顶级医疗机构，哈佛附属布莱根医院与恒大健康达成合作，成为恒大健康顶级专业智库，进一步提升了恒大健康战略规划、业务运营、技术等方面的水平。

未来，健康大数据模型有望颠覆传统医学的思路，依托海量存储和计算能力，实现精确“打击”，为老百姓量身定做私人诊疗方案。恒大健康产业还联手南方医科大学及附属医院、广医大附属第一医院，构建整合了资源力度最大、起点最高、范围最广的国内外顶级医疗健康服务集群。目前，全球 1 200 名顶级医生、教授全部加入恒大互联网社区医院这一最广阔的平台，提供人们疾病预防、私家医生、远程会诊、网络医疗、健康体检等医疗健康管理服务。

3.5　实施品牌战略

恒大健康产业集团以提供“专业化、科学化、规模化的国际健康服务”为核心品牌发展战略，吸收全球先进技术并实现中国本土的转化融合，将恒大健康打造成为凝聚独特健康产业价值观的国际品牌。

恒大健康产业集团坚持以“知识经济复合型人才”为企业的人才战略主体，寻求与国内外各大知名科研机构、高校院所合作，引进国内外先进技术及专家团队，创新管理方法，建立了一套有针对性、专业化、国际化的专家人才引进培养机制，为人才提供了广阔的纵横发展通道，实现了人才能力的充分发挥。

“文化强企”是恒大健康产业集团发展战略的重要组成部分。恒大健康产业集团以创建精神文化为先导，形成了独具特色的起因文化，运用“文化力量”整合战略资源，打造企业核心竞争力，实现企业良性循环发展。

恒大健康产业集团把握国内大健康产业蓬勃发展的绝佳契机，与国际顶尖医学院校和知名专家团队强强联合，提升了服务的国际化水平，结合国内外健康产业发展趋势，创立科学的服务标准，为恒大健康产业集团的发展提供了强有力的支持。

恒大健康建立了具有全球视野的专业服务团队，以全球健康产业为主要目标市场，全面推进国际化战略，积极发掘并寻找投资机会，将成为中国大健康产业国际化的典范。

3.6 整合自身优势资源，构建恒大健康四大板块

恒大健康包括新型国际医院、医学美容和抗衰老、健康管理、养老产业四大板块。这四大业务领域的市场潜力巨大，且和恒大集团本身的规模匹配度高，极易产生协同效应。

恒大互联网社区医院是恒大健康联手知名医院、全国多家三甲医院，采用全球先进的健康大数据模型和互联网技术，共同打造的模式先进、技术高端、服务完善、名医集中的互联网社区医院。充分发挥社区优势，专注健康管理 O2O 这一垂直领域，深度挖掘，建立产业生态链。和一般的社区医院不同的是，恒大互联网加社区健康管理中心通过互联网模式，为患者提供了私家医生、远程会诊、网络医疗等全方位、全生命周期的健康管理服务。

在医学美容方面，2014 年国内产值就已达 5 100 亿元，同年中国游客赴韩的医学美容消费则高达 300 亿美元，恒大将韩国最大的医学美容医院引入中国，无疑能在这块大蛋糕中分得一杯羹。

目前，健康管理已成为庞大的亚健康群体的关注热点，社区健康管理服务的迅速扩容更引人关注。恒大是规模最大的房地产企业，在全国拥有 370 多万的社区业主，且每年新增业主超过 70 万户。结合丰富的社区资源和产业开发经验，恒大发展社区健康管理业务有着天然优势。

养老产业是恒大健康的一大板块。目前，中国有 2.3 亿的老龄人口，可支持 4 万亿元的市场规模，但针对性的生活照料、康复护理等服务仍相当缺乏。恒大健康在全国多个中心城市设立养老服务机构，已然走在了行业前列。

恒大健康实现快速增长，主要得益于四个优势：第一，其具备“最后

一公里”社区服务圈优势，业务有强劲支撑，它依托恒大地产在全国170多个城市400多个社区近400万业主的资源。第二，集团初创期就运用移动互联网、大数据技术，引领行业。第三，集团汇集全球优秀的技术专家团队。第四，集团有来自世界顶级合作资源的支持，与哈佛、清华、南方医大、广州医科大学等世界知名医学院校均有深度合作。

以“恒大速度”挺进健康产业的同时，恒大健康在发展模式上的创新表现也颇为抢眼。在“互联网+”的新产业业态下，恒大健康积极寻求健康产业与移动互联网、物联网、大数据等技术的深度融合。在其互联网社区医院业务中，恒大健康通过为居民建立数字健康档案，搭建健康大数据平台，推进家庭健康网关入户，使居民在家中即可了解自己健康体征基本数据，与家庭医生进行在线沟通，实现早期家庭健康全面管理，同时积累了“互联网+健康管理”客户群和持续的、高品质健康数据流。这些动作不仅为其后续开展精准化、个性化社区健康服务奠定了基础，更走在行业前沿，形成了一定的示范效应。

随着“健康中国”战略落地，“十三五”期间围绕大健康、大卫生和大医学的医疗健康产业有望突破十万亿元的市场规模。恒大健康多点布局、精准定位、创新模式、国际化合作的优势，使其从竞争日趋激烈的健康行业中脱颖而出，有望跻身全球知名健康企业行列。

3.7　定位精准，进军健康管理与健康保险合作的蓝海

健康管理与健康保险合作，是我国健康产业领域的资源整合创新，更是名副其实的蓝海市场。

2015年11月22日，恒大集团召开恒大人寿发布会，宣布旗下的新产

业——恒大人寿正式亮相。

原来，进入2015年以来，作为国内龙头房地产企业的恒大地产集团就频频发力整合金融资源，先后与中国邮政储蓄银行、中国农业银行、民生银行、中国银行等多家银行签署战略合作协议，获得强有力的资金支持。4月24日，中国人民保险集团与恒大集团在北京签署战略合作协议，双方建立长期、稳定、互惠的战略合作关系。

中国人保主要业务包括财产保险、人寿保险、健康保险、资产管理、保险经纪以及信托、基金等领域；恒大是集民生住宅、文化旅游、健康及体育为一体的大型企业集团，双方产业高度契合，合作空间巨大，可实现战略互补，促进市场和行业全面整合发展。

中国人民保险集团与恒大的战略合作，是中国人保首度携手房地产企业签订战略合作协议。双方约定将基于各自的行业优势与资源，在商业保险、养老产业、健康管理、互联网资源共享和投融资等方面开展多层次战略合作，携手实现共赢发展。

中国民生领域的改革正全面推进，中国人保与恒大合作极具战略前瞻性，双方产业链优势互补、高度匹配，既是金融保险与实业的全面对接，也是各项民生领域的全面结合，合作前景可期。

第4章

资源整合创新经典：回家吃饭

4.1　构建“回家吃饭”平台

4.1.1　平台概述

“回家吃饭”作为全国最大家庭厨房共享平台，是一个基于地理定位、共享身边美食的O2O平台，致力于在社区里发掘有时间、愿分享的民间厨艺达人，以配送、上门自取等多种方式，通过为白领和御宅族提供安心的日常用餐。解决对健康饮食的需求与富余生产力的对接问题。

“回家吃饭”APP一键订到邻家的安心饭菜。根据地理位置定位，展示附近已有家厨，上千道私家美味可供选择，这里不仅集合了全国各地地道的家乡菜，还有家传手艺的私房菜，更有民间高手的创意甜点。这些饭菜通过便捷的快递可迅速分享给白领和居家客。

截至2015年11月，“回家吃饭”APP已覆盖北京、上海、广州、深圳、杭州5个城市。“回家吃饭”APP已在AppStore、百度手机助手、应用宝、360手机助手等平台开放下载。

4.1.2 平台理念

“安心饭菜，邻里共享”的理念：回，是奔波也是归途；家，是依靠也是港湾；吃，是需求也是追求；饭，要方便，更要健康。

4.1.3 主要优势

优质油米：从中粮或超市采购，这些家厨都不知道在哪里可以买到地沟油。

健康食材：新鲜的食材当日采购，精心择洗，更有家乡寄来的最地道的食材。

小锅烹制：家里小锅小灶，为家人下厨时顺便为你多做一份，充满人情味，暖胃又暖心。

家厨外送：你的菜可能是热情大妈、深邃大叔、邻家美厨娘，甚至是韩国欧巴做的。

4.2 实施“回家吃饭”平台的资源整合创新

4.2.1 场景描述

一个多月来，王梅总在早晨送儿子上学后，便开始在朝阳区核桃园的自家厨房里忙活。几乎每个工作日的上午十点左右，手机信息的铃声便不绝于耳。伴随着油炸声和锅碗瓢盆的碰撞声，她不断穿梭于客厅与厨房，直至把刚出锅的拿手菜——培根芝士香浓奶酪焗饭和酸汤馄饨装进两只透明的饭盒里。接着，她撕下一张便条，写道：今天雾霾严重，出门记得戴口罩。随后，她顺手又往袋子里塞进一只白色口罩，出门，把印着“回家吃饭”字样的饭盒交给“人人快递”的送货员，并付给他 3 元送餐费，嘱咐其把饭菜送给在三里屯工作的一位食客，这位食客除了在线支付 46 元餐费，还需要给送货员 3 元送餐费。半小时后，看到平台上这位食客给了“分量足、饭菜香”的评价，王梅脸上露出了微笑。

在北上广深等城市，有越来越多像王梅一样的家庭主妇、退休的大爷大妈，甚至专业厨师正在利用这个叫“回家吃饭”的平台，把空闲时间和闲置厨房用于给附近写字楼里的白领做家常饭。“赚点钱，做点有意义的事。”王梅说。“回家吃饭”（Home - Cooked）平台上的每道饭菜售价在 10 ~ 30 元左右。在中国，与“回家吃饭”类似的 APP 还有“妈妈的菜”和“蹭饭”。它们均为餐饮类应用，采用“在家做饭——自建物流 + 第三方物流送餐——周边写字楼取餐”模式。据业界人士分析，现在都市年轻人的生活观念有所改变，食品安全意识加强。共享经济下的互联网化给餐饮服务和食品安全打开了新窗口。

4.2.2 “回家吃饭”的创建与发展

（1）创建背景。

首先，中国城市的人口密度较大，吃的东西能像车一样很快地送达人们面前，白领所在的地方要跟做饭的地方比较近，国外地广人稀，无法实现这个条件。

其次，中国人对吃更在意一些，美国人整天吃三明治并不觉得不好，中国人觉得自己的吃文化博大精深，在吃的方面比国外的人要求更多，对多样化、健康、家的味道等的要求更高些，所以中国才会存在这样一个市场。

最后，共享经济现在在中国很受欢迎，政府扶持，用户也欢迎，它是发展的潮流，也是大势所趋。

（2）创建发展。“回家吃饭”的家庭厨房共享应用在内地比较火，是目前国内最大的家厨共享应用平台。其创始人兼 CEO 唐万里原为阿里巴巴成员，他于 2014 年 10 月创立“回家吃饭”平台。至今，该平台注册用户已超过百万人，活跃用户达到 50%，市场已延伸至北上广深和杭州五座城市，之后打算拓展更多内地城市。目前，“回家吃饭”处于升级阶段，已完成 B + 轮融资，融资总额已超过数亿元人民币，投资人包括滴滴打车的投资人王刚、金沙江创业投资合伙人朱啸虎、今日资本集团的徐新，团队人数已逾 500 人。目前，国内已有超过 5 万个家厨加入了“回家吃饭”，其中多为退休长者、主妇和烹饪爱好者。家厨在平台上线前，平台会对其进行审核、培训和饭菜试吃，同时进行安全质量监管。食客在手机上下载了“回家吃饭”APP 后，食客所在地附近的“回家吃饭”的厨房会自动出现在界面上。食客可在界面上看到家厨的照片以及家厨的信息介绍。在北京，“回家吃饭”平台每日接单量超过 5 万个。

（3）联合创始人谈婧。最开始谈婧在投资银行主要做 IPO 这方面的工作，加入“回家吃饭”之前在 Uber（优步）中国工作，是 Uber 中国的第一批员工之一。是什么促使她离开 Uber 而加入“回家吃饭”的？

第一，谈婧自己本身就是一个“吃货”，“回家吃饭”想解决的这个点一直是谈婧自己的一个痛点。

第二，当时谈婧在 Uber 中国时，主管全国运营。Uber 是美国产品，它要在中国做本土化的推广。当时，中国的运营团队会提出一些非常好的改进产品的想法，但是因为 Uber 是美国公司，伤筋动骨的事情还是难以做到的。谈婧曾带着中国本土的一些人飞到美国，跟 Uber 的产品、技术人员交流这边需要的东西，但由于一些文化的隔阂，说服他们很不容易。谈婧那时候在想，其实中国团队有些很好的想法，中国互联网行业内出现的一些产品或想法已经走在了美国的前面。她还特别明显地感觉到，还没有一家中国企业是自己从头到尾完完全全想出来一个概念或一个产品，然后自己完全主导进行创新，并且做出来的。

"回家吃饭"其实就是这样的一个企业，它不像其他产品或企业在美国可能都有"先辈"，它面临的问题全都是一些很新的问题。国外有一些擦边的产品，如"Eat With Me"，是以社交为目的的为陌生人举办的派对，比如说某人组了个饭局，想认识他的人便会去赴会，但大家可能一两个月才去一次，是个低频的情况。但是"回家吃饭"是为解决白领吃饭问题的，它是高频的、快速稳定的业态，现在在其他国家都是不存在的。我们每天面临的都是新问题，没有东西去抄，有挑战性，谈婧觉得这很有趣。

一次机缘巧合的机会，谈婧碰到了唐万里。

谈婧是在和今日资本徐新闲聊的时候，了解到北京有个做家庭厨房共享的创业公司"回家吃饭"的。在此之前，谈婧一直在思考除了 Uber 的车和 Airbnb 的房之外，还有什么东西可以拿来共享，当听到"吃"也可以共享时，谈婧眼前一亮，但那时她并没有动离开 Uber 的念头。

谈婧没有预料到的是，唐万里几次带核心团队从北京飞到上海和她深谈，有一次飞机延误凌晨四点才落地，谈婧看到还没睡醒的四个人，最终被他们的真诚打动了。

唐万里很喜欢将谈婧在 Uber 的经历和他自己在阿里积累下来的地推经验称为"空军"和"陆军"，认为谈婧加入"回家吃饭"是"空军"和"陆军"的结合。谈婧描述了她在 Uber 的三个成就，她觉得在 Uber 的经历可能会对"回家吃饭"有帮助。

4.2.3　"回家吃饭"的资源整合

"回家吃饭"平台有专门的地推团队去小区进行宣传，家厨目标群体为小区大爷大妈和家庭主妇。地推团队要先找到目标对象，确定他会做饭，有意向，之后再进入申请流程，“回家吃饭”有一个严格的准入标准，“回家吃饭”平台会去家厨的家里进行实地考察，看他们家在几层、家里的卫生状况，是否有独立的厨房和客厅；会试吃他们做出的菜，进行色香味考察，还会进行拍照，这是准入的一个过程。同时，家厨还要提供身份信息和健康体检证明给平台，审核完这些后，家厨才有上线资格。上线的过程大概需要一个星期。然后家厨可以上传做饭的照片等信息，之后就可以开张，接收订单，会有物流人员送餐。

实际上，每个家庭、每个厨房、每份饭菜都有其背后的故事，有些菜品是传承了几代人的手艺，有些菜品的背后有着很多不为人知的故事，比如因为自己的小孩一直爱吃鱼，所以一直研究鱼的各种做法，直到最后，能做出很多种口味的鱼，也能用各种食材进行组合创意。

这些家厨本身为业余人群，要给家里的人做饭，加入“回家吃饭”后，可以多买点食材，做好饭菜再卖给白领，做给家人的和卖给白领的饭菜是一样的，是可以让人放心食用的。从根本上说，家厨的饭菜是放心可靠的。从外部来说，“回家吃饭”平台有严格的把控，我们的准入措施很严格，而且平台每月会到家厨家里进行排查回访，检查其卫生情况等，确保饭菜的卫生与安全。食客吃过饭后也会对菜品进行评价，这种公开透明的评价是对家厨的一种监督。

“回家吃饭”中有一些和其他共享经济形式不太一样的地方，对于吃，大家虽会对效率、对经济利益很重视，但很多人更在意吃的东西是否更好吃、更丰富、更健康、更有人情味。“回家吃饭”的内涵比优步的内涵多得多。优步是一个标准化的产品，比如快、便宜，但“回家吃饭”更多的是挖掘共享经济里的一些元素和可能性，同样是“土豆炖牛肉”，这家和那家的味道是不一样的，每家的厨房都有一个秘密，每家人做的饭菜的味道都不一样，它可以通过共享被发掘出来。现在的白领压力很大，他在吃“回家吃饭”的饭菜时，有时不仅在寻求吃的这个东西，也能很在意家厨是否很关心他，关心他的口味，他是否吃饱了，加班是否很晚之类。有时，家厨写给食客的一张关心小纸条或者送的一个水果，都会让食客很感动。这些是我以前没想到过的，原来共享经济还可以有这么多元素。

"回家吃饭"对于家厨的订单量不会限定太死，会根据厨房本身的承载力来做个初步的判断，但如果某个家厨做得太多，平台会给他一些提示，家厨也可以根据自身情况来决定订单接收量的多少。每个厨房的菜单平均有 8 ~ 11 道菜，家厨也可根据自己情况进行调节。

4.2.4　"回家吃饭"的价值升华

（1）从中国餐饮市场看家庭厨房的价值。根据 2010 年第六次全国人口普查的数据，中国有 4 亿个家庭，平均家庭规模是 3.1 人。每个家庭中都有一个家庭厨房。按现状来看，所有家庭厨房每天生产的饭菜只供三个人食用，创造价值的受益者也只有三个人。但是，如果让这些产能闲置的家庭厨房为他人所用，其潜在的价值创造空间将会很大。

家庭厨房的价值可以从中国餐饮市场规模来推测出来，根据中国报告大厅发布的餐饮行业市场调查报告显示，餐饮行业在 2014 年的市场规模接近 2.8 万亿元。所以，如果能把家庭厨房和餐饮市场衔接起来，或许能创造更广泛的商业潜力。成立于 2014 年 9 月的创业公司"回家吃饭"，就看到了这个机会，希望能搭建起家庭厨房和商业餐饮之间的那座桥梁——桥梁的一边是社会上可创造价值的闲置人力，而另一边是厌倦外卖、渴望家的味道的白领。

（2）"回家吃饭"的商业模式，本质上是基于"吃"的共享经济模式。家庭厨房入驻"回家吃饭"平台，成为面对 3 公里范围内食客的开放厨房，共享的是每日煮饭产能的余力。食客通过"回家吃饭"下单，或者是登门拜访，在厨师家里吃饭，或者是以外卖的形式拿到家庭厨房做的饭。

当大部分人还盯着外卖餐饮时，"回家吃饭"就开始挖掘中国 4 亿个家庭厨房的商业潜力。

共享经济模式受美国 Uber 和 Aribnb 两家公司全球范围内的成功的影响，成为全球创业生态中最重要的商业模式之一，Uber 和 Airbnb 为几百万人带来了工作机会和额外的收入，为消费者创造独特的价值。同样，在中国，每天有近千万用户通过“滴滴”出行。

“回家吃饭”的“吃”，也延续了上述共享经济模式公司的很多特点。比如，潜在的供给端（也就是家庭厨房）的数量足够大，而烹饪技能和驾驶技能类似，都是低门槛的技术能力，并且，社会上有大量的闲置的家庭厨房和家庭厨师。

同时，家庭厨房作为已经存在的价值产生方，具有一定程度的成本优势，不同于一般租赁门店的商业餐饮，房租以及人员成本占到了 50% ~ 60%，家庭厨房既没有地产成本，也没有服务人员的成本，而成本上的优势又带来了更大的盈利，这也是很多投资人看好该模式的理由之一。

（3）共享经济模式带给创业公司的挑战。共享经济模式仰仗的往往是规模效应带来的价值：Airbnb 用 4 年（2008 ~ 2012 年）逐渐积累了 100 多万个用户，2012 年增加了 200 多万个新用户。对于“回家吃饭”来说，首先要面对的是“如何去获得足够大的厨房供给”。

要鼓励从前封闭的家庭厨房变为开放厨房，关键在于让厨师得到他们想要的东西。这其中无非两点：一是实实在在的收入；二是工作和分享带来的乐趣。

对于“回家吃饭”上两类主要的厨师群体——退休的叔叔阿姨和全职妈妈来说，通过做饭获得收入是他们加入“回家吃饭”的主要动因。

根据家厨统计，他们平均每份菜品的食材成本大概占售价的 30% ~ 40%，再减掉物流、水电气和调味料成本，家厨的净收入大概占售价的 50% 左右。举例来说，如果家厨每月开张 20 天，每天订单数是 20 单，单价是 25 元，月收入大概在 1 万元左右，所有成本按 50% 计算，家厨的净收入在 5 000 元钱左右。

除了收入以外，对于家厨们而言，另一大动因是工作的成就感及烹饪和分享的乐趣，比如“回家吃饭”上的全职家厨豆妈。豆妈是北京中关村区域的一位年轻漂亮的全职太太，她说，家庭里衡量一个人的价值还是要看收入，成为“回家吃饭”上的家厨，可以有一份收入，更重要的是这份工作可以给她带来自我价值和成就感。自己不再只是为了家庭而存在，通过“回家吃饭”她每天都在和外界发生联系，感觉自己是被社会所需要的。

“回家吃饭”上还有那些把烹饪当作兴趣的家庭厨师，他们一般有一份全职工作，把在“回家吃饭”上烹饪当作业余时间的休闲活动。例如，一家名为“米其邻七星”的欧美风味家厨，“米其邻七星”是澳洲海归 Yumiko 和妈妈在“回家吃饭”上合开的家厨，Yumiko 负责设计菜品，妈妈负责做菜。两人开“米其邻七星”厨房就是为了结交朋友和开心。

如果说家厨们是被利益以及兴趣所驱动，那么“回家吃饭”对于其用户们产生的价值又是什么呢？在餐饮选择如此丰富的年代，“回家吃饭”是否能抓住他们的核心痛点？

“回家吃饭”的天使投资人王刚说，“回家吃饭”在成立之初，想从社区内的厨房共享开始，因此选择在北京回龙观区域拓展家厨，家厨数量积累上去后却发现，需求一直跟不上来——原来是因为回龙观并没有那么多在外用餐的需求。于是，“回家吃饭”的扩张方向就向北京 CBD 区域转移，CBD 的白领用餐需求更集中，还能带动供给的增长。“回家吃饭”由此决定，将白领市场对家厨的餐饮需求作为“回家吃饭”的发展方向。

“回家吃饭”的创始人兼 CEO 唐万里认为，“回家吃饭”平台上的菜品本质上来说和“外卖”是不一样的，前者是一锅一锅小炒出来的食物；因为是家庭厨房出品，所以在健康程度和味道上更贴合白领们的要求，而后者，因为更偏向于“工业流水线作业式”生产，在健康和味道上很可能有欠缺。

除了菜的味道以外，唐万里认为家厨代表的是邻里关系，或者说“人情味”，也是黏住用户的一大点。

“回家吃饭”直接在其APP上放上家厨的联系方式，通过联系方式，用户可以直接和家厨沟通，建立联系。更为重要的是，还有很多家厨甚至会有微信群，把用户加进来，问他们对菜品的改进意见。如果通过这个平台，家厨和用户产生了更为紧密的联系，那么平台对于这两边用户所产生的价值就会更大，流失的可能性会更低。

当然，即使平台对两边用户都有价值，这类公司仍要面临一个很核心的问题，这个问题“滴滴”也曾遇到：就是扩张速度。“回家吃饭”一直没有进行大规模的补贴，公司刚刚起步的时候，在北京曾经花了三个月的时间才找到三个合适的厨房。

不过最后，他们还是一直坚持下来了。现在一个“回家吃饭”的工作人员一个月可以招募到20个厨房，而且还会不断加速。

4.3 拓展“回家吃饭”市场，全面进军北上广深杭

很快，由阿里巴巴原骨干联合优步中国早期成员创办的“回家吃饭”APP正式登陆广深杭。这个仅用一年时间便在北京上海两地揽下百万级用户的APP已经进入B+轮融资，获得著名天使投资人王刚领投，金沙江创投朱啸虎及今日资本徐新跟投。这家被称为餐饮领域的“滴滴打车”的资本新宠，正致力于将共享经济深耕到更多版图上。

“回家吃饭”是国内首个家庭厨房共享平台，它将上班族想吃到可口家常菜的需求，与赋闲在家主厨人群希望通过烹饪拿手菜获得价值回报的愿望实现了对接。公司目前已完成B轮融资，融资总额达到了数亿元人民币之多，团队规模更是超过500人。这在资本寒冬的大环境中，无疑是一

道独特的风景。

“回家吃饭”自2014年10月在北京上线以来，发展迅速，不仅在街头巷尾被越来越多的人谈论，更受到CBD商务区白领的广泛追捧。如今，家庭厨房共享平台“回家吃饭”从北京扩张至上海、广州、深圳、杭州等城市，全面布局一线城市，注册用户超过百万。

在北上广深杭等城市工作的年轻人，压力大，空闲时间少，饮食方面早已吃腻了写字楼附近的餐馆及外卖。“回家吃饭”平台正填补了这个空缺。通过严格筛选和监管，将安全美味的家庭厨房饭菜送到上班族口中；有的年轻人周末休息，不愿做饭或不善于做饭，也可以在家庭厨房订餐，或直接上门吃小锅单炒的家常饭菜，因家厨而连接的邻里关系也得以改善。

由于就餐时间集中、时间紧、人手少，家庭厨房菜的配送，除了“回家吃饭”自建物流，还有第三方配送公司参与送餐，另外也有部分家厨亲自送餐。除配送之外，食客还可以在距离比较近的范围选择上门自取，也有部分家厨开放自家厨房，提供上门堂食等多元服务。

未来，“回家吃饭”将继续稳步向其他城市拓展，进一步提升产品体验，扩大社群的活跃度。共享经济在餐饮领域的成功拓展，不仅使食客、厨户和平台多方互利获益，还有利于提高社会资源利用效率，促进社会和谐发展。

第5章 整合创新孕育出小桔滴滴

5.1 小桔搬家

在北京生活的很多人可能不知道小桔科技，但一定知道它的产品——滴滴打车。北京小桔科技有限公司成立两周年的这一天，公司总部从拥挤的中关村e世界搬到了清净许多的上地七街得实大厦，占据了5层楼的一半。比起过去较为狭窄的办公条件，这里的环境显然改善了不少，有着大开间的格子间和众多的会议室。搬家之前，一些员工竟然在楼下的星巴克"坐班"了3个月。要不了几个月，这些宽阔的格子间就会被新加入的员工迅速填满。滴滴打车的发展速度实在太快了，人员还在不断地增长。

没有哪个行业的创业是这么的精彩，有线上有线下，有竞争有洗牌，有媒体的高关注，有政策的影响，有巨头的因素。如果说每次创业都是一部电视剧的话，那么这部电视剧的桥段太丰富了！滴滴打车创始人兼CEO程维曾经在阿里巴巴工作过8年，亲眼看见过无数创业公司的悲欢离合，却没想到他自己创业的时候，故事竟然比旁人的还要精彩得多。

仅仅用了两年的时间，以滴滴打车、快的打车为首的打车软件竟然已经深刻地改变了衣食住行中“行”这件大事，这确实有点难以置信，但是却实实在在地发生了。

5.2 一个有价值的整合思维可能改变命运

5.2.1 选择滴滴打车创业项目的缘起

滴滴打车创立 24 个月、上线仅 18 个月时就成长为估值 10 亿美元的公司，这个速度程维也没想到。

当年的团队从阿里离职，兄弟们想着要创业，那时候寻找了好些个创业方向，有的听起来很靠谱，但是在实际论证或者前期实践中发现走不通，就放弃了。创业人团队的出发点觉得一定要做大产业，做大众主流刚性需求。2012 年，各地市场上陆续出现一些 O2O 车队或者预约车类的创业项目，程维的团队也在看，但当时却并不看好。几年以前，出租车智能手机保有率不到 5%，滴滴打车创始人程维说，除非每个司机有台智能手机，这事儿才能做起来。另外，出租车是一个强管制的行业，我们也担心今后会受限于政策因素。这个想法几乎要被我们毙掉了……

后来为什么要做这个事情？创业团队是基于两个判断：一是论证下来认为一定要做一个大众主流刚性需求的产品；二是陌陌的出现。程维说：“我很感谢陌陌。那是 2012 年 2 月，陌陌刚有点儿苗头要火，我第一眼看到这个产品，就说这个事情靠谱，陌陌的出现使得基于距离的应用突飞猛进，陌陌通过距离提升了社交的效率，打车和距离远近的关系更强大，对司机来说，500 米的活儿他就愿意去接，但是两公里他就懒得去了。受到陌陌启发，加之那段时间我在北京，打车非常痛苦，北京的冬天太冷，我曾经有过站在路边 45 分钟都没打到车的经历，觉得做基于地理位置的打车产品应该是靠谱的。”

5.2.2 处处碰壁的初创期

从阿里出来的创业团队执行力非常强，有了这个初步的想法，团队一讨论也觉得兴奋，哥几个一共投了 80 万元进去，就卷起袖子准备干活儿了。别看滴滴打车现在很火，当时却处处碰壁，灰头土脸的。刚立项时他们就去见了 VC，一共见了中国大约 23 家以上的 VC，几乎市场上能叫得上名字的 VC 全部都见了，但由于项目太过超前，而且产品没有上线，这个概念又很新，几乎找不到市场上对应的标的模式，没有一家 VC 要投资滴滴打车。

那时候真的很惨。他们的产品是怎么做的？外包的。花多少钱？8 万元人民币，留下多少个的士，30 多个！找出租车司机预装，司机却说：“你们是来骗流量的吧？”他们在做演示的时候，总是揣两台手机，这个呼叫那个没响，这个手机又打不了电话……层出不穷的问题，很尴尬，于是他们的产品只能用于演示。程维说就这么干，这个产品跟技术关系不大，我们坚持这么往前走。当时他们对技术的认识还很粗浅，后来在这上面尝到了深刻教训，花了很大力气补足了技术力量。很快，公司的 80 万元人民币花完了。程维就打电话再借钱，最后借到了 30 万元。在大概花了 110 万元人民币的时候，金沙江找过来，那时候北京每天有 200 单。和别的创业项目相比，他们省到了牙缝里，当时他们的广告费和工资是怎么发的？所有的员工月薪 5 000 元，只要来就只有 5 000 元，不来就走。所以，程维完全靠他的人格魅力吸引了很多高手进来。程维对控制成本、广告费也抠得很紧，一个月投 1 万元人民币，这个月这家投 500 元，如果没有效果，就在另一家投 500 元，他就是这么抠预算的。

5.2.3　以火箭速度冲刺

关于商业模式的打磨，他们一开始就非常清晰，要做可以规模化上量的平台。移动互联网的发展速度比互联网发展速度还要快 5 倍。互联网是飞机，移动互联网就是火箭，要么一飞冲天，要么狠狠地摔下来，死得比谁都快。如果产品的量没直线上升，那就说明需求点找得不准，因为用户变迁是井喷的东西。做滴滴打车时，从第一天起他们就有几个不碰的地方。第一，滴滴打车先不做硬件，有的媒体上说他们永远不碰硬件，实际上也没说永远不做，只是先不做硬件，比如每台出租车上放一台 pad 或者智能终端。现在我们能看到每个司机都有一台安卓手机，实际上，几年前智能手机在司机中的普及率还很低，那时候在司机端的推广还是比较痛苦的，一些 O2O 打车或租车类的公司在车上部署了联网的 pad，但是觉得太重了，会影响规模化发展。第二，不做支付。大家都喜欢掌握交易的闭环，要把支付绑定起来，但是 2012 年的社会大环境中，移动支付还不普及，用户支付有障碍的话，也会影响规模化起量。第三，不做加价……滴滴打车做着做着，市场上就有了越来越多的竞争对手。程维他们认为，要靠一个最简单的产品做到全国范围。在创业早期，对于创业团队来说，最重要的事情就是平台业务，平台业务只有一个壁垒，就是规模，凡是影响规模的事情他们都不做。

在这个市场上，要把规模做到极致，每天都要往前冲。时常要和竞争对手亮剑，哪怕一个小小的疏忽，一两周的懈怠，就很可能失去一个区域。有一个细节是，他们当初抢司机时，所有的方法都用了，包括去出租公司宣讲、去各大火车站、各大宾馆、司机吃饭的地方和加油的地方守候，凡是能去的地方他们都去了，大家一直在思考哪种方法效率最高，后来琢磨出来了——在火车站帮助司机装 APP。当时滴滴打车做了一个小插件，带着电脑接一下就可以了。如果让司机自己下载肯定有很大难度，因为他们是移动互联网使用率相当低的群体，因此，团队的人得帮他们装APP。后来，他们发现机场是最重要的战场，但是搞定这个战场却异常艰难。经过各种努力，滴滴团队最后终于拿下了这个战略要地。

滴滴团队开始在做滴滴打车时，第一版的产品体验很差，页面下面有什么导航、什么车流的提醒，很多乱七八糟的功能都挤在那儿。后来产品进行改版，坚持把语音做到极致。关于是用机器音叫车还是用每个客户真实的声音叫车，团队内部也进行了很多次讨论。后来他们在司机中做调研，司机们认为每天在路上开车，听久了机器音会觉得很乏味，有审美疲劳，如果让每个用户需要叫车的声音都放出来，订单的真实性就立刻上去了，司机们也能听到各种各样的声音，还有方言，他们觉得有趣和真实。滴滴有几个移动互联网产品的核心原则：一是仅仅抓住应急需求，消灭二级菜单，实现用户零等待；二是让所有的用户都要用起来方便；三是要把距离因素用到极致。产品属性了解清楚后，就按照这个逻辑去设计。在第二个版本中，滴滴坚持了语音，后来又开始做预约订单，APP 页面下面就放了两个按钮，一个是即时订单，另一个是预约订单，就这两个按钮，简简单单，一目了然。

滴滴打车在飞速成长时，市场上其他的打车应用软件也在飞速成长，大家自然会碰到一起。各种竞争自然是免不了的，滴滴打车经历了区域战、价格战、融资战……每一场战斗都是惨烈的，但每一场竞争后，滴滴的团队都有成长，而且用户整体也被教育了。

5.3 优质资源在司机那里

为了使用打车软件，很多司机都买了两部手机，有的司机还专门配备了 WiFi（一种能够同时接入多部移动终端的便携式无线路由器），以便能抢到好的订单。

在公司搬家的当天，程维专门请来了十几位司机参加庆典。简单的庆典仪式结束后，他又把其中的几位司机请到了自己的新办公室，做进一步的交流。每个月滴滴跟司机的沟通都不止一次，各个部门都会把司机请过来交流。

这次请来的司机当中有位孟师傅，已经 58 岁高龄了，以前从来没用过智能手机，滴滴打车的员工就一步一步地教孟师傅打开定位，打开移动网络，抢单。还有位刘师傅号称“抢单王”，最多一天能抢到 35 个订单，平均一天有 20 个左右的订单。他现在已经能够做到 100% 的活都通过滴滴打车来接。现在他每天只在中关村、上地和回龙观之间转悠，就可以揽到足够的活儿。通过滴滴打车，刘师傅称现在的收入比以前提升了一倍。

滴滴打车产品的不断完善，与司机们的帮助是分不开的。滴滴打车在准备推广微信支付之前也找司机们做了一个调查。在此之前，有关部门曾经推广过用“公交一卡通”支付车费，却没能成功。司机们说出了原因：当乘客用“公交一卡通”付款后，还要一两天之后才能到达他们的银行账户，由于没有提供对账功能，他们查起来也非常麻烦，最后只能选择不用。听完司机的反馈之后，滴滴打车专门设立了中间账户，当乘客通过微信付款之后，中间账户可以立即给司机打款，同时还给司机发个短信供他们查证。也正因为如此，上线的滴滴打车微信支付功能受到了司机们的大力欢迎，很多司机在乘客刚上车时就极力推荐这个功能。

5.4　互联网在传统行业更快的渗透，造就了滴滴打车的快速增长

让程维十分自豪的是，通过他们的努力，人们真的改变了出行方式。

在老百姓的"衣食住行"中，服装行业虽然经过了淘宝10年的教育，网购的比例也只有5%；"食"的互联网普及率更低，"住"的比例就更低了。而至少在出租车行业中，人们每天打车已经有30%～50%是通过打车软件来实现了。而且，滴滴打车的用户中有60%是在WiFi环境下叫车的，这也意味着有相当一部分用户已经放弃了路边招手打车的老习惯，而是在室内惬意地等待出租车的到来。互联网在传统行业更快的渗透，造就了滴滴打车的快速增长。

当然，滴滴打车也付出了不菲的代价。在那场与快的打车的补贴大战中，滴滴打车通过微信支付的补贴款高达14亿元；那时，滴滴打车完成的融资额才不过1亿美元。

不过，在阿里巴巴工作过的程维明白，通过打车大战积累下来的最宝贵资源，其实是用户数据，而滴滴打车的商业模式注定会建立在经营大数据的基础之上。滴滴打车已经招募了最出色的算法专家，又与一些高校和科研机构合作共同研究如何才能持续优化出租车的调度。滴滴打车在北京的打车成功率已经高达75%，大城市打车成功率平均在70%以上。基于更好的调度算法，滴滴打车进入有着更清晰盈利模式的商务打车市场。

凭着1亿用户的数据资源，滴滴打车已经尝试通过广告来获得收入了。滴滴打车先后推出了"给全国人民送荔枝""给全国人民送蛋糕"的活动，其实就是在帮助商家做广告。未来3年内，滴滴打车一定是免费使用的。但是，不排除通过一些增值服务和广告来养活自己。

5.5 早春之恋

2015年立春刚过，一年一度的西方情人节来临之际，中国打车软件市场最大变局发生了。1月21日，北方依然是冰天雪地，在南国深圳却是春意盎然。滴滴打车与快的打车联合发表声明，宣布两家实现战略合并。以滴滴加快的的估值计算，新公司将成为中国排名前十的互联网公司。这是中国政府提出经济新常态后，最早出现的一个影响较为广泛的整合案例。

滴滴打车和快的打车都诞生于2012年，自成立之日开始，两者在市场中布局的步调就极为相似，竞争也格外激烈。资料显示，滴滴打车获4轮投资，公布的总金额超过8亿美元。快的打车公布的融资金额与滴滴打车相似。随着大量资本的支持，滴滴打车和快的打车围绕市场份额争夺的“烧钱大战”也愈演愈烈。

其实，滴滴和快的借鉴的都是Uber的模式。Uber 2010年创立，2012年开始受到非常大的关注，很多创业者受到启发，当时中国市场上出现了十几家打车软件，其中包括上海的大黄蜂。在那个阶段，拿到钱的人也不少，但是滴滴和快的跑在了最前面。

腾讯和阿里两家巨头分别入股后，滴滴打车和快的打车也成为微信支付和支付宝获取移动互联网用户的桥头堡。2014年1月滴滴打车宣布与微信合作，支持微信支付功能，与此同时，微信中也添加了滴滴打车的入口；快的打车则在2013年8月接入了支付宝，二者在移动支付方面的角力开始凸显。

其实，打车补贴这场仗是滴滴和腾讯挑起来的，本质上是要挑战支付宝。对于腾讯来说，要鼓励用户积极使用这个应用，简单粗暴的方式就是补贴。补贴促进了滴滴的爆发式增长，在很短时间内，阿里就意识到滴滴已经成为核心移动支付应用，之后就开始有了更多的配合，也给予了很多资源的辅助，包括支付宝的帮助。

2014年1~2月，也就是春节前后的补贴大战，是两家公司竞争最残酷的时期。这是大家意料不到的，滴滴本身也意料不到。他一开始的补贴，是为了培育市场，可没想到快的加入之后就杠上了，而且愈演愈烈，搞的那段时间大家每天都要看一下银行还有多少钱。

在这之前的竞争，主要是地推，要说服出租车司机优先考虑用自己的软件。当时只是给司机端一些奖励，如果司机每天使用超过五次、十次，就补贴一些奖励，还没有直接补贴用户。

杭州是快的起家的地方，滴滴去攻击城池没打下来。北京是滴滴的大本营，快的也没打下来。司机和出租车、专车跟用户的匹配越完整，第二家、第三家做起来就会累一些。在业务方面，随着打车软件市场已经趋于饱和，市场格局已经稳定，滴滴打车在 2014 年 8 月在北京启动专车业务“滴滴专车”，快的打车则于同年 7 月宣布推出专车业务“一号专车”。2015 年年初，二者一前一后宣布进军企业版服务，比拼开始蔓延到商务用车市场。

打仗归打仗，滴滴的程维和快的的老吕两个 CEO 之间的交流还是不少的，包括地推团队在一些城市做得过分了，都会通过双方高层交流调停一下。在与政府有关部门进行交流沟通的过程中，也经常是两个人一起代表行业参加。

最初的合并想法是滴滴提出的，但由于种种原因没有谈拢，之后就开始了价格大战。

正是在这样的形势下，管理层经过反复沟通与交流，最终达成共识，决定两家公司进行战略合并。双方合伙人及相关人员，包括柳传志的女儿柳青，六个人窝在一个房间里，从早上八点到晚上九点，谈了 13 个小时。

柳青在高盛待过，有很丰富的资本运作经验。快的管理团队都是做技术和产品的，他们缺少这样一个人。快的的股东也选了一个懂资本运作的人。谈的过程中，大家都很有诚意，阿里和腾讯都表示中立，尊重管理团队的决定。

其实两家最终走在一起，最简单的解释是两个 CEO 在过去一年半里不打不相识，两个人共同决定一起做比分开做更好。1 月 21 日那天，他们聊的最多是业务怎么并行。最终的方案是，合并之后还可能要招更多人才。

为了把团队稳住，合并后增加了新的期权，都是从各个股东稀释的，还给了合并之后的高管团队更多的股权激励。

合并后，一个直接的影响是，可以结束补贴上的直接竞争。对于这个结果，投资人乐享其成。除了滴滴和快的的整合带来成本的降低，补贴直线下降之外，新公司对产业链的上下游，无论是用户还是租赁公司方面的议价能力都增强了。

两家公司合并后，打车软件基本上已经覆盖到了所有的手机支付用户，通过打车软件推广移动支付的使命已然完成。独立后的新公司，至少在移动支付领域不用再依赖阿里巴巴和腾讯任何一方，可以很好地在双方之间进行周旋。

合并后，两家公司的技术优势、人才优势得以充分发挥，不断推出更为完美的出行服务产品，进一步加快了市场拓展速度，产生了更多的携同效应，提升了整体竞争力，更积极有效地推动了整个移动出行行业的发展。

第6章

资本资源整合创新——众筹

6.1 整合的年代离不开众筹

6.1.1 众筹

众筹，翻译自“crowdfunding”一词，即大众筹资或群众筹资，由发起人、跟投人、平台构成，具有低门槛、多样性、依靠大众力量、注重创意的特征。众筹是指一种向群众募资，以支持发起的个人或组织的行为。一般而言，众筹通过网络上的平台连接了赞助者与提案者。群众募资被用来支持各种活动，包含灾害重建、民间集资、竞选活动、创业募资、艺术创作、自由软件、设计发明、科学研究以及公共专案等。2013 年全球总募集资金已达 51 亿美元，其中 90% 集中在欧美市场。世界银行报告更预测 2025 年其总金额将突破 960 亿美元，亚洲占比将大幅增长。

现代众筹指通过互联网方式发布筹款项目并募集资金。相对于传统的融资方式，众筹更为开放，能否获得资金也不再是项目商业价值的唯一标准。只要是网友喜欢的项目，都可以通过众筹方式获得项目启动的第一笔资金，为更多小本经营或创作的人提供了无限的可能。

6.1.2　众筹的特征

（1）低门槛：无论身份、地位、职业、年龄、性别，只要有想法，有创造能力，都可以发起项目。

（2）多样性：众筹的方向具有多样性，在国内的众筹网站上的项目类别包括设计、科技、音乐、影视、食品、漫画、出版、游戏、摄影等。

（3）依靠大众力量：众筹的支持者通常是普通的草根民众，而非公司、企业或是风险投资人。

（4）注重创意：发起人必须先将自己的创意（设计图、成品、策划等）进行到可展示的程度，才能通过平台的审核，而不单单是一个概念或者一个点子，要有可操作性。

6.1.3　众筹的构成

（1）发起人：有创造能力但缺乏资金的人。

（2）支持者：对筹资者的故事和回报感兴趣的，有能力支持者。

（3）平台：连接发起人和支持者的互联网终端。

6.1.4　众筹的规则

（1）筹资项目必须在发起人预设的时间内达到或超过目标金额才算成功。

（2）在设定天数内，达到或者超过目标金额，项目即成功，发起人可获得资金；筹资项目完成后，支持者将得到发起人预先承诺的回报，回报方式可以是实物，也可以是服务。如果项目筹资失败，那么已获资金全部退还给支持者。

（3）众筹不是捐款，支持者的所有支持一定要设有相应的回报。

6.1.5 众筹成功的关键因素

（1）筹集天数恰到好处：众筹的筹集天数应该长到足以形成声势，又短到给未来的支持者带来信心。在国内外众筹网站上，筹资天数为30天的项目最容易成功。

（2）目标金额合乎情理：目标金额的设置需要将生产、制造、劳务、包装和物流运输成本考虑在内，然后结合本身的项目设置一个合乎情理的目标。

（3）支持者回报设置合理：对支持者的回报要尽可能地使之价值最大化，并与项目成品或者衍生品相配，而且应该有3～5项不同的回报形式供支持者选择。

（4）项目包装：有视频的项目比没有视频的项目多筹得114%的资金。在国内的项目发起人，大多不具有包装项目能力。

（5）定期更新信息：定期进行信息更新，以便让支持者进一步参与项目，并鼓励他们向其他潜在支持者提及你参加的项目。

（6）鸣谢支持者：给支持者发送电子邮件表示感谢或在您的个人页面中公开答谢他们，这会让支持者有被重视的感觉，增加参与的乐趣，这点也常常被国内发起人忽视。

6.2　我国主要的众筹类型

6.2.1　债权众筹

投资者对项目或公司进行投资，获得其一定比例的债权，未来获取利息收益并收回本金。

债权众筹有两种，一种是 P2P 借贷平台——多位投资者对人人贷网站上的项目进行投资，按投资比例获得债权，未来获取利息收益并收回本金。另一种是 P2B——企业债（企业向企业之间借贷）。

6.2.2　股权众筹

投资者对项目或公司进行投资，获得其一定比例的股权。

股权众筹并不是很新奇的事物——投资者在新股 IPO（首次公开募股）的时候去申购股票其实就是股权众筹的一种表现方式。但在互联网金融领域，股权众筹主要特指通过网络的较早期的私募股权投资，是 VC（项目初期投资，和 PE 相对，PE 可以被解释为项目成熟期的投资）的一个补充。

目前，中国的股权众筹网站还比较少，主要有两个原因：一是此类网站对人才要求比较高。股权众筹网站需要有广阔的人脉，可以把天使投资人/风险投资家聚集到其平台上；股权众筹网站还需要对项目做初步的尽职调查，这要求他们有自己的分析师团队；需要有深谙风险投资相关法律的法务团队，协助投资者成立合伙企业及投后管理。二是此类网站的马太效应，即强者愈强弱者越弱的现象。投资者喜欢聚集到同一个地方去寻找适合的投资目标，当网站汇集了一批优秀的投资人后，融资者也自然趋之若鹜。于是，原先就火的网站越来越火，流量平平的网站则举步维艰。

目前，国内规模最大的股权众筹网站——天使汇，截至2013年11月中旬已为70多家企业完成超过7.5亿元的投资（按投融资双方各收取5%的佣金，不算管理费的话，天使汇已赚了7 500万元）。而另一家网站——大家投（原名众帮天使网），截至2013年底，仅有寥寥可数的4家企业成功募集到250万元。当然，这其中也有网站的UI（网络视觉设计）、运营团队等因素左右流量，但更多的是马太效应的影响。

未来在股权众筹网站的创业机会还是有不少的。目前，这个市场竞争者较少，如果创业者可以抓住某个垂直领域发展新的股权众筹平台，也可以分得一杯羹。

6.2.3 回报众筹：投资者对项目或公司进行投资，获得产品或服务

回报众筹，一般指的是预售类的众筹项目，团购自然包括在此范畴。但是，团购并不是回报众筹的全部，且回报众筹也并不是众筹平台网站的全部。

传统概念的团购和大众提及的回报众筹的主要区别在于募集资金的产品/服务发展的阶段。回报众筹，指的是仍处于研发设计或生产阶段的产品或服务的预售，团购则更多指的是已经进入销售阶段的产品或服务的销售。回报众筹面临产品或服务不能如期交货的风险。

回报众筹与团购的目的不尽相同：回报众筹主要为了募集运营资金、测试需求，而团购主要是为了提高销售业绩。

两者在实际操作时并没有特别清晰的界限。通常，团购网站也会搞类似众筹的预售，众筹网站也会发起团购项目。举个例子，回报众筹平台之

一——众筹网在早前便推出过团购茅台的项目。

6.2.4 捐赠众筹：投资者对项目或公司进行无偿捐赠

红十字会这类非政府组织（NGO）的在线捐款平台，可以算是捐赠众筹的雏形：有需要的人由本人或他人提出申请，非政府组织做尽职调查、证实情况，非政府组织在网上发起项目，公众募捐。

如果不把传统非政府组织囊括进来的话，目前纯粹的捐赠众筹在中国屈指可数。

捐赠众筹在国内发展的限制主要有两个：

一是中国人相互间的不信任感大大提高了每个项目的审核成本，这要求捐赠众筹平台本身拥有较强的线下团队，当然也可以选择将审核程序外包给第三方。

二是法律框架仍未完善，个人和企业向公众募捐的法律法规在各地都不尽相同。

捐赠众筹平台的运营方式主要有三种：

一是由用户个人发起公众募捐。根据《中华人民共和国公益事业捐赠法》，个人向公众募捐都是“不合法”的，但个人公募其实也不“违法”。“不合法”和“违法”中间往往有灰色地带。比如腾讯有一个公益项目，就是利用朋友圈的个人关系为需要帮助的人募集捐款。

二是由捐赠众筹平台根据《基金会管理条例》设公募基金会，代替有资金需求的一方，向公众发起募捐。但公募基金的申请门槛较高，据说获批非常难。

三是上述的微公益模式。由有公募资格的非政府组织发起、证实并认领，捐赠众筹平台仅充当纯平台作用。腾讯也有类似模式的产品（如腾讯公益下的“乐捐”）。

除了公益外，捐赠众筹也有其他的可能。比如美国的路人甲版众筹社区。大家可以通过该平台帮助别人实现某个心愿，比如一次奢华的旅行、一场幸福的婚礼等。当然，在人均可支配收入较低的中国，这种模式的资金规模将被大量类似“我自己都还不够花呢”的想法所限制。

6.3 中国众筹的典型平台

6.3.1 点名时间

点名时间是较早一批，也是目前比较知名的一个众募网站，上线不久便获得了来自中国台湾的50万美元的天使投资。点名时间于2011年7月上线，据其公开数据，上线不到两年就已经接到了7 000多个项目提案，有近700个项目上线，项目成功率接近50%。截至2013年4月，点名时间是国内众筹单个项目的最高筹资金额50万元人民币的保持者。国产动画电影《大鱼·海棠》和《十万个冷笑话》剧场版通过点名时间筹集到了超过120万元的资金用于动画制作。

早期，点名时间收取10%的佣金，2013年它取消了这一方式，不对成功项目收取佣金（只收管理费）。

6.3.2 众筹网

网信金融集团旗下的众筹模式网站，为项目发起者提供募资、投资、孵化、运营一站式综合众筹服务。自2013年2月成立以来，已上线众筹网、众筹制造、开放平台、众筹国际、金融众筹五大板块，股权众筹即将上线。其中，众筹网联合长安保险推出的“爱情保险”项目创出了国内融资额最高众筹记录，筹资额超过 600 万元！这款产品的对赌规则设置得比较明确、简单，更强调人们在时间的考验下对婚姻和爱情的坚持。该产品是一款意外险的附加险种，每份 520 元，5 年后投保人凭与投保时指定对象的结婚证，可以领取每份 999 元的婚姻津贴，并且 5 年内都有一定的意外险保障。凡 18 ~ 36 周岁的未婚、已婚爱侣均可购买，每人限购 5 份。

2013 年快乐男声主题电影的众筹项目，筹款 65 天，最后成功筹资 500 万元，涉及 29 000 人，平均每人 170 元，回报是电影票及首映礼入场券。一张电影票 40 元，电影票及首映礼入场券是每张 60 元。“快男电影”项目创出投资人最多的纪录。

第二篇
移动互联时代的整合创新

第 7 章

互联网时代的整合创新

互联网技术以及随之而来的生产、消费、思维模式的变革，深深地影响和改变着世界，它以前所未有的开放、平等、多元拥抱着每一个人，使世界变成了地球村。

乔布斯、盖茨、李彦宏、马云、马化腾是新生代年轻人心目中的英雄。每个时代对英雄的定义都是不一样的，要以发展的眼光看问题。在 IT 还没有崛起的时候，我们根本无法想象今天社会的样子。互联网改变了我们的生活、工作、思维方式。相亲、就业、交易都可以在网络平台上得到实现。在这个时代，祖先们所期盼的顺风耳、千里眼几乎是人人都可以掌握的“特异功能”。

在互联网时代，要搜索一个信息，只要鼠标一点，无数的相关知识如雪花一般飘落，让人目不暇接。在这个知识爆炸的时代，我们缺少的不是知识，而是筛选知识的能力。这个年代的哲学家不再是以广博知识取胜，而是以深邃、敏锐的判断力取胜。我们所羡慕的不再是学富五车，而是从“五车学富”中取一瓢水来饮。要洒脱地驰骋于网络时代，必须具备此能耐。

这，就是互联网时代！

7.1 互联网带来的整合创新因素变迁

在互联网时代，原有的历史传承社会秩序和循规蹈矩的生活程序被颠覆了，习惯性思维模式被打破了，人们进入了一个超复杂的社会系统，组织在瞬息万变的信息和语言环境中运行。

柯达、诺基亚、摩托罗拉、索尼爱立信、广电、创维、电信……这些巨头们都未曾想到会被与自己完全不相关的产业搅得天翻地覆，有些甚至还彻底丢了饭碗。这些绝不是危言耸听，都是活生生的商业案例。也许我们会觉得不可思议，但它的确已经发生，而且就在众目睽睽之下。

互联网正颠覆着一切，无数企业或灰飞烟灭，或名扬天下，或石沉大海，或一鸣惊人，企业主们更需要及早地布局谋划，以防不测，正所谓“当断不断，反受其乱”。跨界整合与颠覆式创新，对于每一家企业来说，或许是一次极为难得的机遇!

不谋全局者，不足以谋一域，不谋万世者，不足以谋一时。今时今日，唯有颠覆与创新方可主宰未来!

互联网影响整合、创新、发展战略的五个根本因素如下：

(1) 时间因素

人们对时间的感受，已从过去的时辰、小时、分钟，逐步走向秒，乃至于毫秒。当然，这种更精致的时间感受，既会赋予很多新产品空间，破坏很多旧产品范畴，还会在传统文化领域、旅游领域、娱乐领域、阅读领域、自我独处宗教领域、郊游领域、社交领域，打开全新产品创造空间。

(2) 权利因素

互联网时代使得权利扁平化。资讯、话语权、认知、理解、信息来源、圈层、高话语权人之间的社交关系，不同话语权阶层之间的理念传递，相互影响的行为，造就了一个无限混乱的权利图谱。人们对各种零碎信息的加工、挖掘能力空前巨大，在信息如何解读、图像如何解析和还原，以及空白处如何被想象和填充，都在互联网上产生不同的答案。

（3）泛联系因素

在互联网时代，所有因素之间的泛联系会充分展现。所有的新创造、新模式，都是为了把已有的缺陷、已有的跳跃连接起来；所有模式的创新，都意味着再破坏和再连接；胜出模式无一不具备联系指数更高这样的特征。泛联系使得权利因素和时间因素充分被搅拌、发酵。人与物，物与物，物与非物，实体与虚拟，非相关的事物充分被联系。

（4）内心及精神因素

在互联网背景下，人们更关注自己的内心，充分的、实时的、琐碎的，每时每刻都会感受到他人的存在，这势必会使人们百倍地关注自我存在。

（5）个体生命感受因素

在互联网时代，更多的内心感受，新的怪癖、新的精神疾病、新的神经接触方式、新的大脑突触连接方式、若干兴奋区被满足以及微幸福区的再发展，都会成为一种新方向。

在以上这五种力量的共同作用下，我们将奔向不可知的领域。

7.2　互联网时代整合创新的思维模式

不管是作为个体还是作为企业，都无法逃离互联网金融给我们带来的颠覆性革命，借助巨大的网络平台，我们将享受到日新月异的服务。只有思维的改变和创新才能带来行动的改变，如果我们没有创新思维，即使机会就在我们身边，也会悄然而逝。

整合创新发展战略在互联网时代背景下意味着什么，该怎么做，战略如何起作用……我们如何来看世界、看市场、看竞争、看对手、看创新、看新现象就成为关键，因此，要站在互联网时代下进行战略思考。

7.2.1 跨界思考

"跨界（Crossover）"，代表一种新锐的经营态度与方式的融合。跨界合作对于企业的最大益处，是让原本毫不相干的元素，相互渗透，相互融合，从而使得企业资源互用，开辟新蓝海。无论在营销领域，还是在产业市场的发展领域，跨界是各个产业努力探求的一条新路，并将逐渐成为一种成熟的模式和市场手法，为各个行业领域的美好未来而服务。

随着全球经济一体化的快速发展，整个中国进入了资本竞争和资源整合的时代，跨界资源整合正在成为中国企业积极参与经济全球化、开展竞争与合作的重要方式，中国企业面临着前所未有的机遇和挑战。谁能成功地整合资源，把握资本市场的脉搏，谁就能在惨烈的竞争中存活下来。

跨界整合，往前走就是发展，退后一步则万劫不复，市场给予了契机，给予了在过渡时期尝试新模式的机遇，只有抓住了这个契机，才能赢取更为辉煌的明天。

7.2.2 迭代性思考

"变化就是永恒"，"人不可能同时迈进同一条河流"，这些哲学上关于辩证发展观的名言，在互联网时代得到了前所未有的验证。自从互联网与电子信息走进社会，走进生活，人们一个共同的感觉，就是：这个世界变化太快！从企业经营的角度看迭代思考，本质上就是一种对企业以各种试错的方式，踉踉跄跄，挣扎着，不断走出自我舒适发展的一种模式性行为。表面上通过不断迭代思考的产品短代际创新、快代际创新，满足消费者的好奇、尝鲜、越来越缺乏的耐性等，本质上是企业对不确定性、时间、速度、客户喜好的培养，是对高价值山头的占领。迭代思考的真正内涵是升华，是积累，是总结，是量变到质变再到量变的过程，每一次迭代是站在新的起点上的再开始。

7.2.3　动态思考

互联网时代是一个动态竞争的时代，不进则退，不动则衰。竞争优势随时可能被取代，持续发展或永续经营的前提不仅在于能否强化核心能力、定位或制定良好策略，更在于能否动态地自我调整，认真地审视敌我的相对位置与态势，进而采取先发制人或预先防堵对手的行动。

在发达的互联网时代，竞争的速度越来越快，竞争波及面越来越广，周期越来越短。越来越多看不见的对手会跳出来，只要掌握了核心技术和能力，即使不是大厂商，也有办法呼风唤雨。像 HTC，它比三星的规模小得多，但因为它掌握了趋势，便可以小博大。

互联网的发达，加剧了企业间竞争的跨产业、跨国界趋势的形成，竞争呈现出一波接着一波、彼此连动、攻守交织的特质。每一家企业都希望分食市场的一杯羹，但在僧多粥少、机会稍纵即逝、产品生命周期愈来愈短的情况下，除了捍卫自己固有的疆土外，不断地主动出击、创新求变、运筹帷幄、合纵连横，以赢得市场信任、突破对手防线，是企业不得不做的选择。

在互联网时代，企业的策略制定要非常灵活，对趋势的判断要非常准确，思考的层面要更广。为了延长企业竞争优势的时间，企业要利用好平台的力量，把上下游更多的企业拉入这个平台或商业模式。另外，企业要不停地出新招，就像苹果和三星，一波又一波地攻击和防守。每一波都只能保持短暂的优势，但是把优势串在一起，就能积小胜成大胜。

7.2.4 把握趋势的思考

对趋势既有利用，也有强化，更有塑造，如何将趋势当中的可商业因素进行切割，就构成了我们对趋势的应用或加工。每一次新商机的到来，都会造就一批富翁，每一批富翁的造就基本都是这样的：当别人不明白的时候，他明白自己在做什么；当别人不理解的时候，他理解自己在做什么；当别人明白了，他富有了；当别人理解了，他成功了！当年李嘉诚的感悟是如此深刻，而今天互联网提供的信息则为我们把握趋势思考提供了前所未有的最好条件。

7.3 "互联网+"——中国互联网时代最大的整合创新国家战略

小区里的菜市场，不知什么时候，卖鱼的摊贩竖了一个白板，上面写着：加微信立减1元。鱼贩的微信是什么样的？出于好奇，加了微信。每天，鱼贩都把新到的海鲜公布在朋友圈，每种海鲜的吃法、进货渠道也一并介绍，有时还会推出一两个单品特价。在微信的诱导下，原来不怎么买海鲜的我，也专门去买了几次鱼。

邻居介绍，家门口的菜店加入了一个社区APP，在APP上订菜、买水果，满30元就可以免费送货。新用户，还能享受1元购买15个鸡蛋的优惠。这倒是方便，每天下班前在APP上下了订单，约好时间，店主按时送货，这给没时间买菜的上班族提供了许多方便。

鱼贩说，原来每天进了什么海鲜，顾客也不知道，都是随性购买，现在许多顾客都在微信上预约品种，提前备足库存，方便了顾客，也方便了自己。

小区的菜店在APP上生意不断，许多人边坐公交车边完成了订单，回到家再不用绕路买菜，每天还能买到新鲜的蔬菜和水果，何乐而不为呢?

这，就是“互联网+”!

2015年3月，中国政府的工作报告中首次提出制定“互联网+”行动计划，推动移动互联网、云计算、大数据、物联网等与现代制造业结合，促进电子商务、工业互联网和互联网金融健康发展，引导互联网企业拓展国际市场。“互联网+”开始纳入国家经济的顶层设计，为互联网与包括医疗、教育、物流、金融等在内的传统行业的融合发展提供更大的空间，将培育更多的新兴产业和新兴业态。

中国作为世界制造业大国，不仅需要继续破解仍存在的粗放发展、核心竞争力依然薄弱等难题，更需要与基于互联网技术的移动互联网、云计算、大数据、物联网等相结合，提升中国制造业的成色与品质。

“互联网+”以及创新驱动发展战略，突破的既是科技革命，又是保障公平的社会变革。技术的变革，提升了民众实现自身梦想的可能性，让每一个“草根”都可能通过创新创业实现自身价值;“互联网+”的发展，也助力中小微企业大有可为。更为关键的是，互联网世界通过“围观改变中国”，加速透明行政，通过互联网行业扁平化思维的加强，同时加速简政放权，加速金融改革。这所有的改革，最终都会成为促进社会公平、正义发展的有效方式。

我国是制造业大国，也是互联网大国，互联网与制造业融合的空间广阔。按照中国政府的部署，“互联网+”包括创业创新、协同制造、现代农业、智慧能源、普惠金融、益民服务、高效物流、电子商务、便捷交通、绿色生态、人工智能11项重点行动，这将推动生产制造模式变革和产业组织创新，智能制造将成为新型生产方式。

“互联网+”还关注了电子政务、医疗、教育等与百姓生活相关的方面，创新政府网络化管理和服务，大力发展线上线下新兴消费和基于互联网的医疗、健康、养老、教育、旅游、社会保障等新兴服务。这将使互联网与经济社会各领域的融合发展进一步深化，基于互联网的新业态，互联网会成为提供公共服务的重要手段，网络经济与实体经济协同互动的发展格局已基本形成。

第8章

移动互联冲击波

移动互联网（Mobile Internet，简称 MI），简称移动互联，就是将移动通信和互联网二者结合起来，成为一体。移动互联是指互联网的技术、平台、商业模式和应用与移动通信技术结合并实践的活动的总称。

移动互联是一种通过智能移动终端，采用移动无线通信方式获取业务和服务的新兴业务，包含终端、软件和应用三个层面。终端层包括智能手机、平板电脑、电子书、MID 等；软件包括操作系统、中间件、数据库和安全软件等。应用层包括休闲娱乐类、工具媒体类、商务财经类等不同应用与服务。

8.1　移动互联的 12 个特点

移动互联离不开互联网，但是“移动互联网≠移动＋互联网”，移动互联网是移动和互联网融合的产物，不是简单的相加。所谓长江后浪推前浪，移动互联网继承了移动的随时、随地、随身和互联网的分享、开放、互动的优势，是整合二者优势的“升级版本”，移动互联网就是下一代互联网——web3.0。

很长时间以来，对于移动互联网的认知，就是互联网的延伸和补充，是互联网的一个组成部分，就是互联网。在这样一个思路下，移动互联网的形态、结构、商业模式都自然地想从互联网中搬过来。但是，今天的中国乃至全世界没有一个商业上非常成功的新媒体，大部分传统媒体向新媒体转型都不算成功，很大程度上就是这个原因造成的。

什么是移动互联网？移动互联网这个“孩子”，虽然他和互联网有很大亲缘关系，但是，他不是互联网，他是一个有着新生命的孩子，他必将超越互联网，超越那些已经成为定势的思维和模式。

移动互联网是高速度的移动通信网络，具有智能感应能力的智能终端、新的业务、业务管理和计费平台、客户服务支撑平台等，它们共同构成一个新的业务体系。移动互联网具有一些传统互联网的基因，但是它具有自己的特点。

8.1.1 相对封闭的网络体系

移动互联网的网络不是自由开放的平台，它是一个相对封闭的网络体系。基于移动互联网的平台从第一天就有管控能力，用户也知道它有管控能力，用户使用的态度非常不同。举一个简单的例子：在互联网上，用户收到垃圾邮件，用户不满意，但是用户知道互联网是自由开放的，没有管控，所以用户除了删除，只能隐忍。在移动互联网上，用户收到垃圾短信后就会认为，运营商的管理不到位。

8.1.2 庞大的自下而上的用户群

互联网时代的用户群是自上而下的，最早的用户群是有知识的人、有钱人，他们的年龄也稍大。移动互联网的用户群是一个很不同的用户群，最早使用移动互联网的是有非常高传染性和黏着度的是“三低”人群，即低学历、低年龄、低收入。这个人群认为手机学习门槛较低，价格也较低，又是和通信工具紧密地联系在一起的，他们对于手机有非常大的依赖感。对于很多在外地打工的农民工来说，他们需要交流、沟通、帮助，他们需要爱，需要正常的性生活，把他们和世界联系起来的唯一工具就是手机。智能手机让他们拥有了了解世界的更多机会。因此，他们是最有黏性的移动互联网用户。

8.1.3　广域的泛在网

在社会生活任何一个地方，都有一个双向交流的网络存在，从前不可想象。即使是互联网的时代，随时随地、如影随形这件事也是不可能想象的，广域的泛在网就让随时随地、如影随形成为可能。这也让大量即时业务和通信成为可能。每天，几乎每一个新闻事件都可能被马上发到微博上，每一个事件都可能在第一时间被传播出去，这就是广域泛在网的作用。

8.1.4　高便携性与强制性

除了睡眠时间，移动设备一般都以远高于电脑的使用时间伴随在其主人身边。这个特点决定了，使用移动设备上网，可以带来电脑上网无可比拟的优越性，即沟通与资讯的获取远比电脑设备方便。

我们被强制携带了手机，我们被强制接收信息。今天手机远不是一个通信工具，它已经从通信工具，转变为我们社会关系的全部。手机带着我们的体温，已经成为我们身体一个“器官”，成为我们身体的组成部分。每时每刻必须携带的手机，我们依赖它，同时也对它越来越敏感，越来越挑剔。互联网时代我们能容忍屏幕上的广告，广告并不会影响我们的正常生活，它对我们的干扰度低。智能手机的时代，我们被强制携带了手机，只要铃声一响，我们必须要看手机，提醒度很高，强制力也很强。如果大量的广告通过智能手机传输，用户会不厌其烦。

8.1.5 永远在线及占用用户时间碎片

智能手机已经做到了可以24小时在线。以前的服务，除了电话和短信可以做到永远在线，没有一个互联网的服务可以做到永远在线。永远不关手机，这已经成为一种可能。通信的即时，互联网再好的即时工具都不能做到。移动互联网时代，永远在线正在悄悄改变这一格局。

传统的信息传播是一点对多点的传播。电视时代，使用的时间非常集中，黄金时间、普通时间、垃圾时间，用户时间成为电视争夺的最核心的资源。移动互联网时代的用户可以随时随地携带着智能手机，也可以随时随地使用。如今，早晨第一件事就是看手机，很多人随时随地使用智能手机；公交、地铁上随处可见用智能手机发微博、发微信、玩游戏、看电子书的人。甚至学生在课堂上，家庭主妇在洗碗时都会用手机看视频，凌晨2点在微博里也可以找到失眠的人。移动互联网的使用时间呈现出碎片化的倾向。差不多在任何时间都可以看到用户在使用。它把用户的闲暇时间都占满了。

8.1.6 病毒性信息传播

信息的传播曾经是一点到多点，二次传播是一件非常难的事，所以很容易进行舆论控制。互联网时代信息已经是病毒性的传播，即从一点传播，很快进行多点发散。移动互联网时代，手机是被强制携带的，信息被强制提醒，网络是泛在的网络，手机是永远在线的。信息更容易像病毒一样高速、广泛、大范围地传播。因为信息的传播，很多是依据社会关系，比如自己的好友、同事、同学、朋友，电话号码簿中的成员，很大程度上，受众更相信信息的可靠性。

8.1.7　安全性更加复杂

在互联网时代，电脑还是一个科研和办公的工具，它和个人生活紧密相连的程度远没有人和智能手机相连的程度高。智能手机已经是人生活的一个组成部分，而它又是随时随地被携带着，是永远在线的，更容易暴露人们的隐私，也更容易成为一个安全的隐患。智能手机可以轻易地泄露用户及其朋友的电话号码，可以方便地泄露短信信息，可以泄露存在手机中图片和视频。这些随时威胁着用户的信息安全。更为复杂的是，智能手机的 GPS 形成的定位功能，可以很方便地对用户进行实时跟踪，这其中的信息全面而复杂。智能手机的电子支付能力，既方便了支付，也使手机可能成为手雷，给社会生活的安全带来巨大的问题。

移动设备用户的隐私性远高于个人电脑端用户的要求。不需要考虑通信运营商与设备商在技术上如何实现它，高隐私性决定了移动互联网终端应用的特点——数据共享既要保障认证客户的有效性，也要保证信息的安全性。这就不同于互联网公开、透明、开放的特点。互联网下，个人电脑端系统的用户信息是可以被搜集的。而移动通信用户上网显然是不需要自己设备上的信息给他人知道甚至共享。

8.1.8　身份识别系统

和电脑相比，手机更有私密性，手机里存有大量与个人身份密切相关的信息。智能手机中电话通讯录信息具备一种身份识别功能，若广泛采用实名制，它也可能成为一个信用体系的一部分，在很多银行和支付系统中，手机的识别已经成为一个重要识别标志。这意味着智能手机时代的信息传播可以更精准，更有指向性，同时也具有更高的骚扰，更容易引起用户的反感。

8.1.9 定位系统

GPS/北斗等的卫星定位以及通过基站进行定位，让手机第一次具有了随时随地的定位功能，这些功能使手机可以携带位置信息。无论是微博、微信，还是手机拍摄的照片，都携带了位置信息。这些位置信息使传播的信息更加精准，同时也产生了众多基于位置信息的服务。当然，有些人不喜欢被定位，便可以关闭这个功能。

8.1.10 业务管理与计费平台

和传统的互联网相比，移动互联网是一个云端整合的平台，它具有业务的管理与计费功能，这些功能的整合，可以让移动互联网的业务从传播走向服务，成为一个服务体系。计费无论是对于媒体还是服务，都是一个复杂的大问题，传统的互联网发展中，就是因为无法形成计费体系，一开始的商业模式就是广告。这也造成了很多互联网公司很长时间找不到商业模式。移动互联网因为实现了身份识别，可以永远在线，也使远程支付和近场支付的技术日渐成熟。业务管理和计费已经不再是大问题。

8.1.11 智能感应的平台

移动互联网的基本终端是智能手机，智能手机不仅具有计算、存储、通信功能，同时智能手机还具有越来越强大的智能感应能力，这些智能感应让移动互联网不仅联网，而且可以感知世界，形成新的业务。

在移动互联网发展过程中更需要强调终端的作用。传统的互联网是用个人电脑去上网，个人电脑虽然功能强大，但是它的移动能力差，不方便随时携带，也不可能把众多的智能感应器内置其中，形成业务与应用。但是移动互联网的终端以智能手机为核心，这样一个智能手机，它不再是科学研究和办公的工具，而是生活助理，所以它的定位完全不同于传统的个人电脑。

更广泛地利用触控技术进行操作，移动设备用户可以通过设备的上下左右移动、手指对屏幕的触动进行功能项的操作。移动通信设备在网络上，与视频、音频完美融合，如远程监控、远程即时会议、商务导航，这些是电脑端无法比拟的。移动通信设备对其他数码设备的支持，如车载系统，可担当家电数码组合的客户端操作设备，基于隐私保护下能够使用移动支付功能等。

8.2 我国最早的互联网移动医疗创业者：春雨医生

春雨医生是国内第一家做移动医疗的公司，2011 年 11 月春雨医生正式上线，是国内首个医疗类 APP，主要定位为“轻问诊”模式。2012 年 6 月，推出医生自由定价的撮合交易收费模式，2013 年 10 月，春雨推出病患自查的智能搜索引擎。2014 年 1 月，春雨推出会员制，开始试水增值服务模式。2014 年 4 月，春雨“空中诊所”服务上线，支持医生在春雨平台上开设线上诊所。目前，“空中诊所”的服务项包含快捷电话、定向医生图文咨询、指定医生电话咨询、线下预约、家庭医生 5 项。2014 年 9 月，春雨与“好药师”达成战略合作，开始尝试通过春雨平台进行药品销售，2014 年 10 月，春雨发布“健康咨询开放平台”，联合“益体康”等多家硬件设备厂商，推出春雨个人健康档案。根据春雨最新公布的数据显示，其用户量已达 3 000 万人，医生注册量超过 4 万人，日活跃用户数量超过 90 万人，每日问题量超过 5 万个。

春雨以“健康咨询”的模式，优化了疾病就医的流程，客观上利用互联网的力量进行“分级诊疗”。当用户有身体不适症状，可以与春雨医生进行线上沟通，针对病情严重者，医生会建议用户去医院就医，并对就医医院和科室提供建议；针对明显的病情较轻者，医生给出用药以及自行调养的建议，用户可以直接通过“好药师”进行线上购药。

另外，春雨医生 APP 的大数据分析技术既让消费者一眼看到类似病情案例，又让消费者精准匹配医生。传统就医流程让医生和患者的大部分时间被浪费了，春雨医生变革了所有流程，专注于让消费者与医生进行直接沟通，沟通后也实现了支付、购药等闭环。自诊、问诊、导诊是春雨完整的服务链条。截至 2014 年 8 月，春雨医生累计激活用户 2 700 万人，注册医生 30 000 人（其中 50% 开设了空中诊所），日均访问量 3.9 万次。中国的医疗资源如此稀缺，需求又如此之大，盈利是一定的。

春雨平台上以主治医师为主，选取二级甲等医院主治医生的碎片化时间作为切入点。二甲医院病床使用率只有 80%，调用非顶级医生的碎片时间将会带来巨大价值。二甲医院主治医生的能力足以回答用户问题，不用千军万马进北京，千军万马奔协和了。

2014 年 8 月春雨获得 5 000 万美元的 C 轮融资，尽管“春雨医生”逐渐成为国内这个领域最大的公司，但是仍然缺乏盈利模式。2014 年春雨医生开始收费，面临的最大的问题是客户资源向免费的公司流失。

春雨医生与可穿戴设备厂商（九安医疗）合作实现“产品 + 服务”经营模式，与传统电商（京东商城）合作提供数据分析服务，与基因检测公司（华大基因）合作提供打包服务等。春雨医生以健康数据和医患问答大数据为基础，打造大数据分析与应用的沙漏形产品结构。春雨在过去 3 年的发展中，一直专注于健康问题咨询，而健康咨询的最终目的是数据沉淀与数据分析。

2014 年春雨开始接入各种数据采集设备，包括可穿戴设备和家用医疗器械。春雨将用户在平台上的提问数据和采集到的数据沉淀下来，制成用户电子健康档案，并根据用户健康档案制定用户个性化健康服务。

春雨医生与“好药师”进行战略合作，直接向用户提供药品推荐和购药服务，完成了药店导流，这是目前春雨医生的主要的商业模式。春雨医生依托大数据技术支撑，在积累了庞大的用户数量后，积极探索广告服务、数据增值服务，积极拓展与保险公司合作分成等商业模式。

在国内移动医疗厂商中，春雨医生的融资额较高，未来除了扩大用户量和医生数量外，还会致力于实现商业化，开展与医院、药厂和药店等企业的全面深度合作。

8.3　地产转型健康管理的资源整合

健康管理是基于个人健康档案基础上的个性化健康事务管理服务，建立在现代生物医学和信息化管理技术的模式上，从社会、心理、生物的角度对每个人进行全面的健康保障服务，协助人们成功有效地把握并维护自身的健康。其核心内容包括：收集健康信息、建立健康档案、评估健康状况、预测健康走向、制订并实施健康计划。合理管理健康，建立良好的生活方式，是维护健康最好的方法。

健康管理在美国经过 20 多年的研究得出了这样一个结论：即 90% 和 10% 。具体地说就是 90% 的个人和企业通过健康管理后，医疗费用降到原来的 10% 。10% 的个人和企业未做健康管理，其医疗费用比原来多出 90% 。由此可见，健康管理不仅是一个概念，也是一种方法，更是一套完善、周密的服务程序，其目的在于使病人以及健康人更好地拥有健康、恢复健康、促进健康，并尽量节约经费开支，有效降低医疗支出。

健康管理的重点是在疾病产生前进行有效的控制，期待的结果是健康而不是疾病。一旦患病，其结果就属于医疗的范畴了，但是在具体的管理过程中，为了保证服务的连贯性，有些健康管理机构也提供医疗等延伸服务，比如综合利用疾病预防学、分子生物学、临床医学、IT 网络技术等先进的科学手段，对人体的健康风险因素进行有效的干预。所谓管理，它提供的就不是某个单一的服务项目，而是一个完整的管理体系，由不同的管理服务环节组成，每个环节都可分解、可量化，具有较强的系统性。

而将医疗、健康管理服务等方面引入房地产项目开发建设的“健康地产”，也成为房地产业谋求新发展的独家“暗器”。

近年来，我国地产行业的发展速度得到了基本控制，房地产商都在寻找新的发展方向。我国房产项目正面临升级换代，“环保、科技、人文、绿色”已融入建筑物中，将医疗、健康管理服务等方面引入房地产项目开发建设的“健康地产”，已成为房地产业发展的新方向之一，地产与健康，正在以不可思议的速度融合着。

除了绿色建筑，养老养生地产、健康管理服务等产业，也与“地产 + 健康”有着密不可分的关系。

2016 年伊始，位于浙江桐乡的乌镇雅园的首次开盘就迎来了高端团体客户。这个在养老地产领域堪称标杆的项目，一如既往地吸引了诸多客户的青睐。与此同时，7.3 万平方米的雅达国际康复医院已经对外开放，养老地产与健康产业的结合在雅园得到了充分的体现。

除了绿色建筑、养老养生地产，房企在社区健康管理方面的探索也取得了一定的效果，这也是“地产 + 健康”最为直观的表现形式。

在蓝城的版图里，蓝熙健康无疑是极为重要的一环。蓝城已在杭州的欣盛东方福邸、绿城蓝色钱江等社区开设了蓝熙运动生活馆；在九溪玫瑰园和西溪诚园开设了健康管理中心。

位于绿城西溪诚园的健康管理中心下设了蓝熙健康管理中心、蓝熙运动生活馆、蓝熙长者之家与蓝熙健康小屋等区块，可提供社区医疗、健康管理、运动健身、居家养老等服务，除了日常健康管理服务外，还可长期跟踪健康数据，实现慢性病管理。

除了蓝城，花样年华在 2015 年正式开启了大健康产业时代新模式，其在深圳的乐年广场项目，融合了大健康科技、大健康智能、大健康医疗等产业内容，被打造成为“互联网 + 大健康”的社区生态圈。

此外，鸿坤地产与益润医疗的合作，引入了家庭医生服务，成为其“地产 + 健康”营销服务的新亮点；在房地产和健康投资领域都具有影响力的复星集团，则以社区健康管理中心、社区学院和居家养老为业务主体，结合 O2O 社区商业配套，搭建了一个社区大健康平台。

事实上，“地产 + 健康”的融合，绝不仅限于养老养生地产、建筑、人居和社区服务。大健康时代的到来，更使得不少房企将健康产业作为自身资产转型的重要板块。相关数据显示，截至 2015 年底，涉及转型的近 50 家房企中，转型大健康方向的有 16 家之多，占比达到了近 1/3。

8.4　移动互联网在星巴克经营中的应用

星巴克很早就开始在移动互联网中积极探索，并崭露头角，如今，星巴克已经通过移动互联网吸引和影响了越来越多的消费者，具体的措施主要包括以下几个活动。

8.4.1　移动 APP，第一时间传递星巴克新消息

2009 年 9 月星巴克正式上线了其第一个客户端 my Starbucks。该客户端的主要作用是帮助用户能更快捷地查询到附近的星巴克店铺及星巴克的

菜单饮品信息，该客户端不仅帮助客户第一时间了解星巴克的相关信息，节省用户的询问时间，还能够帮助用户避免不了解星巴克的尴尬。通过该客户端，星巴克在一定程度上快速提升了消费者的新品认知速度，同时拓展了促销渠道，降低了新品推广成本。但是由于最初的手机应用功能比较简单，该移动应用只获得了消费者一段时间的注意力，为了改善这种状况，星巴克推出了另一项举措——移动支付。这种支付手段添加进星巴克移动 APP 后，iPhone 和安卓版的星巴克 APP 每周的下载量约有 10 万户，截至目前，活跃用户已经超过 1 000 个。

8.4.2 移动支付系统，引领便捷支付习惯

2011 年，星巴克在其客户端中整合了移动支付功能，具体的操作方法是：消费者向星巴克 APP 中的数字“星巴克卡”充值，之后在星巴克店的收银处扫描二维条码进行支付。该功能推出后，每周通过手机支付的订单超过了 100 万笔，仅仅半年的时间，交易数量就达 6 000 万笔。

2012 年 11 月，星巴克正式在其门店使用 Square 服务。2013 年 1 月初，星巴克在美国 7 000 多家门店开售了 Square 刷卡器。为了打开市场，星巴克采取的促销方式是只要 10 美元购买激活“星巴克卡”就送用户 10 美元余额。通过 Square 钱包，用户可直接跟信用卡或借记卡账户关联，并通过点击支付或扫描二维码支付。同时，该程序还有一些附加功能，包括：允许用户搜寻附近的企业、浏览商店和菜单信息、检查交易历史、定位商店、核对返点服务等。

通过这些努力，星巴克已经在移动支付领域迈出了关键一步，并为其 O2O 线上线下融合、进行更高效的管理提供了坚实保障。截至目前，星巴克移动支付交易已迎来了巨大的增长，移动支付卡每周约产生 300 多万元的交易额。

8.4.3　Mobile Pour，利用 LBS 服务送咖啡上门

2011 年 4 月，星巴克官网宣布，在全美 7 大城市推出基于地理定位的服务 Mobile Pour。这项服务是为了满足那些想喝、但又在附近找不到星巴克门店的用户所开发的。用户下载 Mobile Pour 之后，只需在手机上确定自己的位置并下订单购买星巴克咖啡，很快踩着踏板车的咖啡配送员就会给用户带来惊喜——一杯香浓的星巴克咖啡。同时，为了保证配送速度，星巴克在这 7 大城市门店方圆一英里的范围内安排两名专职的咖啡配送员。此消息在星巴克官网一经推出，众多星巴克迷们都感到很惊讶，纷纷表示“不敢相信，不会是愚人节玩笑吧”。当这条消息在中国传开时，星巴克获得了广泛认可，被网友赞为 LBS 最佳商业应用。Mobile Pour 的推出也引起了很多人对 LBS 服务的思考，高德软件副总裁郄建军就指出“世界围着自己转”是 LBS 的终极追求，服务到家，追着服务，以这种敬业精神做 LBS 服务，必会成功。

8.4.4　Early Bird，改善顾客生活习惯

“Early Bird”是一款别具匠心的 APP 闹铃，是星巴克 2012 年在其 APP 中新添加的一项闹钟功能。这款闹钟区别于其他闹钟 APP 的地方在于，用打折咖啡的鼓励诱惑顾客起床。用户在设定的起床时间闹钟响起后，只需按提示点击起床按钮，就可得到一颗星，同时如果能够在一小时内走进任何一家星巴克店里，凭手机应用记录就能买到一杯打折咖啡，迟到作废。用户还可以将自己的起床信息在 Facebook、Twitter 上与朋友们一起分享评论。

千万不要小看了 Early Bird。Early Bird 一经推出就吸引了众多星巴克粉丝，同时也获得了广泛的好评，成为星巴克众多广告中的经典之作。同

时，众多商业营销人士和机构对其赞誉有加，将其视为成功的典范。对于星巴克而言，它承担着品牌推广和产品营销的双重重任。它不是被动的要求顾客接受星巴克咖啡，而是通过幽默、打动人的服务，将自己融入用户的生活当中，促使用户从早晨醒来的那一刻起就与星巴克这个品牌产生了关联，Early Bird 使星巴克更深入人心，其品牌也深深地植入了用户心中。

第9章

大数据浪潮

9.1　大数据时代概说

大数据的浪潮有多汹涌？如今，除了在互联网虚拟世界的浏览器、各种软件中，我们有意或者无意留下了各种个人信息数据之外，我们还在用手机、智能手表、智能手环、智能项链等各种可穿戴数码产品形成数据；我们家里的路由器、电视机、空调、冰箱、饮水机、吸尘器、智能玩具等也开始越来越智能并且具备了联网功能。这些家用电器在更好地服务我们的同时，也在形成大量的数据。甚至我们出去逛街，商户的路由器、运营商的 WLAN 和 3G、无处不在的摄像头电子眼、百货大楼的自助屏幕，银行的 ATM，加油站以及遍布各个便利店的刷卡机都在收集和生产数据。

截至 2012 年，人类形成的所有印刷材料的数据量是 200PB，全人类历史上所有语言数据量大约是 5EB。IBM 的研究称，整个人类文明所获得的全部数据中，有 90% 是过去两年内产生的。到了 2020 年，全世界所产生的数据规模将达到今天的44倍。每一天，全世界会上传超过5亿张图片，每分钟就有20小时时长的视频被分享。然而，即使是人们每天创造的全部信息，包括语音通话、电子邮件和信息在内的各种通信，以及上传的全部图片、视频与音乐，其信息量也无法匹及每一天所创造出的关于人们自身的数字信息量。

一分钟内，微博上新发的数据量超过10万条；社交网络“脸谱”的浏览量超过6000km……

这些庞大的数字，意味着什么？

它意味着，一种全新的致富手段也许就摆在面前，它的价值堪比石油和黄金。事实上，当你仍然在把微博等社交平台当作抒情或者发议论的工具时，华尔街的敛财高手们却正在挖掘这些互联网的“数据财富”，先一步用其预判市场走势，而且取得了不俗的收益。

9.2 人们怎样应用大数据进行整合创新

华尔街“德温特资本市场”公司首席执行官保罗·霍廷每天的工作之一，就是利用电脑程序分析全球3.4亿个微博账户的留言，进而判断民众情绪，再以“1”到“50”进行打分。根据打分结果，霍廷再决定如何处理手中数以百万美元计的股票。

霍廷的判断原则很简单：如果所有人似乎都高兴，那就买入；如果大家的焦虑情绪上升，那就抛售。

这一招收效显著——当年第一季度，霍廷的公司获得了7%的收益率。

2012年3月22日，奥巴马政府宣布投资2亿美元拉动大数据相关产业发展，将“大数据战略”上升为国家意志。奥巴马政府将数据定义为“未来的新石油”，并表示一个国家拥有数据的规模、活性及解释运用的能力将成为综合国力的重要组成部分，未来，对数据的占有和控制甚至会成为陆权、海权、空权之外的另一种国家核心资产。

联合国也在2012年发布了大数据政务白皮书，指出大数据对于联合国和各国政府来说是一个历史性的机遇，人们如今可以使用极为丰富的数据资源，对社会经济进行前所未有的实时分析，帮助政府更好地帮助社会和经济运行。

最为积极的还是众多的IT企业。麦肯锡在一份名为《大数据，是下一轮创新、竞争和生产力的前沿》的专题研究报告中提出："对于企业来说，海量数据的运用将成为未来竞争和增长的基础。"该报告在业界引起广泛反响。

IBM则提出，上一个十年，他们抛弃了个人电脑，成功转向了软件和服务，而这次将远离服务与咨询，更多地专注于因大数据分析软件而带来的全新业务增长点。IBM执行总裁罗睿兰认为："数据将成为一切行业中决定胜负的根本因素，最终数据将成为人类至关重要的自然资源。"

在国内，百度已经致力于开发自己的大数据处理和存储系统；腾讯也提出2013年就已经到了数据化运营的黄金时期，如何整合这些数据将成为未来的关键任务。

事实上，自2009年以来，有关"大数据"主题的并购案层出不穷，且并购数量和规模呈逐步上升的态势。其中，Oracle对Sun、惠普对Autonomy两大并购案总金额高达176亿美元。

波士顿有一款智能手机应用叫"颠簸的街道"，就是利用手机里的加速度感应器来检查街道上的坑洼，有了这个应用，市政工人就可以不用再去巡查道路了。市民们下载这个应用以后，只要在城市里开车，他们的手机就会自动上传车辆的颠簸信息，并通知市政厅哪里的路面需要检修了。

2009年，谷歌的一个研究小组宣布：可以追踪美国境内流感的传播趋势，而这一结果不依赖于任何医疗检查。他们的追踪速度只有一天的延时，而疾控中心则需要汇总大量医师的诊断结果才能得到一张传播趋势图，延时超过一周。谷歌能算得这么快，是因为他们发现当人们出现流感症状的时候，往往会跑到网络上搜索一些相关的内容。

9.3 “尿不湿”与啤酒的故事

很多人会问，数据分析与价值挖掘究竟能够为企业做些什么？下面我们通过一个在数据挖掘中最经典的案例来解释这个问题：一个关于“尿不湿”与啤酒的故事。

超级商业零售连锁巨无霸沃尔玛公司（Wal Mart）是拥有世界上最大的数据仓库系统的零售企业之一。为了能够准确了解顾客在其门店的购买习惯，沃尔玛对其顾客的购物行为进行了购物篮关联规则分析，从而知道顾客经常一起购买的商品有哪些。在沃尔玛庞大的数据仓库里集合了其所有门店的详细原始交易数据，在这些原始交易数据的基础上，沃尔玛利用数据挖掘工具对这些数据进行分析和挖掘。一个令人惊奇和意外的结果出现了：“跟‘尿不湿’一起购买最多的商品竟是啤酒！”这是数据挖掘技术对历史数据进行分析的结果，反映的是数据的内在规律。那么这个结果是否符合实际情况，是否是一个有用的知识，又是否有利用价值呢？

为了验证这一结果，沃尔玛派出市场调查人员和分析师对这一结果进行调查分析。经过大量实际调查和分析，他们揭示了一个隐藏在“尿不湿”与啤酒背后的美国消费者的一种行为模式。

在美国，一些年轻的父亲下班后经常会到超市去买婴儿“尿不湿”，而他们中有30%～40%的人同时也会为自己买一些啤酒。产生这一现象的原因是：年轻的妈妈们，因为要在家照顾婴儿，无法外出购物，所以她们常叮嘱她们的丈夫不要忘了下班后为小孩买尿不湿，而丈夫们在买尿不湿后又随手带回了他们喜欢的啤酒。另一种情况是丈夫们在买啤酒时突然记起他们的责任，又去买了“尿不湿”。既然“尿不湿”与啤酒一起被购买的机会很多，那么沃尔玛就在他们所有的门店里将尿不湿与啤酒并排摆放在一起，结果是：“尿不湿”与啤酒的销售量双双增长。按常规思维，“尿不湿”与啤酒风马牛不相及，若不是借助数据挖掘技术对大量交易数据进行挖掘分析，沃尔玛是不可能发现数据内这一有价值的规律的。

9.4　怀孕指数预测

美国一家零售连锁超市 Target 店铺（美国第三大零售商塔吉特）通过分析女性客户购买记录，能够“猜出”哪些是孕妇。他们从 Target 的数据仓库中挖掘出 25 项与怀孕高度相关的商品，制作“怀孕预测”指数。比如他们发现女性会在怀孕四个月左右，大量购买无香味乳液。以此为依据推算出客户的预产期后，就抢先一步将孕妇装、婴儿床等折扣券寄给客户来吸引她们购买。

如果不是在拥有海量的用户交易数据基础上实施数据挖掘，Target 不可能做到如此精准的营销。

9.5　农夫山泉用大数据卖矿泉水

农夫山泉的业务员每天都要跑 15 个农夫山泉的销售点，拍摄 10 张照片：水怎么摆放、位置有什么变化、高度如何……按照规定，下班之前 150 张照片就会被传回杭州总部。每个业务员，每天产生的数据量在 10M，这似乎并不是个大数字。

农夫山泉全国有 10 000 个业务员，这样每天的数据就是 100G，每月为 3TB。当这些图片如雪片般进入农夫山泉在杭州的机房时，这家公司的首席信息官就会有这么一种感觉：守着一座金山，却不知道从哪里挖下第一锹。

首席信息官想知道的问题包括：怎样摆放水堆更能促进销售？什么年龄的消费者在水堆前停留更久，他们一次购买的量有多大？气温的变化让购买行为发生了哪些改变？竞争对手的新包装对销售产生了怎样的影响？这些问题中有不少问题目前也可以回答，但这些回答更多是基于经验，而不是基于数据。

从 2008 年开始，业务员拍摄的照片就这么被收集起来，如果按照数据的属性来分类，属于典型的非关系型数据。非关系型数据包括视频、音频、图片等。要系统地对非关系型数据进行分析是首席信息官设想的下一步计划，这是农夫山泉在“大数据时代”必须迈出的步骤。如果超市、金融公司与农夫山泉有某种渠道来分享信息，如果类似图像、视频和音频资料可以系统分析，如果人的位置有更多的方式可以被监测到，那么在首席信息官面前展开的就是一幅基于人的消费行为的画卷，而描绘画卷的是一组组复杂的“0”和“1”。

将自己定位成“大自然搬运工”的农夫山泉，在全国有 10 多个水源地。农夫山泉把水灌装、配送、上架，一瓶超市售价 2 元的 550ml 饮用水，其中 3 毛钱花在了运输上。在农夫山泉内部，有着“搬上搬下，银子哗哗”的说法。如何根据不同的变量因素来控制自己的物流成本，成为企业的核心问题。

基于上述原因，农夫山泉团队开始建立数据库，数据库包括高速公路的收费、道路等级、天气、配送中心辐射半径、季节性变化、不同市场的售价、不同渠道的费用、各地的人力成本、突发性的需求（比如某城市召开一次大型运动会）等。

在没有数据实时支撑时，农夫山泉在物流领域花了很多冤枉钱。比如某个小品相的产品（350ml 饮用水），在某个城市的销量预测不到位时，公司以往通常的做法是通过大区间的调运，来弥补终端货源的不足。“华北往华南运，运到半道的时候，发现华东实际有富余，从华东调运更便宜。但很快发现对华南的预测有偏差，华北短缺更为严重，华东又开始往华北运。此时如果太湖突发一次污染事件，很可能华东又出现短缺。”这种状况让农夫山泉头疼不已。在采购、仓储、配送这条线上，农夫山泉特别希望获取大数据解决三个顽症：首先是解决生产和销售的不平衡，准确获知需求量、运送量；其次，让 400 家办事处、30 个配送中心纳入体系中，形成一个动态网状结构，而非简单的树状结构；最后，让退货、残次品等问题与生产基地实时连接。

也就是说，销售的最前端成为一个个神经末梢，它的任何一个痛点，在大脑这里都能快速被感知到。“日常运营中，我们会产生销售、市场费用、物流、生产、财务等数据，这些数据都是通过工具定时抽取到商务信息仓库（SAP BW）或数据库集（Oracle DM），再通过业务对象模式（Business Object）展现。”首席信息官表示，这个“展现”的过程长达 24 小时，也就是说，在 24 小时后，物流、资金流和信息流才能汇聚到一起，彼此关联形成一份有价值的统计报告。当农夫山泉的每月数据积累达到 3TB 时，这样的速度就会导致农夫山泉每个月的财务结算都要推迟一天。更重要的是，首席信息官等农夫山泉的决策者们只能依靠数据来验证以往的决策是否正确，或者对已出现的问题做出纠正，却仍然无法预测未来。

2011 年，总部位于德国沃尔多夫市的全球最大企业管理和协同化电子商务解决方案供应商、全球第三大独立软件供应商——SAP 公司推出了创新性的数据库平台 SAP Hana，农夫山泉则成为全球第三个、亚洲第一个上线该系统的企业，并在当年 9 月宣布系统对接成功。

首席信息官选择 SAP Hana 的目的只有一个——快些，再快些。采用 SAP Hana 后，同等数据量的计算速度从过去的 24 小时缩短到了 0.67 秒，几乎可以做到实时计算结果，这让很多不可能的事情变为可能。

这对农夫山泉董事长钟目炎而言，精准的管控物流成本将不再局限于已有的项目，也可以针对未来的项目。以往，钟目炎的执行团队要经过长期的考察、论证，再形成一份报告提交给董事长，给他几个备选方案，但是到底设在哪座城市，还要凭借经验再做判断，现在从成本方面就能形成初步方案了。

有了强大的数据分析能力做支持，近年农夫山泉的年增长率达到30%～40%，在饮用水方面快速超越了原先的三甲：娃哈哈、乐百氏和可口可乐。根据国家统计局公布的数据，饮用水领域的市场份额，农夫山泉、康师傅、娃哈哈、可口可乐的冰露，分别为34.8%、16.1%、14.3%、4.7%，农夫山泉几乎是另外三家之和。对于首席信息官来说，下一步他希望那些业务员搜集来的图像、视频资料可以更有效地被利用起来。

9.6 大数据的10个原理

9.6.1 数据核心原理

大数据时代，计算模式发生了转变，从“流程”核心转变为“数据”核心。大数据下，云计算找到了破茧重生的机会，在存储和计算上都体现了数据为核心的理念。大数据和云计算的关系：云计算为大数据提供了有力的工具和途径，大数据为云计算提供了很有价值的用武之地。大数据可有效利用已大量建设的云计算资源，并加以利用。

科学进步越来越多地由数据来推动，海量数据给数据分析既带来了机遇，也构成了新的挑战。大数据往往是利用众多技术和方法，综合源自多个渠道、不同时间的信息而获得。为了应对大数据带来的挑战，我们需要新的统计思路和计算方法。

9.6.2 数据价值原理

大数据的作用是使数据在线，这也是互联网的特点。非互联网时期的产品，功能一定是它的价值，今天互联网的产品，数据一定是它的价值。

大数据的真正价值在于创造，在于填补无数个还未实现过的空白。大数据的价值并不在“大”，而在于“有用”，价值含量、挖掘成本比数量更为重要，基于大数据形成决策的模式已经为不少企业带来了盈利和声誉。

数据能告诉我们，每一个客户的消费倾向，他们想要什么，喜欢什么，每个人的需求有哪些区别，哪些需求可以被集合到一起来进行分类。大数据是数据数量上的增加，也是我们能够实现从量变到质变的过程。举例来说，这里有一张照片，照片里的人在骑马，这张照片每一分钟，每一秒都要拍一张，但随着处理速度越来越快，从一分钟一张到一秒钟一张，再到一秒钟十张后，就产生了电影。当数量的增长实现质变时，就从照片变成了一部电影。

美国有一家创新企业 Decide. com，它可以帮助人们做购买决策，告诉消费者什么时候买什么产品，什么时候买最便宜的，预测产品的价格趋势，这家公司背后的驱动力就是大数据。他们在全球各大网站上搜集数以十亿计的数据，然后帮助数以十万计的用户省钱，为他们的采购找到最好的时间、降低的交易成本，为终端的消费者带来更多价值，说明数据和大数据的价值在扩大，数据为“王”的时代到来了。

9.6.3 全样本原理

大数据需要全部数据样本而不是抽样，因为你不知道的事情比你知道的事情更重要。如果现在的数据足够多，会让人们从中找到规律，让人们觉得有足够的能力把握未来，对不确定的状态做出判断，最终做出自己的决定。

统计学里头最基本的一个概念就是，全部样本才能找出规律。为什么能够找出行为规律？一个更深层的概念是人和人的需求是趋同的，某个人可能很有个性，但当人口样本数量足够大时，就会发现其实每个人的需求都是相似的。

用全数据样本思维方式思考问题，解决问题。从抽样中得到的结论总是有水分的，而全部样本中得到的结论水分就很少，数据越大，真实性也就越大，因为大数据包含了全部的信息。

9.6.4 关注效率原理

关注效率而不是精确度，大数据标志着人类在寻求量化和认识世界的道路上前进了一大步，过去不可计量、存储、分析和共享的很多东西都被数据化了，拥有大量的数据和更多不那么精确的数据为我们理解世界打开了一扇新的大门。大数据能提高生产效率和销售效率，原因是大数据能够让我们知道市场的需要，人消费的需要。大数据让企业的决策更科学，大数据分析能提高企业的效率。

例如，在互联网大数据时代，企业产品更新换代的速度在加快。三星、小米手机制造商半年就推出新一代智能手机。利用互联网、大数据提高企业效率的趋势下，快速就是效率，预测就是效率，预见就是效率，变革就是效率，创新就是效率，应用就是效率。

竞争是企业的动力，而效率是企业的生命，效率低与效率高是衡量企业成败的关键。一般来讲，投入与产出比是效率，追求高效率也就是追求高价值。手工、机器、自动机器、智能机器之间效率是不同的，智能机器效率更高，已能代替人的思维劳动。智能机器核心是大数据制动，而大数据制动的速度更快。在快速变化的市场，快速预测、快速决策、快速创新、快速定制、快速生产、快速上市成为企业行动的准则，也就是说，速度就是价值，效率就是价值，而这一切离不开大数据思维。

9.6.5　关注相关性原理

关注相关性而不是因果关系，也就是说，只需要知道是什么，不需要知道为什么。这就推翻了自古以来的惯例，我们做决定和理解现实的最基本方式将受到挑战。

例如，大数据思维一个最突出的特点，就是从传统的因果思维转向相关思维，传统的因果思维是：我一定要找到一个原因，从而推出一个结果。大数据则没有必要找到原因，不需要科学的手段来证明这个事件和那个事件之间有必然联系以及先后关联发生的一个因果规律。现在我们只需要知道，当出现某种迹象的时候，数据统计的高概率就会显示相应的结果，那么只要发现这种迹象就可以去做一个决策。这和以前的思维方式很不一样，老实说，它是一种有点反科学的思维，科学要求实证，要求找到准确的因果关系。

在这个不确定的时代里，如果等我们去找到准确的因果关系再去办事，这个事情恐怕早已经不需要办了。所以大数据时代的思维有点像回归了工业社会的机械思维——机械思维就是按某个按钮，一定会出现相应的结果。而往前推，也不需要找到中间非常紧密的、明确的因果关系，只需要找到相关关系就可以了，社会因此放弃了寻找因果关系的传统偏好，开始挖掘相关关系了。

9.6.6　机器懂人原理

大数据不是让人更懂机器，而是让机器更懂人，就是说操作人无须明白机器运行原理，仍然可以很好地使用机器。也可以说，不是让人懂环境，而是让环境来懂人，让环境来适应人。在某种程度上，自然环境不能这样讲，但是在数字化环境中这已经是一个趋势了。哪个企业能够真正做到让机器更懂人，让环境更懂人，那它一定是具有竞争力的，大数据技术能够助我们一臂之力。

例如，亚马逊网站，只要买书，就会提供一个推荐，买了这本书的人还买了什么书，后来发现相关推荐的书比我们想买的书还要好，时间久了之后就会对它产生一种信任。这种信任就像以前在实体书店买书的时候，一般人只去常去的那家书店买书，原因在于去的次数比较多，店员都已经认识那位顾客了，以后再到店里，不用说要买什么书，店员就会推荐最近新来的几本顾客感兴趣的书。这样他就不会到别的书店，因为这家书店更懂他。

让机器懂人，是让机器具有学习的功能，这是人工智能的研究方向。机器学习是指计算机利用经验改善自身性能的行为。机器学习主要研究如何使用计算机模拟和实现人类获取知识（学习）的过程，创新、重构已有的知识，从而提升自身处理问题的能力，机器学习的最终目的是从数据中获取知识。

大数据技术的其中一个核心目标是要从体量巨大、结构繁多的数据中挖掘出隐藏在其背后的规律，从而使数据发挥最大化的价值。从各种各样的数据（包括结构化、半结构化和非结构化数据）中快速获取有价值信息的能力，就是大数据技术。大数据机器分析中，半监督学习、集成学习、概率模型等技术尤为重要。

让机器懂人，这是人工智能的成功，同时也是人的大数据思维的转变。机器、软件、服务是否更懂人，将是衡量一个机器、一个软件、一项服务好坏的标准。人机关系已发生很大变化，由人机分离，转化为人机沟通，人机互补，现在年轻人已离不开智能手机就是一个很好的例证。

在互联网大数据时代，有问题，问机器、问百度，已成为生活的一部分。机器什么都知道，原因是有大数据库，机器可搜索到相关数据，从而使机器更懂人。

9.6.7　电子商务智能原理

大数据改变了电子商务模式，让电子商务更智能。在大数据时代。商务智能将被重新定义。

例如：传统企业进入互联网，在掌握了大数据技术应用途径之后，会有一种豁然开朗的感觉，发现原来那么费力地找东西，现在很容易就找到了。

大数据时代不是说我们这个时代除了大数据什么都没有，哪怕是在互联网和 IT 领域，它也不是一切，只是说在我们的时代特征里面加上这么一道很明显的光，是我们个人生活状态的一个差异化的表达。

例如：大数据让软件更智能。尽管我们仍处于大数据时代来临的前夕，但我们的日常生活已经离不开它了。交友网站根据个人的性格与之前成功配对的情侣之间的关联可进行新的配对。例如，具有“自动改正”功能的智能手机通过分析我们以前的输入，可自动将个性化的新单词添加到手机词典里。在不久的将来，世界许多现在单纯依靠人类判断力的领域都会被计算机系统所改变甚至占领。

当然，同样的技术也可以运用到疾病诊断、推荐治疗措施，甚至是识别潜在犯罪分子上。或者说，在你还不知道的情况下，体检公司、医院提醒你赶紧去做检查，他们可能比你更了解你自己。就像互联网通过给计算机添加通信功能就改变了世界那样，大数据也将改变我们生活中最重要的方面，因为它为我们的生活创造了前所未有的可量化的维度。

要用更智能的电子商务的思维方式思考问题，解决问题。人脑思维与机器思维有很大差别，但机器思维在速度上更胜一筹，而且智能软件在很多领域已能代替人脑思维进行工作。例如：美国一家媒体公司已用电脑智能软件写稿，可用率已达 70%；云计算机已能处理超字节的大数据量，人们需要的所有信息都能得到，而且每个人的互联网行为都可被记录，这些被记录的大数据经过云计算处理能产生深层次信息，经过大数据软件挖掘，企业需要的商务信息都能被实时提供，以支持企业决策和营销、定制产品等。

9.6.8 定制产品原理

下一波的改革是大规模定制，为大量客户定制产品和服务，成本低又兼具个性化。比如，消费者希望他买的车有红色、绿色，厂商就有能力满足其要求，但价格又不至于像手工制作那般让人无法承担。因此，在厂家可以负担得起大规模定制带去的高成本的前提下，要真正做到个性化产品和服务，就必须对客户需求有很好的了解，这背后就需要依靠大数据技术。

定制产品是一个很好的技术，但是能不能形成企业的竞争力呢？在产业经济学里面有一个很重要的区别，就是生产力和竞争力的区别。就是说，一个东西是具有生产力的，那这种生产力变成一种通用生产力的时候，就不能形成竞争力，因为每一个人、每一个企业都有这个生产力的时候，它就没有竞争力。如果某企业有大数据定制产品，其他企业没有，就会形成自己竞争力。

在互联网大数据的时代，商家最后很可能可以针对每一个顾客进行精准的价格歧视。我们现在很多的行为都是比较粗放的，航空公司会给我们里程卡，根据飞行公里数来累计里程，但其实不同顾客所飞行的不同里程对航空公司的利润贡献是不一样的。所以，有一天某位顾客可能会收到一封信，写着："恭喜先生，您已经被我们选为幸运顾客，我们提前把您升级到白金卡。"这说明这个顾客对航空公司的贡献已经够多了。如果有一天某家银行发来的短信写着："恭喜您，您的消费额度又被提高了……"就说明您钱花得已太多了。

因为在大数据规律面前，每个人的行为都跟别人相似，没有本质变化，所以商家会比消费者更了解消费者自己的行为。也许你正在想，工作了一年很辛苦，要不要去哪里度假，结果打开邮箱，里面可能就有航空公司、旅行社的邮件。

用定制产品思维方式思考问题，解决问题。大数据时代让企业找到了定制产品、订单生产、用户销售的新路子。用户在家购买商品已成为趋势，便捷、快速，让用户体验到实时购物的快感，进而用户成为网购迷，个人消费不是减少了，反而是增加了。为什么企业要互联网化、大数据化，也许有这个原因。2 000 万家互联网网店的出现，已说明了数据广告、数据传媒的重要性。

企业产品直接销售给用户，省去了中间商流通环节，使产品的价格可以以出厂价销售，让消费者获得了好处，网上产品便宜成为用户的信念，网购市场已经形成。要让用户成为自己产品的粉丝，就必须要了解用户需要，定制产品将成为用户的心愿，也会成为企业发展的新方向。

用大数据思维方式思考问题、解决问题是当下企业潮流，大数据思维开启了一次重大的时代转型。

9.6.9　预测原理

大数据的核心就是预测，这种预测功能体现在很多方面。大数据不是要让机器像人一样思考，相反，它是把数学算法运用到海量的数据上来，预测事情发生的可能性。正因为在大数据规律面前，每个人的行为都跟别人雷同，没有本质变化，所以商家会比消费者更了解消费者自己的行为。

例如：大数据助微软准确预测了世界杯结果。微软大数据团队在 2014 年巴西世界足球赛前设计了世界杯模型，该预测模型准确预测了赛事最后几轮每场比赛的结果，包括预测德国队将最终获胜。预测成功归功于微软在世界杯进行过程中获取的大量数据，到淘汰赛阶段，数据如滚雪球般增多，掌握了有关球员和球队的足够信息，不断校准模型并准确预测了比赛结果。

随着系统接收到的数据越来越多，通过记录找到的最好的预测与模式，再对系统进行改进，这通常被视为人工智能的一部分，或者更确切地说，被视为一种机器学习。真正的革命并不在于分析数据的机器，而在于数据本身以及我们如何运用数据。一旦把统计学和现在大规模的数据融合在一起，将会颠覆很多我们原来的思维。所以，现在能够变成数据的东西越来越多，计算和处理数据的能力会越来越强，大数据能干的事情也会越来越多，越来越有意思。

普林斯顿大学有一个英语学教授，他很喜欢喝酒，也喜欢储藏葡萄酒，所以他就想是否可以用计算机分析到底哪年酒的品质是最好的。于是他找了很多数据，比如说降雨量、平均气温、土壤成分等，然后他做回归分析，最后他把参数都找出来，做了个网站，告诉大家某年葡萄酒的品质以及秘诀。

当他公布自己的研究的时候，引起了业界的轩然大波，因为他的预测做得很早，当时他预测当年的酒是世纪最好的酒。但是，那年的葡萄收获后要经过一段的时间发酵，酒的味道才会好，那他怎么就敢断言呢？这太疯狂了！

更疯狂的是到了第二年，他又预测说当年的酒比上一年的酒更好，连续两次预测了百年最好的酒，但他真的预测对了。

现在，品酒师在做评判之前，都要先到他的网站上看看他的预测，然后再做出自己的判断。有很多的规律我们不知道，但它确实潜伏在这些大数据里头。

例如：广州市伤害监测信息系统通过广州市红十字会医院、番禺区中心医院、越秀区儿童医院 3 个伤害监测哨点医院，持续收集市内发生的伤害信息，分析伤害发生的原因及危险因素，系统共收集伤害患者 14 681 例，接近九成半都是意外事故。整体上，伤害多发生于男性，占 61.76%，

5 岁以下儿童伤害比例高达 14.36%，家长和社会应高度重视，45.19% 的伤害都是发生在家中，其次才是公路和街道。收集到监测数据后，通过分析处理把数据“深加工”之后利用。比如，监测数据显示，老人跌倒多数不是发生在雨天屋外，而是发生在家里，尤其是早上刚起床时以及在浴室里，这就提示人们，防控老人跌倒的对策应该着重在家里，注意起床不要动作过猛，浴室里应放置防滑垫，同时加扶手等。

我们要应用大数据预测思维方式来思考问题、解决问题。

数据预测、数据记录预测、数据统计预测、数据模型预测、数据分析预测、数据模式预测、数据深层次信息预测等，已转变为大数据预测、大数据记录预测、大数据统计预测、大数据模型预测，大数据分析预测、大数据模式预测、大数据深层次信息预测。

互联网、移动互联网和云计算机保证了大数据实时预测的可能性，也为企业和用户提供了实时预测的信息、相关性预测的信息，让企业和用户抢占先机。因为大数据的全样本性，所以云计算机软件预测的效率和准确性大大提高。

9.6.10　信息找人原理

互联网和大数据的发展，是一个从人找信息到信息找人的过程。原先是人找信息，人找人，信息找信息，现在是信息找人的时代。在信息找人的时代，我们回到了一种最初的、广播模式的信息找人方式，我们听收音机、看电视，这些信息是推给我们的，但是这里有一个缺陷就是不知道信息接受者是谁，后来互联网反其道而行，提供搜索引擎技术，让信息接受者知道如何找到其所需要的信息，所以搜索引擎是一个很关键的技术。

大数据还改变了信息优势。按照循证医学说法，现在治病的第一件事情不是去研究病理学，而是找到相似病人的数据去研究，了解在相同情况下其他病患是如何治疗的。这导致专家和普通医生之间没有了信息优势。

原来病人相信医生，因为医生知道得多，但现在他可以到互联网上查一下，先了解自己的病情。

我们要应用信息找人的思维方式思考问题、解决问题。

从人找信息到信息找人，这是交互时代的一个转变，也是智能时代的要求。智能机器已不是冷冰冰的机器，而是具有一定智能的机器。“信息找人”这四个字，预示着大数据时代可以让某些信息找到人，因为企业懂用户，机器懂用户，用户想要什么，企业和机器都可以提前知道，而且主动提供给用户所需要的信息。

第 10 章

物联网与跨境电商

10.1　物联网

物联网英文名为“the internet of things”。物联网的核心和基础仍然是互联网，是在互联网基础上的延伸和扩展，其用户端延伸和扩展到了任何物品与物品之间均可进行信息交换和通信。因此，物联网的定义是通过射频识别（RFID）、红外感应器、全球定位系统、激光扫描器等信息传感设备，按约定的协议，把任何物品与互联网相连接，进行信息交换和通信，以实现对物品的智能化识别、定位、跟踪、监控和管理的一种网络。

作为物联网的核心技术之一射频识别（RFID），电子标签的容量非常大，能够给地球上任意一粒沙子、一颗大米一个唯一的电子代码。

物联网在国际上又称为传感网，这是继计算机、互联网与移动通信网之后的又一次信息产业浪潮。世界上的万事万物，小到手表、钥匙，大到汽车、楼房，只要嵌入一个微型感应芯片，把它变得智能化，这个物体就可以“自动开口说话”。再借助无线网络技术，人们就可以和物体“对话”，物体和物体之间也能“交流”，这就是物联网。

如果物联网再搭上互联网这个桥梁，在世界任何一个地方都可以即时获取万事万物的信息。世界上许多城市在互联网、移动网络、大数据基础上建设智慧城市，可以说，物联网加上互联网等于智慧地球。物联网用途广泛，可运用于城市公共安全、工业安全生产、环境监控、智能交通、智能家居、公共卫生、健康监测等多个领域，让人们享受更加安全、轻松的生活。

举例子来说，从成都开车到重庆，上车后，只要设置好目的地便可随意睡觉、看电影，车载系统会通过路面接收到的信号智能行驶；人生病也可以不住在医院，只要通过一个小小的仪器，医生就能 24 小时监控病人的体温、血压、脉搏；下班了，只要用手机发出一个指令，家里的电饭煲就会自动加热做饭，空调开始降温……

这不是科幻电影中的场景，通过“物联网”的逐步实现和提升，每个人的生活都将向此靠拢。整合创新也将进入一个更加高端的奇妙境界。

10.2 物联网在中国和世界的发展

2009 年 1 月 28 日，奥巴马就任美国总统后，与美国工商业领袖举行了一次“圆桌会议”，作为仅有的两名代表之一，IBM 首席执行官首次提出“智慧地球”这一概念，建议新政府投资新一代的智慧型基础设施。当年，美国将新能源和物联网列为振兴经济的两大重点。如今，“智慧地球”战略被不少美国人认为与当年的“信息高速公路”有许多相似之处，同样被他们认为是振兴经济、确立竞争优势的关键战略。该战略能否掀起如当年互联网革命一样的科技和经济浪潮，不仅为美国关注，更为世界所关注。目前，各国政府主要在医疗、电子政务、电网、教育、交通、城市管理等领域推行物联网。

2009年8月，物联网被正式列为国家五大新兴战略性产业之一，写入政府工作报告，物联网在中国受到了全社会的极大关注。中国物联网产业发展多点开花，热点地区不断涌现。包括天津、云南昆明、福建厦门在内的众多国内城市也将物联网产业作为本地区重点发展的产业领域。黑龙江、吉林、辽宁、山西、河南、湖南、贵州等省，以及合肥、武汉、大连等城市，也在积极筹划本地区物联网产业的发展。

全球都将物联网视为信息技术的第三次浪潮，确立未来信息社会竞争优势的关键。据美国独立市场研究机构Forrester预测，物联网所带来的产业价值要比互联网高30倍，物联网将形成下一个上万亿元规模的高科技市场……

随着信息技术的发展，物联网行业应用版图不断增长，如智能交通、环境保护、政府工作、公共安全、平安家居、智能消防、工业监测、老人护理、个人健康、花卉栽培、水系监测、食品溯源等。中国物联网产业正在经历应用创新、技术创新、服务创新三个关键的发展阶段，将成长为一个年度产值超过5万亿元规模的巨大市场。

10.3　物联网整合创新——远望谷的故事

远望谷位于深圳市南山区科技园，领军人物徐玉锁是军人出身。

1992年7月，徐玉锁参加在北京举办的“国际铁路现代化装备博览会”，会上国外公司展示了一个小火车拉着电子标签演示的项目引起了他的强烈兴趣。

铁路上每天南来北往行驶着几十万辆货车。这些货车每天奔跑于各个铁路局的路段上，全国合计有3万名左右车号员，不分昼夜地采用传统的“口念、笔记”的方式抄录车厢编号，一辆列车从头到尾地抄录就要花上40分钟时间，然后通过计算机人工录入，逐级上报并核收货车使用费。为此，铁道部从20个世纪70年代就开始探索提高车号识读效率的方法，其间也试用过摄像技术等方法，但都不太理想。

徐玉锁敏锐地意识到，利用电子标签可明显提高车号识读效率：在每节货车车厢上都装一个电子标签，当车厢通过地面识别设备安装点时就会自动“刷卡签到”。军人的作风雷厉风行，徐玉锁团队的“铁路车号自动识别系统”项目1993年正式启动，七年磨一剑，终于开发出一套拥有完全自主知识产权的铁路车号自动识别系统产品。

当听到机器在设定模式下发出准确、欢快的“滴滴”声时，远望谷第一代产品宣告成功。这一项目在铁道部应用，让中国铁路几十年来“口念、笔记”抄录车号的方式成为历史，有巨大的社会效应和经济效应，使中国铁路现车管理跨入世界先进水平。

“口念、笔记”在2003年基本被淘汰。国内所有在跑的货车都有了电子标签，地面上安装了七八千套定位识别设备负责监测。纵横8万公里铁路线，任何一列货车身在何处，都可以精确追踪。铁道部统计结果显示，利用电子标签进行实时精确管理，不仅增收了数亿元货车使用费，节省大量人工，还将列车正点率提高三成以上。

从兰州的孕育积累到深圳的厚积薄发，远望谷这条路走得并不平坦。铁路市场RFID是技术门槛、市场门槛较高的行业，需要工业级的高性能产品，要求电子标签在零下40摄氏度到85摄氏度都能可靠工作，125摄氏度下高温储存120小时不损坏，而地面识别设备也要求在零下20摄氏度到70摄氏度环境下运转。与普通设备不一样的是，铁路市场RFID还需要全天候运行。

研发周期长达7年，因为不仅要进行一系列检测与认证，还要满足铁道部制定的行业标准，其中仅运行试验就需要2～3年时间。全国70万辆货车，大约一半在使用远望谷的产品，普通公司没有4~5年的准备难以进入铁路RFID市场。

远望谷的底气还来自于公司掌握的专用芯片技术。没有核心技术，就失去了生存之本，“哪怕砸锅卖铁，也要有自己的芯片！”这是远望谷技术创新的目标。

截至目前，中国铁路RFID系统已经发展成为亚洲乃至全球最大的物联网应用工程。这一领域对远望谷的重要意义不言而喻，现在谈到远望谷业务板块，专业人士往往将之区分为铁路市场和非铁路市场。公司定向增发，募集资金投向的五大项目之中，就有铁路车号智能跟踪装置、基于RFID的铁路车辆零部件管理系统两项与铁路业务相关。远望谷认识到，铁路市场还有很多值得深挖的RFID应用，目前静态监测已经相当成熟，公司开始向动态监测、重力监测、图像监测领域延伸。

2007年7月21日，远望谷在深交所敲响钟声，正式登陆资本市场，远望谷不断踏向新的征程。

为了谋求更大的发展，在深耕铁路市场之外，远望谷先后进入畜牧、酒类防伪、图书、烟草等行业。在远望谷新进入的RFID基础应用之中，重点是畜牧和酒类防伪。其中，农业部推动的猪牛羊疫病可追溯体系，RFID及二维码公司都竞相争食。

农业部以往主推成本更低的二维码，现在则将目光转向RFID电子耳标。因为二维码虽然便宜，但在应用技术上存在缺陷：标签弄脏难以读取、光线较暗难以读取、动态下难以读取，在澳洲、欧美等畜牧业发达地区采用的基本都是电子耳标。

远望谷自2008年开始在新疆对4 000多头奶牛和70万头牛羊进电子耳标试点。这一电子耳标追溯系统给动物以电子身份，对其出生、养殖、屠宰进行全程追踪，每一次注射疫苗、每一次生病都有完整记录，形成庞大的数据库，屠宰前电子耳标与数据库信息必须进行核对，核对一致后才能发检疫合格证。

由商务部主推的与农业部猪牛羊疫病可追溯体系相衔接的肉菜追溯管理，已在全国20多个城市进行了试点，猪牛羊屠宰之后，肉类信息可以经由计算机网络从电子耳标向条形码继承转换。

疫病可追溯体系及肉菜追溯管理建设未来市场潜力巨大，远望谷一直在积极参与，其中前者已历经了3年多市场培育，并参与行业标准编写，目前电子耳标试点方面，远望谷占据的市场份额最大。

此外，酒类防伪也被徐玉锁视为一大朝阳产业。RFID标签设在酒类瓶盖上，一旦开瓶就损坏无法重复使用，每瓶酒电子代码跟后端数据平台一一对应，代码的唯一性与标签的不可重复性将令假酒无处遁形。这样一个电子标签成本在两块钱左右，与高端白酒动辄上千的零售价相比几乎可以忽略不计。但徐玉锁强调，酒类防伪体系的建设，除却电子标签之外还需要配置网络及相关识别设备，不具备规模优势的酒类品牌没有能力率先介入。

除了铁路、畜牧、酒类防伪、图书、烟草五大业务领域，远望谷也在谋求车联网、商超物流管理、珠宝标签等领域的发展。在徐玉锁看来，得益于政策支持及产业振兴，物联网产业正面临一个好的发展机遇。

10.4 物联网与跨界电商资源整合

10.4.1 跨境电商及其在我国的发展

跨境电子商务是指分属不同关境的交易主体，通过电子商务平台达成交易，进行支付结算，并通过跨境物流送达商品、完成交易的一种国际商业活动。

报告显示，2015 年我国跨境电商交易额达 5.2 万亿元，同比增长 30% 以上，跨境电商在对外贸易的占比也由 2014 年的 11.9% 上升到 14.8%，网民在跨境电商中的渗透率将近 10%。国内跨境电商领域已汇集了天猫、亚马逊、京东、聚美优品、唯品会、一号店、聚划算等众多电商平台。国民收入不断增长，海外购物需求上升，国内电商市场竞争激烈，导致了跨境电商这种新模式崛起。一时间，进口母婴用品、进口食品、进口百货与进口美妆等成为国内电商平台比较受关注的产品品类。

10.4.2　电商时代的来临

互联网技术革命始于 20 世纪 90 年代的美国硅谷，在短短的 20 年的时间里，互联网彻底改变了人们生活的各个角落，每天大量的资讯通过这个庞大的信息网络传遍全球。互联网也培养了人们依靠网络的生活方式和习惯，通过各种各样的互联网终端设备，如电脑、智能手机等实现了人们生活、工作的互联互通，实时在线。可能我们每天都要在网上购物消费，经常去淘宝商城、京东商城等这些 B2C/C2C 购物网站逛逛，去各种团购网浏览，这些网站不仅能满足我们的消费需求，而且能创造新的需求，我们的生活采购方式正发生快速的变化。互联网信息技术改变了社会的生产制造、商业流通的各个环节。各行各业的电商平台大量出现并迅速成长壮大。

近几年，中国企业生存与发展的环境在不断地发生变化，竞争越激烈，给企业带来的压力越大。面对宏观调控与银根紧缩，特别是金融危机对全球实体经济的冲击，迫使小型企业退出历史舞台，很多大中型企业倒闭，工人下岗待业，自谋职业，很多商家开始向电商转移。随着电商的蓬勃发展，各行各业的电商创业者创造着一个又一个的奇迹，但也有许多电商企业艰难而行。21 世纪，是电商的时代，是互联网、物联网创造奇迹的时代，实体店的未来生存之道必须是线上、线下相结合，利用网络平台将实体优势展现出来，二者优势相结合，才能创造巨大财富。

21 世纪是合作的时代，是模式制胜、资源整合的时代。商业模式正以常人不敢想象的速度飞速更新，每时每刻都在发展、前进。如此快速、多变的信息时代，谁能最快速的把握最新的信息，并顺应形势发展，谁将成为大赢家！未来最大的竞争不是产品的竞争、同行业的竞争，而是资源整合、联盟团队的竞争！

10.4.3 建设系统是企业的成功之路

为什么传统的营销方式不再盈利，是因为环境变了，用户变了，传统企业却没有改变，没有创新！

中国目前已有 9 亿手机用户，2014 年我国移动电子商务用户已逾 6.5 亿户。无疑，移动互联网将是电商更为广阔的营销平台，谁掌握更为方便快捷、操作流畅的移动购物终端，谁就会抢占移动商机。

现在的微信用户超过 9 亿人，每 1 分钟就有 100 个人加入微信。年轻人走在路上，坐在车上，躺在床上，只要是一有时间，就是聊微信，刷朋友圈，微信已经变成了生活中一个密不可分的工具！

哪里有人，哪里就有商业，哪里就有盈利空间。据第三方统计，70%的手机用户开通了个人微信，其年龄涵盖了小学生至老年人，各年龄阶层的人群。截至目前，腾讯已拥有 9 亿的微信用户，8 亿的 qq 用户。消费者才是企业追逐的目标，人的数量决定了财富的数量。

2013 年以来，越来越多的企业正在向移动互联网转型，争取在时代变革的时机拿到企业转型升级的船票！对传统企业来说，想要快速的转型并不容易，同时微营销行业的各种问题也造成很多企业走进了误区，有的甚至失去了对移动互联网营销的耐心和信心！但是，转型又是必需的一条路，传统企业该何去何从？

如今是资源整合的时代，是团队合作时代，也是电子商务直销的时代！任何人要实现自己的梦想都不是靠个人能完成的。搭建平台很不容易，前期只是劳作，未必能见效益，但是，这是未来必须要走的路，否则很可能就被淘汰。系统建设已经成为民营企业发展的一大刚需，强大的企业都是用“系统”赚钱的，建设企业管理系统是企业走向成功的必由之路！团队及创新的商业模式，是大势所趋。

10.4.4 商业模式的核心要素：直销、顾客、渠道、资源

阿里巴巴年销售额突破万亿元，李宁实体店关掉很多家，电商的销售额已经超过实体店的销售额。实体店受到了严重的冲击，那么未来5～10年的商业模式到底是什么？那就是O2O模式：线下实体店体验，线上厂家系统网站购买，由厂家亲自发货给顾客，聪明的企业家会将线上销售系统及物流仓储系统外包交给第三方公司解决，自己全力做好产品，然后顾客介绍顾客（直销），这个商业模式就是争取顾客，拓展渠道资源。

未来5～10年拼的就是资源整合，你能整合多少资源、多少渠道？你将来就会得到多少财富？云吃货企业联盟，就是将各个企业的资源、消费者整合在一起，进行优势互补，资源共享，形成庞大的消费群体，迅速引爆销量和提升企业的知名度。

10.4.5 资源整合：跨界、融合、创新、趋势、定位

没有哪个企业能永远立于不败之地，柯达、索尼、诺基亚就是最鲜明的例子，而且随着科技的发展，我们的生活方式也将发生变化且与科技的联系愈加密切，O2O即将席卷全球。那在这样的背景下，创业者们要如何把握机遇呢？做平台？第三方？生产商？经销商？不，比这更好的选择是进行资源整合，然后直接持有消费者资源，与企业置换资源，实现获利。

（1）跨界。柯达曾是世界500强的企业，1991年它的技术领先世界同行10年，但是2012年1月却破产了，被做数码的索尼取而代之，当索尼

还沉浸在数码领先的喜悦中时，突然发现，原来全世界卖照相机卖得最好的不是它，而是做手机的诺基亚，因为每部手机都有了照相功能，近几年索尼业绩大幅亏损，濒临倒闭。后来做电脑的“苹果”也开始生产手机，诺基亚受到冲击，而且没有还手之力，2013 年 9 月，诺基亚被微软收购了。

这样的案例越来越多，马云“余额宝”的出台，18 天狂收 57 亿元资金存款，开始强夺银行的饭碗；“三马”（马云、马化腾、马明哲）的网上保险公司的启动，5 年内将会有很多保险人员失业，其他保险公司将何去何从？腾讯微信的出台，直接冲击了中国移动、电信和联通的营业额，甚至威胁到了马云。

如果有一天你隔壁开火锅店的张三，卖手机卖得比你好的时候，你不用觉得惊讶，因为，这是一个跨界的时代，每一个行业都在整合，都在交叉，都在相互渗透，如果原来一直获利的产品或行业，在另外一个人手里，可能突然变成一种免费的增值服务，那么又如何竞争？如何生存？

未来的竞争，不再是产品的竞争，不再是渠道的竞争，而是资源整合的竞争，是终端消费者的竞争，谁能够持有资源，持有消费者用户，不管他消费什么产品、消费什么服务，你都能够盈利的时候，你才能够保证你的利益，才能立于不败之地。

（2）趋势。未来我们的生活会是什么样子呢？我们设想一下，晚上带着家人去吃饭，拿出手机点击附近的餐厅，看完餐厅介绍，对比之后，挑一家评价好的、好吃又实惠的餐厅，在手机上领取一张微信电子会员卡，订好座位，等时间到了，点击导航，直接去吃饭，不用排队，吃饭的时候，哪个好吃的就拍个照，放到微博或朋友圈，晒一晒，与朋友共享，因为以后朋友来这里吃饭的时候，凭着你的分享，朋友可以得到优惠，商家还要给你返利，既能吃到好东西，分享又能赚钱，真的很惬意。

吃完饭，去商场购物，看到喜欢的产品，拿起来扫一下二维码，用手机比比价，放入网络购物车，逛完商场，在手机上点击送货时间和送货地址，直接付款，不用拎东西，也不用排队，然后去看电影，因为电影票在吃饭的时候已经用手机买好了。这就是我们已经进入的生活。也就是说，人们生活的商业模式，是全新的 O2O 模式：线下实体店体验，线上厂家系统网站购买，由厂家亲自发货给顾客。

（3）定位。现在最新的定位选择是做链接，做资源整合，然后直接持有消费者资源，与企业置换资源，来实现获利。但是这个消费者资源你如何去持有，就是我们应该考虑的问题了。

如果你手上持有 10 万个消费者粉丝，那么你可以卖手机、卖汽车、卖保险、卖化妆品。只要你有消费者，你想卖什么都可以，到时候你要做的事情只有一件，就是把消费者与企业链接起来，然后让消费者从中获得实惠，让企业获得收益。

现在行业趋势已经很明朗，移动电子商务与直销模式是未来的主流趋势，两者如能够相辅相成，相互结合，运用好，就能拥有源源不断的人脉资源和客户资源，钱自然也会源源不断地流入，所以不管是传统行业、金融行业、直销行业，现在就应该利用好身边的各种工具，培养资源，铺垫未来。

10.5　中国跨境电商产业园示范基地：新银河世纪跨境电商产业园

新银河世纪跨境电商产业园由新银河世纪集团开发建设，位于广州市萝岗区科学城，占地 100 亩，建筑面积逾 30 万平方米。产业园内设有海关及检验检疫的办公和监管区、EMS 国际分拣中心、国际货物仓库、会员商家办公楼等，是广东省乃至全国首个海关直接入驻垂直管理的民营跨境电商产业园，是首个物流巨头设置国际分拣中心的跨境电商产业园。

新银河世纪与海关国检深度合作，将广州海关驻萝岗办事处、广州出入境检验检疫局萝岗办事处直接请入新银河世纪跨境电商产业园，并设立监管区，按照法律法规监控个人网购进口渠道货物，专规专管清晰明确，对入境商品进行严格监管及查验，确保商品来源的合法性，保证新银河世纪所销售商品100%为正品。

此外，新银河世纪在海关国检监管区内投资建设了12条查验分拣线，在严格按照既定的法律法规监控个人网购进口的同时，尽可能减少通关所需时间，大幅提高商品进口数量。

在“互联网+”的时代，新银河世纪通过打造线下跨境电商产业园，加强与海关国检的合作及联系，为消费者提供了“一站式”舒适便捷的跨境电商服务，对国内跨境电子商务贸易的经济增长做出了不可估量的贡献。

10.5.1 新银河世纪跨境电商的“平台+产业园模式”

（1）线上平台：融互联网技术于一体的用户可随时随地访问线上平台。作为新银河世纪的线上平台，新银河世纪跨境电商平台融互联网技术、云平台、云服务、大数据分析、互联网金融、电子口岸、互联网物流为一体，通过统一的应用集成和业务运营支撑系统，建立并运营跨境商品线上交易平台，为全球客户提供便捷的网上报关、在线交易、物流仓储监控等系列电子商务应用。商家和用户只需要使用各类网络终端设备，便可随时随地、便捷地访问跨境电商平台，享用高品质的网络商务服务。

（2）线下园区：依托珠三角枢纽地位17条分拣线助力商品极速清关。线下，新银河世纪跨境电商产业园依托珠三角的枢纽地位，连接港澳台各方口岸，使得跨境运输便捷无比。同时，新银河世纪依托17条查验分拣线，保证产品可以现场高效分拣通关，最快只要半小时即可完成园区内通关放行，真正实现商品极速清关。相比传统的转关模式，通关环节减少了转关申报、到位核销、人工施封、人工检封等数个环节，通关时间缩短一半。

10.5.2　新银河世纪跨境电商产业园依托优势资源创新发展

新银河世纪坐落于中国华南地区第一个跨境电商试点城市——广州。2014年5月，广州市成为华南地区首个跨境贸易电子商务试点城市。根据《跨境贸易电子商务服务试点》，从海关监管方式、进出口环节、到产品质量保证等方面，都有各项创新性举措，广州跨境电子商务领域的发展进入了一个新的阶段。从地理层面上看，新银河世纪跨境电商产业园的确占了先天地理位置的优势，优先拿到了跨境电商界的“绿卡”，起步比别人快。从新银河世纪自身情况来看，它始终精耕细作，用军事化的管理方式严格的要求自己，借着试点城市的良机整合资源优势改革创新。

新银河世纪跨境电商平台作为广州跨境电商试点的重要组成部分，获得经信、外经、海关、检验检疫、税务、外汇等有关部门的叠加政策支持，形成了本土的产业优势。入园企业不仅可以得到较好的政府福利补贴，还能获得新银河世纪跨境电商产业园的各类配套资源，包括营销、通关、科技、金融等。

（1）营销：全方位立体宣传，直击核心受众。新银河世纪跨境电商平台具有专业的营销和管理团队，通过线上线下立体式、全方位的宣传，各大新闻媒体、垂直网站精准的广告投放，毫无保留地帮助平台电商品牌进行营销推广。这不仅降低了商家的营销成本，也增加了其入驻信心，让新银河世纪成为连接世界的丝绸之路。

（2）通关：海关国检齐上阵，全天候进行查验。新银河世纪与海关国检已经建立了紧密的联系，广州海关驻萝岗办事处、广州出入境检验检疫局萝岗办事处已入驻新银河世纪跨境电商产业园内，设立了监管区，24小时工作，对入境商品进行查验，打造出全流程信息化闭环监管模式。新银河世纪 17 条查验分拣线，保证了产品可以现场高效分拣通关，最快只要半小时即可完成园区内通关放行，真正实现了商品极速清关。

（3）科技：正品溯源系统，与假货说再见。新银河世纪与海关国检联手，打造了商品溯源系统，对入境商品进行严格的监管，要求境外商品及商家都需要在海关国检处进行备案。商品从境外物流开始，到清关再到入境，整个过程需一单到底，减少由于改单或更换包装引起货品被替换，弄错的风险。顾客则据此可通过扫唯一二维码技术来对每样商品的商品名称、原产国（地）、进口商/代理商、生产日期、进口口岸、报关日期、报关单号等相关信息进行检验。保证了跨境商品源头可溯、责任可究、风险可控。

（4）金融：建设金融创新集聚区，提供便捷化金融服务。新银河世纪建设和认定了一批金融创新集聚区，吸引股权投资、融资担保、融资租赁、证券公司、小额贷款、科技保险、科技银行等创新型金融机构和相关的会计、法律、信用评级、资产评估、专利服务等中介机构入驻，为入驻企业带来更便捷的金融服务。

（5）一站式物流，助力跨境电商企业进入快车道。一是专业物流管理系统极速转关运输。新银河世纪拥有超级干线和专业转关物流运输管理系统和团队，可实现中国香港、深圳、广州三关联动，极速转关。同时，投入资金自行研发的物流管理系统在一定程度上减少了货物滞仓情况，提高了转运效率，还保证用户可立即通过后台查询物流信息。

二是园区地理位置优越，运输便捷。新银河世纪地理位置卓越，拥有集海运、陆运、空运为一体的综合运输网络，贯通国内国外的进出口口岸。15 分钟即可从园区到达国内高速公路，30 分钟直达白云机场，45 分钟进出南沙港，2 小时直达港澳机场及码头，全方位实现了物流系统的高时效、低成本目标。

新银河世纪注重解决跨境电商行业的难题，在新银河世纪进驻的上线平台商家可以获得其他平台所没有的线上线下同时支撑的物流配送、全程跟踪等一站式供应链服务，实现快速过关。

2016 年下半年，由我国跨境电商企业聚贸首创的 E4B（Ecosystem for Business）商业模式，引发全球聚焦。E4B 是全球的国家与国家之间、企业与企业之间、产业与产业之间，通过全球化的互联网平台，进行产品和服务的交易、协作，从而达到全方位优化全球产业结构，实现互利共赢的一种商业模式。

跨境电商全球化已经成为一个重要趋势。日本电商开中文网站瞄准中国市场，已经有约 300 家日本企业加盟，预计包括日用品和化妆品在内的在线销售商品将达到 1 500 ~ 2 000 种。将日本商品销售到中国的跨境电商市场规模在 2015 年已达 7 956 亿日元，预计到 2019 年将增至 23 359 亿日元。泰国、瑞典等也都积极拓展跨境电商业发展。

“一带一路”沿线为跨境电商提供了近 40 亿人口的市场，跨境电商已经成为推进“一带一路”不可忽视的力量，中国企业正积极通过“互联网 +”这种创新的方式“走出去”，这将促使“中国制造”的产品更多更快地进入沿线国家市场。与传统“走出去”不同，这充分发挥了中国日新月异的互联网技术优势，不仅带动电子商贸的发展，与之相关的支付结算、物流等产业也将得到大力发展。

当前，在我国外贸发展面临较大压力的背景下，跨境电商有助于拓展新的外贸发展空间，并改变我国在国际产业链分工中处于较低水平的定位，从而实现外贸优进优出，升级发展。以跨境电商为代表的新业态、新模式正在成为我国外贸增长的新动能。

第三篇
企业的整合创新

第11章

中国经济新常态下的企业整合创新

11.1　中国企业的新常态特征

11.1.1　企业“暴利”时代已经结束，“微利”时代已经到来

1998年至2008年，全国规模以上工业企业利润总额年均增速高达35.6%，到了2013年，这一增速降至12.2%，2015年全国GDP实际增速为6.9%，较2014年下滑了0.4个百分点。随着中国经济进入增速换挡期，高速增长时代的结束，传统的依靠劳动力成本和资源投入获得“暴利”的时代已一去不复返了，企业将主要依靠信息、知识和技术这些新要素，依靠创新获得比较优势和核心竞争力来获取利润。在全球化竞争的压力下，企业利润的获取将更加艰难，那种期待一夜暴富的企业将逐渐被淘汰，而积小利为竞争力的企业将成为常青树、不倒翁。

11.1.2 物联网企业将成为企业发展的新趋势

以现代科技、信息技术为基础的物联网，已经初步形成覆盖物联网感知制造业、通信业和服务业的完整产业链，改变着企业的生产、储存、营销全过程，产生了新的业态，发展出新的盈利模式，引领企业的发展趋势，并且带来新的创造力和竞争力。

11.1.3 中小企业成为“新常态”的主力军

我国中小企业数量已经占企业总数的99%以上，创造了60%以上的国内生产总值，为3亿以上的城镇就业人口提供工资性收入。随着国家反垄断的规范化，国家将加大对国有企业、跨国企业垄断的监管力度，依靠行政和技术进行垄断的机会会逐渐弱化。相反，国家在财税政策、结构调整、技术创新、创业兴业、服务体系建设等方面会加大对中小企业的支持力度，中小企业将成为我国企业中数量最大、最具内在活力和动力的企业群体，在经济增长、技术创新、增加税收、吸纳就业、改善民生等方面将发挥主导作用。很显然，中小企业将成为新一轮科技革命、产业变革和技术创新的核心力量，成为“新常态”的重要特征。

11.1.4 企业的国际化成为一种常态

随着经济全球化和区域经济一体化程度的加深，中国企业的生产要素跨区域流动与配置也在加速，中国企业通过引资、引技、引智的方式，将新产品、新技术、新模式带向国际市场，在世界各地建立原材料基地、加工制造基地、研发设计基地和营销渠道，尤其是资源、能源、高新技术和先进制造业企业，国际化、跨国经营不可阻挡。

11.2　中国经济新常态下企业家的整合创新理念

11.2.1　整合客户资源，树立“大资产”的理念，变“管理企业资产”为“管理企业和客户资产”

传统模式下，企业只负责经营与管理自身的资产；新常态下，管理客户资产是极具发展空间的新的盈利增长点。因此，企业必须将客户资产纳入管理范畴，以“大资产”理念，实现企业资产和客户资产的统筹考虑及综合管理，即将服务扩充至整个市场，通过对客户资产的科学配置，统筹客户的资金需求和资本运作，把客户利益绑在自己企业的战车上，通过满足客户全方位的需求来实现自己企业的资产升值。

11.2.2　利用互联网资源，树立“大平台”理念，变“实体的物理网点作业”为“价值物理网点与互联网商务相结合的平台作业”

单纯以实体销售渠道网点扩张带动业务发展，属于成本驱动型、技术含量低的发展模式。新常态下，以网络为核心资源的平台，不仅仅是客户渠道和交易渠道，更重要的是能选择合适的合作机构，共同打造成长潜力强大的“生态圈”和“生意圈”，激发网络效应，创造更多的交易。从另一个角度看，平台属于轻资产类型，能够有效地降低资本占用和费用支出。企业有必要加快建设自己的互联网商务平台，形成价值实体物理网点与互联网相结合的平台作业模式。

11.2.3 整合社会资源，树立“大服务”理念，变“单一产品提供者”为“综合服务提供商”

客户需求多元化已成为不争的事实，传统单一的产品服务已很难满足客户不同阶段、不同时期的需求，深化改革和技术革命为企业进行资源整合和有效配置创造了条件。企业要成为目标客户的资源整合者、风险匹配者和财富管理者，要积极丰富企业的服务内容，从经营单一产品扩展至产业链客户群，从单一产品扩展至多产品组合。

11.2.4 整合信息资源，树立“大数据”理念，变“粗放营销”为“精准营销”

目前，许多企业的市场营销仍处于粗放营销阶段，突出表现在：关系营销重于产品营销，价格营销重于服务营销，个体营销重于团队营销，大众营销重于差异营销，营销管理缺乏整体规划，往往采用运动式的方法进行组织推动。这种粗放营销不能有效地整合和共享信息与资源，无法对市场和客户实施深度开发，营销成本高，见效慢，不确定因素多，且客户“私有化”现象严重，不利于企业的持续发展。因此，企业必须注重品牌营销、知识营销、团队营销，以细分市场和客户为起点，充分利用大数据，颠覆传统的框架式营销组织和渠道限制，依托客户关系管理系统，针对不同客户的不同需求，设计差异化、个性化的产品，提供优质服务，使营销达到可度量、可调控。

11.2.5 充分整合客户资源，树立“无差别客户”理念

囿于服务方式、手段、成本和风险，许多企业传统上以“二八定律”

区分客户等级，设置各类门槛，将资源倾斜，更多地关注和服务高净值、用货量大、交易额高的客户。如今，互联网已打破了时间和空间限制，便捷且低成本地延展和拓展了企业服务客户的触角，使得服务所有客户成为可能。企业必须树立“无差别客户”的理念，在不放弃对大客户服务的基础上，重视普通的客户群体，在大平台上，针对不同资产量、不同风险偏好、不同交易规模的客户在产品上进行创新，形成“无差别客户”服务品牌。

11.2.6 整合市场要素，树立“多元化”理念，变“单一盈利”为“多元盈利”

企业要充分认识互联网经济的开放性。在“中高速”的新常态下，企业竞争在质量、服务、成本与利润率等方面愈加激烈，利润空间收窄将具有持续性，必须走多元化的盈利之路。企业要建立精细化的成本管理、资本管理，向管理要效益；要大力发展高收益业务，向定价要效益；要学会识别、经营和管理风险，在风险容忍的范围内实现企业收益最大化，向管控风险要效益；要学会跳出传统思维办企业，大力发展企业的资产管理业务、委托代理业务，盘活资产业务、资本运作业务，向服务要效益。

11.3 整合创新打造“联合舰队”——正邦的故事

正邦集团创建于1996年，是农业产业化国家重点龙头企业、江西省规模最大的农业企业，有3万名员工，在全国各地有300多家分公司和子公司。其中，在深圳证券交易所上市公司1家。2011年正邦集团总产值突破200亿元，名列《财富》中国企业500强、中国制造业500强、中国民营企业500强、中国饲料工业10强。正邦牌饲料是“中国名牌”产品。

正邦集团从国家农业发展的高度来实施企业的资源整合战略，打造农业全产业链，做农业产业链的组织者和领导者，由单一的农业制造业向集种植、养殖、金融为一体的现代农业企业转型，重点打造生猪养殖、粮油种植两大产业链。为此，集团团结并联合大批中小企业，把小公司做成大公司，帮助它们取得更大的成功。在全国各地的产业聚焦区域，整合当地优秀人才、行业精英，给平台，给股份，实现共创、共建、共享，充分信任和授权，有效地发挥他们了解当地情况、熟悉资源和市场的优势，使公司的活力、后劲和发展速度远远优于同行。

山东和康源公司原来是一家单纯生产饲料的小企业，与正邦合作后，短短3年的时间，很快发展成为集饲料生产、畜禽养殖、屠宰加工和熟食加工为一体的大型畜牧产业集团。员工有1万多人，下属大型畜禽养殖企业有25家，养殖公司35家，饲料厂30家，冷藏、熟食厂7家，每年向社会提供鸡苗、鸭苗4亿只，猪苗60万头；每年宰杀畜禽1亿只，向社会提供熟食6万吨，销售收入140亿元。

基于文化理念的共鸣、价值观念的认同，正邦在全国各地成功帮扶了50多家中小企业，让100多名中小企业家取得了更大的成功，创造出更多的社会财富。为了解决产业的上下游合作、农业企业融资难问题，正邦建立了担保公司、小额贷款公司。“大正邦系”已遍布大江南北，形成了裂变式发展格局，在全国同行业中创造了飞速发展的奇迹，赢得了国家农业部、全国行业协会的称赞，正邦“联合舰队”的发展模式已成为行业的新典范。

正邦集团是农业产业化国家重点龙头企业，连接着成千上万的农民的利益。在江西省赣州、吉安、宜春、抚州市，黑龙江省鸡东市、辽宁省盘锦市、内蒙古乌兰察布市、云南省昆明市、广西南宁市、湖北省沙阳县、安徽省六安市、广东省江门市、山东省济南市等地，正邦建设了100多个规模化、标准化的生猪生态养殖场，年产种猪6万头，商品猪130万头，直接带动当地每户农民每年至少增收4 000元。

第12章

企业整合创新实务

12.1　产业链整合创新

产业链整合创新包括横向整合（不同产业之间的关联性及其整合）与垂直产业链整合（一个产业上下游产业链的延伸）。

经济新常态下，以产品为中心的商业模式正面临挑战。真正富有竞争力的企业是具有远见卓识、长于构建系统优势、善于整合产业链的企业。

一方面，随着行业的发展和外部宏观环境的改变，未来整个行业存在空白品类的机会将越来越少，随之而来的是越来越高的原料成本、渠道成本及品牌塑造成本。如今，许多制造加工行业的利润已被压榨到极限，“高利”时代行将终结，整个行业正逐渐步入微利时代。在这一宏观背景和大趋势之下，企业再想从内部挖掘成本潜力，以成本取胜的可能性已经微乎其微。既然如此，那么只能从产业链上去创造和谋求更多的空间了。

另一方面，中国一些产业链一直饱受行业碎片化的困扰，产业集中度低，布局分散，这恰恰给下一阶段产业链的整合创造了空间和绝佳的机会。未来企业将进入一个崭新的时代，即从一个关注产品的时代迈入关注产业链整合的时代。而这种思维模式的转变所创造出的价值是极其可观的。

一条完整的产业链往往由多个企业合作完成，对产业链进行细分和重组，是实现价值最大化的有效途径。企业整合产业链的思维，可以从产业链下游、上游、纵向一体化整合产业链等三个方向来进行。

一是向下游延伸产业链。例如，中国白酒行业走过了作坊酒、工业酒、广告酒、品牌酒、文化酒的发展道路，那些全国白酒品牌和一线白酒品牌，依靠其品牌先发优势和强大的广告投入，形成了适合这些企业特点的高投入、高产出的营销模式。在领先品牌所构建的品牌文化壁垒和大投入的广告壁垒格局下，口子窖、洋河蓝色经典等二线品牌，不能和对手硬拼品牌与广告，于是，这些地方性名牌白酒从2000年开始了一场以“餐饮终端买断（包场/包促销等）”的“盘中盘”形式，以取得区域市场销量主导权的运动快速崛起，诞生了口子窖、洋河蓝色经典、高炉家等依靠“盘中盘”模式的经典案例。早年间被奉为营销神话的“盘中盘”模式的实质就是先控制渠道，再通过传播塑造品牌的营销模式。这一模式的最大意义在于，其打破了全国性白酒企业的“标王式”营销模式，从产业链下游渠道终端入手，实现了产业链薄弱环节的修补，这不能不说是对传统的一次颠覆和突破。

二是向上游整合产业链。产业链上游环节主要包括研发设计、原料控制和融资三个环节。控制产业链上游的原料获取环节，通过掌握原料环节的控制权，建立对整个产业链的话语权，这是一种有效的战略思维路径。

三是纵向一体化整合产业链。一些资源型食品行业，如奶业、白酒业、葡萄酒业等，为了掌控产业链的各环节，实现企业和各利益方共赢，从而将企业的触角向上延伸到原材料供应，向下扩展到销售终端，建成纵向一体化的产业链。

经济新常态下，我们的企业距离产业链整合创新的时代已经越来越近了，而且它注定将发展成一个不可逆的趋势。

华泽集团，一个隐秘王国的全产业链多元化立体结构战略

在中国，提到“金六福”三个字，恐怕无人不晓，但提到华泽集团，却鲜有人知。

金六福是华泽集团整合酒业产业链的一颗种子……在短短十年间，从一个贸易商成长为中国白酒业实质性的仅次于茅台、五粮液的酒水巨头。如今的华泽集团集经销商、品牌商、生产商和零售商四个角色于一身，已形成全产业链模式雏形。

尽管华泽集团具备了“金六福”的市场运作经验，但强势地方品牌的崛起在区域市场已形成一股巨大力量。在湖北、河北、江西等地，强势地产酒成为泸州老窖、洋河、郎酒和西凤等一线品牌绕不过去的一道道屏障，即便是五粮液这样的全国性品牌，也不可能在各个区域市场都长期保住较高份额。在这种背景下，华泽集团成功地把地方品牌导入华泽的价值链条。

在这一新价值链里，“地方军”协助华泽，帮助“金六福”在各区域市场建立了稳固根据地，“金六福”的稳定对五粮液集团巩固市场份额起到积极的推动作用。在湖南和安徽市场，华泽并购湖南邵阳酒厂和安徽中华玉泉酒厂后，成功打造了湘窖和临水坊，使得湖南和安徽成为华泽根据地，最终，“金六福”这个全国性品牌的年销售额在当地恢复到了一两亿元的历史新高。

通过不断收购，华泽又增加了一个全国性“造酒生产商”的新身份：北有黑龙江的玉泉酒；东部有赣酒李渡；中部是华泽的大本营——湘酒湘窖、开口笑、邵阳等系列；云南有面向全国的高端红酒香格里拉、藏秘系列；川酒有“金六福”系列以及自有的金六福酒业。华泽收购太白酒，填充了华泽在西北地区的空白；收购贵州珍酒后，又形成了贵州市场等布局。

在拥有了巨大白酒产能以及充足的品牌营销能力之后，华泽深知白酒终端尚未形成寡头竞争之势，悄悄进入白酒终端，创立“华致酒行”品牌。华泽集团通过华致酒行这一终端掌握了充足的消费者信息，根据市场的需求，实现渠道、品牌运营、酒厂的联动，造就新的白酒品牌。华致酒行选择与当地合伙人合作运营的模式。华致酒行在衡量合伙人时，其资金实力并不是主要的考量条件，关键是合伙人要具备足够强大的关系网。最终，华致酒行借助合伙人牢固的地方资源，源源不断地输入其成型的服务体系和多元产品系列。

至此，华泽集团从一个贸易商转化成为一个全能选手，集生产商、经销商、品牌商和零售商四个角色于一身，其意义不仅在于分享四条价值链上的利润所得，更在于能灵活地调动四个角色进行全新布局。从华泽的全产业链轨迹中，我们不难看出其多元化立体结构战略具有如下几个特点：

第一，围绕“酒”做文章。华泽集团涉足了几乎所有的酒水领域，包括白酒、果酒、保健酒等核心酒水领域，并且取得了不俗的业绩。华泽集团构建酒水王国的战略企图正在一步步变成现实。而立体式结构化战略是华泽集团获得快速发展的根本原因。

第二，完整酒水产业价值链。华泽集团进入酒水行业的起步是经销商，但由于有立体式结构化战略指引，华泽仅仅用10年时间，就完成了制造商、品牌商、终端商以及资本集团的华丽转身，随着华泽金六福酒业邛崃基地建成、湖南邵阳大曲等区域性强势白酒企业并购，华泽集团已经成为中国最大酒水制造商之一。而金六福、六福人家、福星、邵阳大曲、无比古方、香格里拉等著名品牌也成为镶嵌在华泽集团身上的明珠。不仅如此，华泽集团还涉足酒水连锁品牌，其华致酒行已成为中国著名的酒水连锁品牌。华泽集团仅仅用10年时间，就构建了一个完整的酒水行业产业价值链，不能不说，华泽是一个结构化思考大师、结构化战略的建筑师。

第三，不断拓宽的商业模式。制造商利润、品牌商利润、渠道代理商利润以及加盟连锁利润，再包括资本运作中兼并重组利润等，在商业模式上，华泽集团几乎穷尽了所有可能的商业模式，开创了酒水行业结构化利润时代！

第四，多核心品牌及独立品牌战略。华泽集团同时启用了多核心品牌，并在一个立体式结构中系统化运营，所有的产业又自然形成了一个浑然的整体。华泽集团的很多动作在很多传统白酒企业都是离经叛道的，但是，华泽不仅没有出现人们担心的所谓不良后果，而且在多个领域，都取得了其前辈数十年无法完成的积累。在业内，华泽也赢得了“酒业国美”的称号。

12.2 品牌整合创新

品牌整合创新包括两个方面，一是企业对外整合资源，例如企业并购、重组、收购等，通过企业品牌来整合被收购企业的品牌，融合两个企业的文化、品牌基因，创新企业文化，赋予品牌新的内涵；二是企业自身多产品、多品牌的统一性整合，塑造品牌的价值链。

品牌整合是世界上很多拥有知名品牌的企业乐于采用的一种营销策略。和一般企业相比，已经拥有品牌优势的企业选择“品牌整合”策略的成效尤为显著。成功的品牌整合能够提升品牌的知名度和美誉度，保持顾客忠诚，扩大市场份额；反之，不仅造成顾客流失，还会损害原有品牌的影响力。

例如，中国石油在品牌整合上提出了“主品牌 + 商品系列名称”模式，“昆仑”品牌从原众多品牌中脱颖而出，品牌的国际影响力大大提高，并获得了奔驰、宝马、沃尔沃等世界著名汽车厂家的质量认证。另外，品牌整合能给企业带来成本节约的巨大空间，这就为其实施品牌国际化战略提供了充足的资金保障。

目前，世界500强企业大多都进入中国市场，许多外国品牌已成为中国家喻户晓的名词。然而，中国众多企业却缺少名牌，尤其是世界名牌，以致在这场全球化市场竞争中处于不利地位。对于拥有多个品牌而实力相对较弱的中国企业来说，当务之急是实施品牌整合创新，在国内把品牌做大、做强、做优，为创建国际品牌打下坚实的基础。进行品牌的整合与集中，建立一个强有力的品牌体系，对于一个具有长远抱负的中国本土型企业而言，这是一项刻不容缓的工程。

《你会爱我多久》："红蜻蜓"品牌整合创新之路

2012年情人节期间，红蜻蜓时尚集团推出微电影《你会爱我多久》，在同行中掀起了"微时代"宣传的新浪潮。

2005年，旅行作家路和模特自由邂逅于水城威尼斯，一声不经意的"咔嚓"让他们相知、相爱、相守。七年前，自由问路：你会爱我多久?"路只伸出了一根手指。七年后，他们重游旧地，路将"1"的答案告诉了自由，原来的爱情最终由炽热归于平淡，但它的保质期依然叫"永恒"……这就是《你会爱我多久》讲述的"红蜻蜓"的品牌故事。该片在叙述结构上颠覆了传统的顺序结构，以时空交叉的蒙太奇手法，将人们层层带入浪漫的意境；在剪辑上时而舒缓时而明快，不但展现了威尼斯旖旎的水上风光，而且传递出一种内在的时尚人文气息；再加上光影、构图、音乐、产品的完美结合，让这部加起来只有短短6分钟的微电影恰如其分地诠释了红蜻蜓2012春夏季的威尼斯主题——爱情、永恒。

微电影是商业化宣传与电影作品整合营销推广的结合体。它使形而上的企业文化、品牌理念、商品价值变得时尚化、感性化、故事化。企业可以通过比较轻松自然的方式将品牌信息融入故事情节中，让主人公的"事与情"在片中升华，从而引发情感共鸣。有别于传统的平面广告和电视广告，微电影以视频传播为平台，以受众点击率为核心，成为网络营销的新宠，越来越受到企业界的青睐。

红蜻蜓品牌创始于1995年，创造一个有历史感，表达东方时尚的高端品牌，是红蜻蜓初始之梦。品牌创立的前十年，红蜻蜓立足于产品和市场需要，做出成熟实用的皮鞋产品。2005 年开始，品牌开始重新规划，融入品牌的价值观，提出“引领东方风尚，开启原创生活”概念。转型升级一个重要的方面就是红蜻蜓在行业内率先提出“一牌多品”的集成店理念，将品牌旗下皮鞋、男女服装、饰品、皮具以及童装童鞋，整体推向市场。

红蜻蜓经过“归零跨越”“完美蜕变”到“新生无界”：从传统实业向时尚产业王国华丽蜕变，向“一牌多品”的战略方向发展。通过和国际著名的设计师及工作室的跨界合作，东创西引、就近顾远，做中国自主的强势品牌。

《你会爱我多久》是红蜻蜓集团首次尝试的新媒体营销模式，它打破了纯粹广告植入的桎梏，建立了一种更具个性化的企业形象。为了给消费者耳目一新的感觉，也为了让大家加深对品牌的理解和认知，无论从情节设置上，还是从镜头捕捉上都力求精益求精。《你会爱我多久》制作精良，唯美动人，在各大视频网站上一经亮相，立刻引起强烈反响，播放次数更是屡创新高。另外，微电影的推出也为品牌的微博增添了许多人气，体现出微电影营销战略下，品牌与广大消费者距离的拉近以及知名度的进一步提升。与此同时，红蜻蜓集团将微博与微电影概念有效结合起来，以抽奖、评论等方式，带动了新一轮的宣传效应。更新了红蜻蜓品牌固有的形象——它不仅仅是一个制造鞋、生产鞋的品牌，而是一个有着丰富的产业结构的时尚集团。发展路线实际上是由中国制造奔向中国创造，红蜻蜓的梦想是成为引领潮流的新“国货”公司。

12.3 金融整合创新

中国经济新常态下，金融业出现了几个新变化。

一是混业经营与跨界整合成为金融创新热点。新型业态、新型产品不断涌现；余额宝、微信银行、手机钱包、二维码移动支付等产品均是混业经营下的跨界整合创新产品。

二是随着各种技术创新与金融业务的不断演变融合，颠覆性创新呼之欲出。

三是金融产品创新周期不断缩短。互联网时代快速、高效的产品研发特点也对传统金融产品研发产生了重要影响。金融机构对新兴市场和产品的介入已从以往以年月计算缩短为以天和小时计算。短期理财产品受到市场热捧，促使各机构在更短的周期内能够推陈出新。

互联网金融竞争加剧、利率市场化进程加速、监管强化及资本压力，迫使金融企业急需通过战略转型、机制优化和产品研发等一系列金融创新，尽快摆脱同质化竞争和盈利结构单一的状况，实现产品和服务的转型与升级。

工行“融 e 购”：战略整合金融 + 交易数据

作为工商银行互联网金融布局中的重要平台之一，电商平台“融 e 购”率先面世，于 2014 年 1 月上线。2014 年底，“融 e 购”用户数突破 1 000 万户，交易额超过 500 亿元。

单就 B2C 平台而言，银行系电商平台在商户和用户上，与传统电商开展差异化竞争。以注册用户为例，超过 95% 的“融 e 购”注册用户采用实名制，并且客户平均购买力相对更强。

从入驻商户标准来看，“融 e 购”采用定向邀请制，目前已汇集数码家电、汽车、金融产品、服装鞋帽、食品饮料、珠宝礼品、交通旅游等十几个大行业的数百个品牌。首先，工商银行经过几十年积累，邀请到知名品牌入驻；其次，这样可以最大限度地杜绝假货，且知名企业本身有较为完整的一套售后管理体系，能降低声誉风险；最后，与传统电商差异化竞争，“融 e 购”没有“淘”的概念，以商户直营为主。

工商银行以此平台为商户拓宽销售渠道，配套提供银行金融服务，从而增加中间业务收入、增加存款规模等，对拓展目标企业客户的效果较为明显。以往营销企业成为银行金融服务客户较难，但借助“融 e 购”则很容易把金融服务推广出去。

从客户角度看，“融 e 购”采用实名制注册，消费水平也相对比较高。该平台上 1 000 ~ 10 000 元的商品更受欢迎。以国内一知名服装企业为例，2014 年该企业的低端品牌在传统电商平台上的销售非常好，在“融 e 购”的销量则一般；当该企业尝试推出高端品牌并在“融 e 购”平台上进行销售后，一举扭转了此前销售不佳的局面。

另外，工商银行还推出逸贷业务，与“融 e 购”网上购物相结合，可以即时申办、即时发放信用类消费信贷，为客户购物提供更便捷的服务。而线下众多网点凝聚了海量的客户资源，也成为此类银行系电商的发展基础与条件。通过“融 e 购”平台，有效地把工商银行的企业客户和个人客户有效连接起来，整合了相关资源，增加了二者的黏性。

同时，“融 e 购”还向商户提供免费的广告位。平台内部有一个评价体系，根据产品的知名度、历史销量、投诉率等综合情况，能为平台引流的产品，免费推荐至广告位。

12.4　政府资源整合创新

许多企业家感叹“以前会做的生意，现在不会做了”，“以前唾手可得的机会，现在抓也抓不到了”，这或许就是“新常态”带给企业家不能循旧轨继续走下去的具体表现。政府资源是一个老话题，政府资源的整合创新却是经济新常态向我们提出的新课题。所以，在经济新常态下的政府资源整合创新就要考虑到政治性常态的特点。

在中国，企业想要发展，离不开政府的支持和引导。在中国式的宏观环境中经商，不仅需要纯商业思维，更需要有把握政治和政策走向的智慧。只有充分理解中国的公共环境，才能真正理解中国市场。企业家要从组织间关系、公共环境、社会文化、政策演进的角度关注企业管理。事实上，政府的政策导向往往决定了资源的走向和购买力的转移。企业想要利用更多的政府资源，就应该分析政策走向。

一般来说，政府的性质决定了其行为是一种公权力行为，具有一定的权威性，但这并不意味着政府的承诺就能替代法律法规。同样，政府官员虽然是政府行为的实际践行者，但只有在他代表政府行为时才具有权威性，否则就是纯私人行为。

当前国情决定了政府在事务决策中占主导地位，企业家试图剔除商业发展中的政治因素，是不可能完成的任务。如何把握我国的政策方向，仍是企业家的最大挑战。对转型期的中国企业家来说，这既是一个价值观的问题，更是一个技巧性问题。

12.4.1 资本社会化时，国企与民企的关系

什么是资本社会化？就是除了你自己的钱，你要不要用别人的钱？比如，进行项目合作就会有别的股东，别的股东究竟选什么样的股东，是国有企业还是民营企业，是私人的钱还是上市公司的钱，公司要上市，究竟要发多少股票给别人等等。你做生意，当自己的钱不够的时候，你就开始找别人，这时候这些问题就出现了。就像人一样，你一个人过简单，当你开始找对象的时候，所有的问题就都出来了。只要你开始和人打交道，就会有故事；只要你的钱和别人的钱碰到一起，哪怕是稍微碰一碰，所有的事情就开始不同了。

在资本社会化时，民营企业和国有企业的关系无非涉及三个方面。

一是和政策环境、法律的关系。

二是和政治家的关系。

三是和资本（国有资本）的关系。和国有资本之间的关系实际上就是钱和钱打交道，到底国有资本占多少好呢？笔者认为，让它做第二大股东最好。

12.4.2 不违规，不行贿

从王石在深圳创业开始，不行贿是他做事的一个基本原则。王石这么做，他的企业也这么做。

王石认为，现在是三种力量，第一种是政府的，政府非常强大，第二种是企业，第三种是社会。相对而言，最弱的是社会。政府允许开放的社会，企业家可以在社会中扮演很多角色，例如企业家可以担任政协委员、人大委员，但企业家应该更多地承担社会上的责任。这是社会的担当，因此，王石及其企业一直秉持“不违规，不行贿”的原则。

12.5 技术整合创新

技术整合创新，是指将公知技术、有效专利和部分自创技术，系统化地组合集成为一个新的具有创造性的技术方案直至获得实际应用，并产生良好的经济和社会效益的商业化全过程的活动。技术整合创新是自主创新的一个重要内容，它通过把各个已有的技术单项有机地组合起来，融会贯通，集成一种新产品或新的工艺生产方式。技术整合创新的主体是企业，其目的在于有效集成各种技术要素，提高技术创新水平，为企业建立起高层次的竞争优势。

技术整合创新离不开智力资源，同样也离不开商业资源。技术整合创新实质上是技术、智力、商业三者的结合，是三者之间的有机融合。国家科技部主导的“产学研”战略就是科技整合创新的重要战略。

大学与研究机构一般具有科技人才荟萃、学科门类齐全、科技成果密集、信息资源丰富、实验设备先进等优势，而企业则更贴近市场，拥有开发和经营管理型人才和较丰富的科研资金。各种智力资源在发展高科技产业中的地位和作用也不同，它们必须在一定的有效的机制作用下形成合理的结构和互动关系，才能发挥出卓越的整合效应。

技术创新包含着技术要素和商业要素，技术人员与管理人员的整合，创新技术对整个经济产生重大影响，不仅与技术可行性或改进的技术绩效有关，还与识别出人类的某些专门需求有关，而且必须能够以适当的成本迎合人们的这些需要，即新技术不仅需要经过技术检验，还要经受经济检验。过去那种技术创新自然带来竞争成功的机制已经不存在了，取而代之的是高技术、资金和先进的管理相结合的新的竞争机制。

1977 年面市的苹果 2 号的设计人渥兹尼克基本上是一个电脑迷，缺乏市场眼光，然而没有他与众不同的巧妙设计就不会有苹果电脑；苹果公司的另一创始人乔布斯也是一位电子技术人员，虽然他并不是一个像渥兹尼克那样的技术天才，但他能敏锐地发现新技术的潜在市场价值，事实上，这种对市场敏锐的洞察力和直觉是以他的技术知识为基础的；而资深投资企业家马克库拉的加盟，保证了启动资金和规范的现代企业管理，使苹果公司真正取得了成功。在这里，乔布斯就扮演了管理与技术沟通者的角色。

小米：靠的是技术整合创新

小米手机是小米公司专为发烧友级手机控打造的一款高品质智能手机。雷军是小米的董事长兼 CEO。手机 ID 设计全部由小米内部来自摩托罗拉的硬件团队完成，手机生产由富士康和英华达代工。手机操作系统采用小米自主研发的 MIUI 操作系统。小米手机主要针对的人群是手机发烧友，最先采用线上销售模式。

大家认为小米的成功，就是小米的市场营销、推广做得好，笔者觉得这其实是对小米最大的一个误解。其实，从创办第一天起，小米要做的就是一家科技公司。

小米在技术创新投入了很多的资源，申请专利近 4 000 件。这些专利的申请不仅限于国内，在欧美、日韩都有申请，其中，核心的技术专利申请包括硬件技术、软件体验、硬软件结合的综合体验，如边缘触控、儿童模式、人脸识别等。

现在手机的性能是基础，除此之外，小米需要做出新的尝试，比如手机要颜值高，做得薄，还要用户体验好……最终回到产品，小米的核心竞争力还是技术层面的创新。

小米的产品研发周期特别长，一部手机的研发是 12 ~ 18 个月。这个时间对于很多手机公司来说是太长了，但事实上，在过去几年，小米与处理器、屏幕、相机等厂商合作，涉及很多算法优化，甚至在具体功能上，从系统成件，到相机功能调节，都是小米工程师深度参与，与厂商共同完成的结果。

小米 NOTE 手机最早应用了阳光屏技术，这是一项基于高端处理器计算能力的复杂图像处理技术，根据光线强弱进行像素级图像对比度动态调整。

围绕技术创新，小米没有捷径可走，能做的就是在软硬件领域甚至在元器件领域投入。除了人力以外，还有产品和技术两个方面维度，甚至元器件级别的创新，小米都去投入。

小米的销售模式是通过互联网电商平台，将硬件产品以成本价直接卖给用户，去掉中间环节和暴利，再通过互联网服务等获取微利。

小米第三代手机的 MIUI V5 与金山快盘实现技术对接，其内置的“传文件”应用可实现手机跨网络的文件分享和传输，该应用最大的特色在于能够在金山快盘技术架构的支持下，随时随地、跨网络地传送、储存及分享手机内的照片、影片、音乐与文件，拉近家人、朋友间的距离，让手机间传送文件变得快捷、温馨。目前，小米云服务激活用户达到 1 050 万户，而小米云相册每天有 1 100 万张照片上传，每分钟上传 7 600 张，为保障小米手机在处理大量数据的同时为用户提供了平滑的用户体验，金山快盘提供了一整套的存储解决方案，确保小米云的安全运行。小米手机用户之间可以直接利用“传文件”的应用进行文件传送，同时对接收到的文件进行管理。另外，“传文件”应用也可以覆盖非小米用户，而金山快盘的技术支持又将文件通过手机短信的方式提醒用户，并通过浏览器进行下载查阅。

在这个电子产品竞争激烈的时代，小米手机在短时间内赢得了消费者的青睐，是小米的创新，让小米有了今天的成绩。小米从外观到核心的技术都有创新，且紧跟时代需求。“米聊”就是专为小米用户聊天研发的，便于各地的小米发烧友交流，通过“米聊”结交朋友、传文件、随时随地分享图片等。

所有的技术整合创新让小米走进了人们的生活。

第 13 章

企业整合创新典型模式

13.1　中车模式：强强联手，整车出海

2000 年，由原铁路机车车辆工业总公司分拆的南方机车车辆、北方机车车辆是南车和北车两家公司的前身。根据分拆时的规则，两家业务按南北地域划分，而铁路总公司（原铁道部）每年铁路车辆招标，双方中标均是各占总订单规模的 50%。在传统经济形态下相安无事的两家国企，却在 2012 年出现了问题。2012 年下半年阿根廷政府城轨车辆竞标，当时北车首轮报价为每辆 239 万美元，但突然杀出的南车却报出每辆 127 万美元的超低价，迫使北车于第二轮大幅降价近一半至 126 万美元，但最终仍败给南车的 121 万美元。

凡此种种，在国际市场竞争中不一而足，最终促使国务院出面要求推进南北车合并，以“形成一个拳头一致对外”。国务院总理李克强明确指出，“走出去”不能自相残杀、打乱仗，要加强协调、规范秩序，形成

合力。

于是，2014 年 12 月末，来自中国的全球两大轨道交通制造企业，中国南车、中国北车合并方案正式推出。中国南车吸收合并中国北车，即中国南车向中国北车全体 A 股和 H 股股东发行中国南车 A 股和 H 股股票，中国北车的 A 股股票和 H 股股票予以注销。

合并后新公司的名称为：中国中车股份有限公司，简称中国中车；英文名称为“CRRC Corporation Limited”，简称“CRRC”。

这是中国在经济进入新常态后具有重要战略意义的国家层面的资源整合，由一位国务委员亲自主导了这次资源整合。

此前，全球轨道交通装备行业的前五大制造商是加拿大庞巴迪、德国西门子、法国阿尔斯通、中国南车、中国北车，市场占有率合计超过 50%。南北车规模大致相当，资产均超过 1 400 亿元，年营业收入均接近 1 000 亿元。2013 年，中国北车营业收入 972. 41 亿元，净利润 41. 29 亿元；中国南车营业收入 978. 9 亿元，净利润 41. 4 亿元。2013 年全球轨道交通设备市场规模为 1 200 亿美元，其中中国市场为 200 亿美元，在规模千亿美元的市场中，中国企业份额仅占 2% 左右。南车和北车此前几年的海外收入占比也均低于 10% 。

在国内外轨道交通市场快速发展的背景下，中国南车、中国北车通过本次合并、整合，提升了公司的业务规模，增强了公司的盈利能力，成为以轨道交通装备为核心，跨国经营、全球领先的大型综合性产业集团。

南、北车合并后成为全球规模最大的轨道交通装备企业。两家公司生产的高铁车辆，占全球保有量的一半，其中高寒地区动车组为全球独有，而且其生产成本明显低于国际同行西门子、阿尔斯通等企业。

本次合并有利于合并后新公司发挥规模效应、增强技术实力、优化全球产业布局和资源配置，实现打造以轨道交通装备为核心，跨国经营、全球领先的大型综合性产业集团的战略目标。具体的优势有以下几个方面。

一是扩大业务规模，提升市场地位。合并使公司业务规模扩大，市场销售份额上升，并形成以轨道交通装备为核心，新能源、新材料、金融与服务和其他新产业快速发展的产业格局，为巩固并提升合并后新公司在国际高端装备市场的地位及市场影响力奠定重要基础。

二是实现技术资源和研发力量的有效整合，提高创新能力。将使中国南车和中国北车共享技术资源和研发力量，通过技术互补加快实现核心技术领域的突破，提高国产化率水平；统筹双方研发资源，避免重复研发投入，加快新产品开发速度；组织富余资源投入基础性研究、共性技术研究、前瞻性研究和多元化新兴产业研究，为提高合并后新公司核心竞争力和实现未来可持续发展奠定基础。

三是统筹布局，提高资源使用效率。在国内产业布局方面，合并后新公司将进一步实现生产基地的专业化和地域化分工，提高生产效率和交货速度；在国内外新增投资方面，将按照收益最大化原则，对资源进行合理配置，避免重复投资，提高资源使用效率，降低投资风险。

四是实现规模效应和协同效应。合并后新公司通过深入整合采购体系、销售体系、产品体系和财务管理体系，可以充分挖掘各个业务环节的规模效应和协同效应。

全球多个国家和地区已公布高铁发展规划，例如美国、墨西哥、欧洲等。而中国政府也提出“一带一路”（丝绸之路经济带和21世纪海上丝绸之路）发展战略，未来对外投资高达1.2万亿美元，已有近30个国家和我国洽谈高铁引进。而合并后的中国中车将成为中国高铁产业链输出及“一带一路”投资的主力军之一。

13.2　阿里模式：多元整合构筑创新能力

卓有成效的多元整合是阿里巴巴企业高速发展的核心推动力量。多元整合构筑了企业的创新能力，占领了世界网商发展的先机，也抢占了中国这个世界最大的市场。由此成就了网商帝国的地位。阿里巴巴企业发展包含以下几个重要整合元素。

13.2.1 客户资源整合

1999 年马云以 5 万元开始创业，当时中国的宏观经济形势严峻而又蕴含巨大潜力，中国和其他发达国家一样，都面临着信息技术带来的商机与挑战。中国在 1995 年加入世界贸易组织之后，迎来了成为世界工厂的现实。马云敏锐地认识到这对于中国电子商务发展的深刻意义。他绕开传统的收费入网模式，毅然推出了企业免费入网的概念，而这一概念为阿里巴巴的前期发展争取到了最大数量的企业参与。阿里巴巴一举成为全球最大的网上贸易市场和商人社区，为来自 220 多个国家和地区的 760 多万家企业和商人提供网上商业服务。

当初，为了最大限度整合客户资源，阿里巴巴网站在推进网上信息的时候主要考虑了四个理念：

第一个是“找商机”，为想要寻找商品的买家所服务的，只要输入商品名称即刻就会列出搜索结果。

第二个是“建公司”，为了帮助商家可以随时随地在国际网站上发布产品、公司信息以及图片，以便更好地宣传公司形象，找到更多的可能买家。

第三个是“交商友”，阿里巴巴网站推出了第一款专为全球商人打造的即时沟通软件 Trade Manager，只要双方在线上，立刻就可以进行信息交换，传送文件等，节约时间与成本。

第四个是“看商情”，这是可以在阿里巴巴网站上即时订阅的，它可以让商家轻轻松松地了解每日国际资讯，紧跟行业潮流，并且可以知道谁在购买公司产品。

另外，为了方便商家，阿里巴巴还提供了更多人性化的服务，比如教商家怎样在网站上与国外买家沟通、如何写外贸信函以及一些贸易技巧等。“B2B”的商业运作模式是阿里巴巴实现电子商务、推动企业业务发展的一个最佳切入点，而使企业获得最直接的利益就是通过降低成本和提高效率，所以从长远看这种商业运作模式能带来巨额的利润回报。每一个成功的商业公司都有一套最适合自身的商业运作模式，而商业模式的创新能让企业焕发出夺目的光彩，让自身与别的公司有不同之处，从而在激烈的商业竞争中占据有利位置。

13.2.2　资本的整合

从1999年用6分钟赢得孙正义4 000万美元的投资，到2014年在美国上市，阿里巴巴的这15年实质上就是资本运营的15年。

马云在1999年10月的一天，收到了摩根士丹利亚洲公司资深分析师古塔的一封电子邮件。邮件中古塔说有一个人想和他见面，建议他去会面。当时马云刚获得高盛500万美元的风险投资，正忙于阿里巴巴的建设，便忽略了这封邮件。几天过后，古塔又打电话催促马云，并一再强调这个人对阿里巴巴未来的发展非常重要，希望马云予以重视。于是，马云决定前往北京见这个神秘人物。

来到北京后，古塔才告诉马云这个神秘的人物就是孙正义。在此之前，孙正义已经投资了新浪、网易等互联网公司，并获得了可观的回报。此时的孙正义正在北京富华大厦召开一个投资人与经理人的见面会。马云与孙正义的见面被安排在1999年10月31日。刚刚完成一轮融资的马云可以说并不缺钱，他可以用第一轮融资的资金支撑公司运营一段时间。所以他们谈话的时候，马云并没抱着融资的想法，只是介绍了一下他未来想做什么。马云仅说了6分钟，在没有对阿里巴巴实地考察的情况下，孙正义决定向阿里巴巴投资4 000万美元，但是他要求占有公司49%的股份。见完孙正义，马云从北京回到杭州。与此同时，孙正义的团队也到了杭州。20天后，孙正义邀请马云赴日本东京继续商谈投资事宜。

第二次会面，马云提出了三个条件：第一，阿里巴巴只接受软银一家投资，不再希望其他投资人进来；第二，软银作为股东，不能只看眼前利益，不顾阿里巴巴的长远打算，必须以阿里巴巴的发展为重心，也就是说孙正义不要过分干涉阿里巴巴的运营事项；第三，请孙正义担任阿里巴巴的董事。之后，孙正义决定投资3 000万美元，占阿里巴巴30%的股份，但是拒绝了出任董事的要求，只同意担任阿里巴巴顾问。

但是在马云回杭州后，经过冷静思考，他担心软银持有阿里巴巴的股权比例过大，管理层股权被稀释后失去话语权。他立刻开始了同软银的重新谈判，最终孙正义同意投资2 000万美元。这对孙正义来说是投资经历中让步最多的一次。

2000年硅谷互联网泡沫破灭，纳斯达克科技股纷纷大跌，此时再从市场上融资已经非常困难。但是凭借着这笔融资，阿里巴巴度过了随后而来的互联网寒冬。

2003年5月，阿里巴巴投资一亿元人民币建立个人网上贸易市场平台——淘宝网。2004年10月，阿里巴巴投资成立支付宝公司，面向中国电子商务市场推出中介安全交易方面的服务。2005年8月11日，阿里巴巴收购雅虎中国全部资产，同时获雅虎10亿美元的投资，并享有雅虎品牌及技术在中国的独家使用权。

2014年9月19日，阿里巴巴在美国纳斯达克宣布上市，其IPO发行价为68美元，此次上市募集资金为217.6亿美元，是美股史上最大规模IPO，阿里巴巴也成为全球最有价值的科技公司之一。

13.2.3 人力资源整合

来自世界各地精英组合团队是阿里巴巴宏伟大厦的基石，助力阿里巴巴在短短十几年的时间里，从 5 万元起家的小公司成长到如此举世瞩目的大公司。阿里巴巴的成功，与完美坚固的团队组合、坚定不移的目标信念、CEO 马云的个人智慧密不可分。

马云表示，要实现“由中国人创办的全世界最优秀的公司”这一愿景，其前提是要具备一个伟大公司所必备的胸怀、眼光、全球化视野，以及拥有一支全世界最优秀的管理团队。

马云等高管团队目前仅持有阿里巴巴不到 10% 的股份，远低于软银和雅虎这两大股东。但董事局主席马云曾向港交所公开摊牌，要让高管团队控制公司董事会，并高调宣布阿里巴巴合伙人制度，将这一公司治理方式赋予了“文化”和“传承”的含义。

声明中披露，这项合伙人制度已经存在 3 年，而合伙人的产生必须基于在阿里巴巴工作 5 年以上，具备优秀领导能力，高度认同公司文化，对公司发展有积极贡献，愿意为公司文化和使命传承竭尽全力。

这也意味着，阿里巴巴未来将在公司内部坚持这种特殊的安排。按照此前华尔街日报的报道，这个合伙人方案是在公司章程中设置的一项特殊条款，阿里巴巴董事会的大多数人选，由合伙人提名给股东会投票；若股东们否决提名，合伙人可继续提名。

马云表示，公司的发展依靠引进优秀人才，特别是比自己优秀的人才，这就需要建立各类人才共建共享的文化价值观体系。在招股书中，阿里巴巴也曾强调，文化对公司的成功有着至关重要的作用。阿里巴巴是一家互联网公司，为年轻的消费者和小企业服务，倡导因为信任所以简单，也倡导多样性的开放和交融。阿里巴巴既需要对使命、对客户价值的坚持，还需要孕育生长出更适合未来想象力与美好改变的土壤。

13.2.4 技术资源整合

阿里巴巴是 IT 科技公司，其高速发展的基础是掌握了最新的电子商务技术，无论是电子商务平台——淘宝、天猫的建立，还是支付宝等电子支付平台的研发，其人性化的设计，方便、安全的技术，都整合了当代IT技术的前沿科技成果。

2008年开始，阿里巴巴诚信安全部已整合阿里旺旺、客户服务部等集团内资源，搭建国内首个网络安全联动平台，对诈骗信息进行分析，通过系统和人工结合的方式，对中奖信息进行监控过滤和处理，处理了近千万中奖诈骗信息。

对于欺诈和不诚信的客户，阿里巴巴建立了黑名单数据库，一旦榜上有名，立即清除。通过与认证公司的进一步合作，诚信通和中国供应商会员的认证机制得到不断完善。通过对不法分子行为的分析，构建网站安全监控系统，对异常行为进行实时监控和及时预警。

阿里巴巴与微软、思科、IBM、Oracle、DELL、华为、联通、方正等IT巨头结成战略合作伙伴，共同发布了亚洲首个“软件互联”平台，为阿里巴巴6 000万个线上中小型企业提供在线的企业管理软件。该在线软件，可为没有品牌和互联网经验的中小企业提供数据管理，包括财务数据处理等，相当于一个数据银行，同时为其设立服务器。中小企业可以获得简单、安全的企业管理软件。阿里巴巴软件中自主研发的企业管理软件占据了63%的用户群。

13.2.5 跨界资源整合

2014年初，阿里巴巴集团宣布将以53.7亿港元对银泰商业进行战略投资。双方将打造一套打通线上线下的商业基础设施体系，并将组建合资公司。

这是阿里巴巴集团截至此时在线下最大的一笔投资。阿里巴巴在线下的投资主要围绕O2O和物流展开。在此之前，阿里巴巴还投资了菜鸟网络、海尔电器旗下日日顺物流等公司。过去阿里巴巴是平台思维，但纯平台业务具有局限性，投资物流、百货，可以放大平台业务。

投资和收购最大的挑战是整合，形成合力。在线下的投资，由于涉及传统业上下游环节，双方的整合、对接更为不易。阿里巴巴正从平台电商向多元化电商延伸，围绕平台电商转型进行投资。在阿里巴巴所有布局背后，电商平台面临升级。

2014 年初，阿里巴巴宣布 ALL IN 移动电商、手机淘宝将向移动商业转型。阿里巴巴进一步和实体业务结合。

阿里巴巴还联合银泰集团、复星集团、富春集团、顺丰、申通、圆通、中通、韵达组建物流公司菜鸟网络。以 28.22 亿元港币投资海尔电器，阿里获得海尔电器 2% 的股份，以及旗下日日顺 9.9% 的股权。阿里巴巴在线下的投资涉及产业链上下游，主要围绕 O2O 和物流展开，而最后一公里的物流是 O2O 的重要一环。

阿里巴巴与银泰的合作，从营销、库存、支付、会员体系等多个方面进行，其中共享商品数据库，商品信息在线上和线下都能查询使用。双方探索构建的这套体系对社会开放，对于零售业来说，会员支付和最终商品信息呈现流程的改变，是所有零售业面临的共同问题。

2011 年 1 月 19 日，阿里巴巴集团在北京发布其物流战略，马云表示将与合作伙伴共同投资 1 000 亿元发展全国物流系统。阿里只做两件事：第一，帮助管理订单系统；第二，买地建仓库提供给卖家。对于物流系统的运营模式，马云在发布会上表示不抢快递业的生意，希望帮助诞生中国的 UPS。该项目一期将投资 200 亿元建设全国仓储体系，覆盖东北、华北、华东、华南、华中、西南和西北七大区域。马云希望，十年以后在中国任何一个地方，最多八个小时货物就能送到家。

2010 年，阿里巴巴集团就开始对物流加大投入力度，先后投资了星晨急便和百世物流两家物流企业。阿里巴巴将整合产业链上各个环节，体现供应商的核心价值，为消费者提供服务，同时自己不会参与到仓内管理，任何物流企业、淘宝网的卖家、独立的 B2C 电子商务网站等都可以使用阿里仓储的公共服务。

2015 年 1 月 28 日，马云表示目前正在研究与韩国物流企业的合作方案，并有意投资韩国和中国政府共同推进的“文化基金”。

13.3 泰康模式：整合核心资源提升资产价值

泰康人寿是以寿险为核心业务的保险公司。保险、医疗、养老是实现人类幸福生活的三个重要元素。泰康人寿近年来抓住这三大关联性产业，实施产业链延伸整合战略。

进入养老领域，是泰康人寿发展的核心战略之一。养老事业是最适合人寿保险公司延伸产业链的一项业务，也是中国未来老龄化社会问题日趋严重时最有价值的商业机遇。在泰康人寿董事长陈东升的计划里，到 2025 年，将投资 700 亿元在全国推出 15 个连锁养老社区项目，范围涉及北上广等一线城市及新兴经济区、经济带。

继泰康之家北京燕园、上海申园、广州粤园医养生活体验馆先后开馆之后，2014 年 9 月 2 日，泰康人寿在北京燕园启动的“全球医疗直通车”服务，与国际顶级医院约翰霍普金斯医疗系统建立国际转诊绿色通道，拓展国际顶级医疗资源。泰康的创新医养融合模式，首次将美国健康管理模式引入国内，启动“全球医疗直通车”，通过整合医疗保险与医疗服务，打造保险、医疗、养老社区一体平台，构建具有人文精神的综合医养新体系。

作为管理资产 6 000 亿元、拥有 1 亿客户的大型保险集团，泰康人寿以“活力养老、高端医疗、卓越理财、终极关怀”四位一体为核心，整合商业保险和医疗服务，创建医教研一体化的新型医疗体系，践行“大幸福工程”。

在国内，泰康人寿与多家顶级三甲医院在合作办医、双向转诊、绿色通道、专家会诊等方面建立合作关系，同时，为降低医疗成本，提升社区居住者的健康质量，北京燕园与北京多家三甲医院建立转诊绿色通道，完成了“三甲医院临床诊疗＋社区二级康复医院＋CCRC持续关爱养老社区”三个层次医养服务体系的搭建，引进了最具人文精神的医疗体系，实现与国际一流医疗资源的对接。泰康坚持同一标准的服务，建立全新的多层次、全方位的健康管理模式，形成预防保健—疾病治疗—慢病康复—养老护理全过程健康管理的闭环模式。

“四位一体”的商业模式是泰康人寿独创的跨医疗、养老、健康等多领域的创新型养老模式，包括“活力养老、高端医疗、卓越理财、终极关怀”四大板块。它代表全产业链养老的潮流趋势，是匹配品质养老消费需求的终极模式。“活力养老”从人文关怀角度出发，倡导全新的生活方式，改变人们对生命的态度。“高端医疗”是将顶级的医疗健康服务、高水准的医疗组织、齐全的医疗保险全面整合，让老年生命无后顾之忧。“卓越理财”是依托泰康人寿优异的投资能力，为客户进行全方位财富管理，实现税务安排合理、财富保值增值及家族财富传承。“终极关怀”是打造灵魂栖息地，让后代继承前辈的精神力量，让宝贵的精神永世留传。四位一体中卓越理财是本质，活力养老和高端医疗是需求的体现。四位一体是老年生命链产业整合的大幸福工程，它具有持续性、协同性、超越性、集合性。

泰康之家养老社区定位是“世界级标准医养活力社区”，很显然，“医养”成为核心关键词。泰康之家致力于打造中国市场化医养产业第一品牌，泰康人寿医疗产业布局，着力三大方向。

一、打造多层次医疗健康服务体系。主要是引进顶尖国际医学中心的技术和人才等核心资源，投资养老社区配套康复医院，在重点城市新建体检中心及门诊等。

二、将在北京、上海、广州等大型城市拓展顶级医疗中心。

三、打造“医教研一体化”的高品质医疗体系。以科研创新为依托，以人才培养为支撑，以三级医疗网络为骨干，建立起研究型综合医院、大专科小综合的特色医院和社区门诊网络协同发展的高品质医疗体系。

13.4 宏基模式:“超国界企业”的整合创新

依靠一系列的全球整合措施，宏基集团拥有强大的全球运营能力，成为全球 PC 市场的领军企业之一。在宏基集团（Acer Group）的台湾总部，一张世界地图中各个国家的版图上插满了小旗，这些旗子上标明了宏基在这些国家的市场地位。不仅如此，宏基已经实现了全球整合运营。宏基集团的 6 600 名员工分布在全球 100 多个国家和地区，其供应商和代工企业遍布世界各地。

“超国界企业（Transnational Corporation）”是一种新型的、打破国与国界线的联合企业。它要求市场和资源在全球范围内分配，领导层国际化，领导成员和经理人员由不同国家的人员担任。宏基正在成为华人企业中最成功的全球化超国界企业之一。

13.4.1 渠道整合，实现商业模式变革

在 2000 年前后，戴尔的直销模式如日中天，利润率达到了 8%。相反，这一年宏基年报亏损，其他国际品牌厂商都跟随戴尔转向直销模式，或者经销和直销模式兼用。而宏基集团认为，世界上没有一种商业模式可以占领整个市场，即便戴尔占领了 70% 的市场，剩下的 30% 仍然很大，虽然当年宏基仅占全球市场的 2.8%，排名全球第七。

在直销模式盛行之际，大型的电脑经销商有被抛弃的感觉，生存受到

了极大的威胁。这个时候，宏基提出了联合渠道商分享价值链的“新经销模式”。

新经销模式中，宏基不参与物流。所有的产品按照宏基的指令直接送到经销商和客户手中，不但避免了仓储和物流成本，也加快了市场反应速度。宏基借助互联网技术，让经销商和供货商分享统一的数据平台，宏基每天能清楚地看到各地经销商的销售量和销售速度。为了建立与渠道商的信任关系，宏基只采取经销模式，不独立建设销售渠道。

2007 年以后，整个 PC 行业由于产品的同质化，除了苹果等少数品牌，已经不能通过技术优势获得高附加值了。高效的运营模式成为行业制胜的关键，而宏基为求生设计的新经销模式正契合了这个趋势。新经销模式不但使宏基起死回生，更是大大超越了直销模式。

13.4.2　团队整合，建立简单敏捷的决策机制

宏基九人决策小组每两周一次透过视讯会议，一边看数字报表，一边越洋开会。九人小组中，坐在这间“战情室”弧形办公桌前的，只有三个人。而促成宏基五千多亿新台币销售额的所有决策，都在这狭小的会议室和无边宽广的网络上完成。

基于 IT 市场的瞬息万变，宏基不断简化自身的决策体制，正如建立九人决策小组，包括董事长、CEO 以及六个大区公司和事业部的负责人，这个小组对宏基的重大事件做出决策。

这个架构又被分为前端和后端，前端是大区公司的销售部门，后端是产品支持部门。宏基的决策机制极为简洁，保证了自身在全球 IT 生产领域拥有快速的反应能力。宏基的决策本身是一种集体决策，它的文化更强调简洁快速决策，尽快纠正错误，而不是去过分地追究个人责任。

为了理清企业内部各部门的责任，宏基对内部核算制度进行了改革。将台湾总部作为一个纯粹的成本中心，各个区域公司则作为利润中心。总

部变为成本中心之后，如果各地区认为其成本太高，总部就要想办法降低成本。全球运营只赚一次钱，就是各地销售单位赚的钱。创造利润的责任就完全落在各地区销售单位的身上，宏基提供激励措施鼓励它们为公司赚钱。

为了强化全球范围的运营能力，宏基改造了区域公司的架构。此前，宏基在每一个国家的分公司就像是一家独立的公司，拥有自己的库存和营销策略。调整之后，分公司就转型为单纯的销售据点，经营和决策全部都集中到总部来负责，使得供应链的效率大幅提升。

集中管理，全球范围内调配资源是超国界组织运营能力的核心，宏基对于原先分散的权力体系进行的改造，解决了全球资源整合的问题。

13.4.3 企业文化整合，实施文化变革

在创业时期，宏基树立了“人性本善”的企业文化，给员工更多的发展空间，去发展自己想发展的业务。对员工的评价也是比较重视价值观和过程等，鼓励大家去“拼天下”。

全球化给宏基的企业文化带来挑战，来自不同国家和文化背景的高管团队、员工，每个人都会有自己的价值观，而企业不可能在价值观上无休止地争论下去。尽管远程管理可以了解过程，但企业领导者也不可能对全球100多个市场的运营过程做出判断。因此，在全球市场大幅扩展的时候，宏基在整合企业文化上也实施了大幅的变革。

分享。宏基以前一直强调奉献精神，整体的薪资水平不高。在实现全球运营之后，宏基改变了薪酬策略，强调员工薪酬水平要具备市场竞争力。宏基之所以能吸引诸多外籍人士参与管理，是因为宏基视他们为合作伙伴，提倡分享这一合作理念。这种能当家做主、有上升通道的文化，使外籍高管更有主人翁意识和成就感。

信任。宏基的国际化团队更多的是从内部提拔的，大多数高管在宏基

内部已经服务十多年，通过层层选拔，他们不但能用业绩说话，更能在长期合作中建立信任。宏基的九人决策小组中，有六人属于海外军团，分别来自意大利、法国、瑞士、德国、奥地利和马来西亚。

沟通。宏基发现，一个国际化的团队沟通需要一系列的规则，宏基强调的是以数字为基础的沟通。因为国际化企业只能用英语沟通，但同一句话对意大利人和中国人来说，理解可能有所不同，所以宏基尽量用数字而不是语言来沟通。

作为沟通基础，宏基内部的财务报告、销售报告、物流报告，格式中各个关键字都做了很仔细的定义和规范，尽量避免沟通的歧义。

宏基每隔几个月就会对流程进行反思，对组织和流程的不断简化，使宏基形成了快速的反应速度和超出同行的高效率。同时，宏基也对企业文化进行了深入的反思，他们认为数字化、简单化、结果导向是企业全球整合运营所不可避免的，否则企业就失去了统一的评判标准。而宏基在文化上强调的信任和分享机制，使其赢得更多优秀的人才。

13.4.4 树立全球整合观念

当前，跨国企业非常注重在全球范围内实现资源的最佳配置，并逐渐向“以全球为市场，以全球为厂家，以全球为车间”的全球整合企业转变。宏基正是全球整合企业中最优秀的一个。

2007 年 8 月，宏基宣布以 7.1 亿美元并购了美国第三大电脑生产商捷威（Gateway），随后又收购了在欧洲部分地区颇受欢迎的品牌 Packard - Bell。两项收购使得宏基品牌的产品线更加完整。

宏基已经超越了企业国际化的阶段，实现了全球整合运营。在这种全球运营的能力背后，是宏基全球运营的商业模式、国际化管理团队、简单的决策机制、伙伴共享的企业文化、全球化的思维以及适应产业发展的速度和效率。

13.5 慕思模式：聚焦全产业链整合创新

13.5.1 品牌概述

慕思寝室用品有限公司成立于2004年，定位为全球健康睡眠资源整合者，专业致力于人体健康睡眠研究，从事整套健康睡眠系统的研发、生产及营销，将人体工程学和睡眠环境学融入寝具的设计中。

慕思是全球健康睡眠系统的首创者、中国健康睡眠产业的领导品牌、全球健康睡眠资源的整合者、中国发展速度最快的品牌，目前在全球已经拥有1 600多家专卖店。慕思与瑞士DOC、比利时Artilat和RAKO、德国Otten、意大利Figino、意大利Bedding S. R. L和LAMBORGHINI等国际优秀寝具供应商建立了长期合作关系。

慕思确立了“整合全球资源，成为全球最受尊重的健康睡眠品牌引领者”的愿景，以“让人们睡得更好”为使命，竭力为消费者创造完美、健康睡眠的福利，创造了软床行业一系列优秀的国际化品牌，旗下现拥有慕思·歌蒂娅、慕思·凯奇、慕思·0769、慕思·3D、慕思·V6、慕思·爱迪奇、慕思·苏菲娜七大自有品牌。

如今的慕思已成为消费者所熟知的健康睡眠理念的倡导者，已经连续多年成功举办了全球健康睡眠文化之旅活动，旨在向国人普及健康睡眠理念。2012年3月，慕思携手卫生部举行了“全球健康睡眠高峰论坛”并发布了第三代慕思健康睡眠系统；2012年8月，慕思发布了全球首张睡眠音乐碟以及睡眠音乐枕，标志着慕思在健康睡眠研究领域进入了一个全新的时代。

13.5.2　慕思理念：用睡眠品牌整合全球资源

2015 年 1 月 19 日，科隆国际家具展（Imm Cologne）在德国科隆国际展览中心盛大开幕。慕思德国公司携慕思寝具旗下品牌 3D、凯奇、0769 强势入驻科隆国际展览中心 HALL5. 1 STAND060。

本次展会慕思隆重推出全球首套智能自适应健康睡眠系统——T7 测试系统，T7 智能自适应健康睡眠系统由慕思位于比利时鲁汶大学的健康睡眠研究中心历时四年研发而成，是目前睡眠领域最先进的智能调节系统。

从 2011 年在悉尼开设 1 号店，到墨尔本旗舰店的开业，慕思已经成功地在澳洲开设了 9 家专卖店。慕思将澳洲作为开拓海外市场的桥头堡，采取特有的品牌推广模式，并先后解决了产品、品牌推广和连锁模式的适应问题，摸索出了一条慕思品牌海外本土化的道路。如今慕思在澳洲本土拥有的消费者比例已经超过 50%。

13.5.3　注重人文关怀：倾力传播健康睡眠文化

慕思关注健康睡眠文化的传播，从文化角度影响人们的生活，提高人们的幸福生活指数。

每年的 3 月 21 日，慕思都会举办“世界同睡的一天——3. 21 大型公益倡导活动”，联合国家卫生部、世界睡眠医学联合会、澳洲睡眠协会、欧洲睡眠研究会、亚洲睡眠研究会等全球协会组织及医学专家、睡眠研究专家论道健康睡眠。世界睡眠日在进入中国人的视线，被人们所熟知的同时，也引起了国际上的广泛关注，而为了将健康睡眠文化在海外进行广泛的传播，慕思也下足了功夫。

在 2012 年慕思全球睡眠文化之旅 · 澳洲站期间，慕思携手中国驻悉尼总领事馆、中国医师协会、澳洲香薰公司 Air - aroma 等相关代表及悉尼大学睡眠研究教授沙利文、澳洲睡眠专家 Auther 举办澳中睡眠论坛，共同探讨“睡眠影响世界”及当今世界睡眠产业的发展。2014 年 11 月，慕思第六届全球睡眠文化之旅重回澳洲，慕思公司全程参与澳大利亚首届中华文化节暨慕思亚太睡眠文化节闭幕式。同时，中澳商务论坛以及慕思首届亚太睡眠文化节、慕思之夜澳洲情中国梦音乐会接连上演，为弘扬中国文化、传递中国梦精神做出了重要贡献。

13.5.4 慕思核心力量：整合最前沿的睡眠新技术

慕思“健康睡眠系统”的提出，颠覆了传统寝具行业对睡眠的认识，并引发了寝具行业对“睡眠”的重新思考。

慕思健康睡眠系统从“眼耳鼻舌身意”六根出发，多方面营造完美的睡眠环境，整合全球资源来打造产品。慕思健康睡眠系统可以根据扫描人体获得精确的数据进行适配，在 50 个模块的数千种产品组合中，量身定制出个人专属的健康睡眠系统。

当人躺在 T7 智能自适应健康睡眠系统上，它会自动感知不同睡姿产生的不同人体压力，迅速做出数据输出，调整从肩部到大腿等 8 个部分支撑区域床垫的软硬度。平躺的时候，腰部需要少量支撑，臀部需要下陷，人体压力测试系统会自动将测试数据反馈到智能控制中心，由智能控制中心下达指令让自适应系统将腰部调节的稍硬一点、臀部调节的稍软一点；侧卧的时候，人体压力测试系统迅速重新进行压力测试分析，指示自适应系统将肩部调节的软一点、腰部调节的硬一点、臀部调节的软一点；斜侧卧的时候，人体压力测试系统再次迅速重新进行压力测试分析，指示自适应系统做出相应的调整。

定位为全球健康睡眠资源整合者的慕思，引进多项世界先进的寝具制造材料和技术。公司聘请法国设计师作为首席设计师，设计理念源自欧洲，致力于将人体工程学和环境优化科学等融入寝具的设计中，先后引进了意大利的Technogel新概念高科技床垫材料、比利时的Rako床架、德国的Otten睡眠系统、意大利Salvadori的床架、ARTILAT N. V公司的乳胶床垫、意大利兰博基尼寝具的高科技床垫、瑞士DOC公司的排骨架测试仪、澳大利亚开发芳香产品与精油的Air - aroma专业公司，慕思把这些全球供应商资源、技术整合到一起，首创了全球“健康睡眠系统”，把慕思打造成了“健康睡眠”生活方式的代名词。

13.5.5 慕思市场策略：整合营销资源

（1）整合概念。睡商（SQ）是一个反映睡眠质量高低的指标，它与情商、智商构成决定人生的三大主要因素，睡商直接影响着情商和智商，然而，睡商却被公众有意无意地忽略，为了进一步普及健康睡眠知识，唤醒公众对睡眠的重视，慕思积极推动睡商让更多国人认识。

“睡商”已经是一个在国际上通用的标准，但在国内还未被普及，慕思作为全球健康睡眠资源整合者，不仅只整合全球的优质资源打造量身定制的健康睡眠系统，同时也致力于全球健康睡眠文化的整合。将“睡商”引入到国内，让国人清晰地知道自己的睡眠状况如何，给国人一个评价的标尺。

（2）整合大数据。为了唤醒公众对睡眠的重视，慕思在2013年世界睡眠日来临前携手五大知名网络媒体以及南都娱乐周刊开展了“全民睡商大调查”，并在世界睡眠日前一天（3月20日）携手陈坤、海清、李冰冰、邓飞等数十位一线明星及企业家发布了国内首部《中国睡商白皮书》。

这本《中国睡商白皮书》创下了睡眠领域调查的“四宗最”：调查人群样本最多，共计有超过50万的网友参与了此次的全民睡商大调查；调查区域覆盖最广，参与调查的群体遍布全球128个国家；信息最真实可靠，此次调查由慕思联合五大主流网络媒体和《南都周刊》共同努力完成；最具参考价值，这是慕思首次将“睡商”概念引入国内，让睡眠更容易为大众理解，也让公众有了评判自己睡眠状况的标尺。

据白皮书显示，接受调查的人群中，一半左右的人23点至凌晨1点才能入睡，24%的人经常失眠，其中企业主、白领、高管、金融业和公务员等群体是失眠高发群体，超过50%的企业主经常性失眠，47%的企业主、42%的高管、55%的白领睡眠时间仅维持在6小时以下，40%左右的儿童、青少年无法保证足够的睡眠时间。

（3）整合品牌。一是整合企业内部品牌。现旗下拥有慕思·歌蒂娅、慕思·凯奇、慕思·0769、慕思·3D、慕思·V6、慕思·爱迪奇六大风格鲜明、产品配置齐全的系列品牌，可根据不同风格进行量身定制。二是整合外部品牌。慕思加入国内首个泛家居联盟，使冠军联盟的产业布局更加成熟完善，自此，由欧派家居集团、东鹏瓷砖、大自然地板、雷士照明、万和热水器、华润涂料、慕思寝具七大冠军品牌，共同组建的泛家居产业“非常6+1”格局成形。

（4）整合多种行销策略，形成市场竞争力量。纵观慕思的市场营销，可以发现其手段、策略多种多样，行销方式灵活多变，几乎国际、国内每个企业营销的机遇他们都不会错过，而且总能表现出与众不同风采，取得良好的市场效果。

在国际睡眠文化节期间，慕思举办多场睡眠文化展，与消费者一起体验“健康睡眠”文化，同时慕思有关健康睡眠文化的微电影，也在慕思卖场以及全国千家家居大卖场播放。文化节期间有众多回馈消费者的健康睡眠文化活动，邀请慕思全球寝具供应商以及国内外的专家学者，共同探讨健康睡眠的意义，传播健康睡眠理念，倡导人人重视健康睡眠。

（5）健康睡眠万里行等活动。近年来，慕思推动了中国软体床行业标准的制定及实施。慕思以“唤醒国人的健康睡眠”为己任，积极开展各种普及健康睡眠的活动，通过“欢乐中国行·慕思唱响健康睡眠”、“慕思全国健康睡眠万里行”、“慕思欧洲睡眠文化之旅”、“世界睡眠日公益倡议”等活动的持续开展，逐步在中国掀起了普及健康睡眠理念的热潮，促使人们开始关注生命中最重要的三分之一——睡眠。

（6）“健康睡眠”惠民计划的普及。为加速“健康睡眠”的普及，提升“健康睡眠”意识，慕思从加盟“冠军联盟”、携手卫生部举办“世界睡眠日”、发布“全球第三代智能化健康睡眠系统 T－5”、邀请消费者“足 GO 精彩伦敦奥运游”，到昆明、天津、武汉、长沙四站巡演为“世界睡眠文化之旅·澳洲站”助阵，再到慕思·V6 推出“超级体验价”，慕思一直都在行动。

（7）整合网络视频资源。2012 年岁末，在爱奇艺、乐视、优酷和 56 视频等各大视频网站点击率排行榜上，一部名为《床上关系》的微电影上线仅仅一周便进入前三甲。这部由慕思出品、张元执导的首部网络贺岁大片《床上关系》，网络上线半年，总播放量突破 1.4 亿次。

继微电影《床上关系》上线获得 1.4 亿次的点击量之后，慕思寝具联合出品了第二部微电影《一睡成名》。接着，慕思又推出了第三部微电影《艳遇》，上线半个月就获得了 7 000 万次的点击量。

这三部微电影呼吁全社会一起重视休息，一起救赎爱情、家庭、生命，但其背后暴露的是，这个床垫企业试图通过整合“大睡眠文化”的概念，从一个传统的软床家居领域，跨界进入健康产业。

（8）整合营销渠道。慕思以“全球健康睡眠资源整合者”的高度，整合渠道资源，整合了全球二十多家顶级供应商资源和国内近 2 000 家专卖店。

慕思通过品牌渗透建立消费者口碑传播渠道。每年圣诞节、感恩节等特殊日子，慕思要给几十万个客户寄送礼物，如情侣毛巾、“慕思全球睡眠文化之旅”的免费出国体验机会等。这种跟进服务的模式，使得客户在使用其产品几年后，仍有专业人士提供上门服务。正因如此，慕思的顾客转介绍率达到 38%～65%。

13.6 万达文旅产业链模式：构建高规格战略联盟的整合创新

2014年12月23日，万达商业在中国香港上市，在文化、旅游领域进行转型。如今万达已经以千亿元投入文化旅游地产，分别在长白山、西双版纳、哈尔滨、青岛、无锡、合肥等地打造国际一流水准的文化旅游度假区，发展规划是在全国建设十个各具特色的万达城，然后形成完整的产业链。

万达的每个文化旅游项目，都几乎整合了人们文化旅游方面所有高端消费项目，统一规划为文化、旅游、商业、主题公园、酒店、会议中心六大内容，以室内项目为主，其中，文化项目内容包括大型舞台秀、电影科技娱乐、名人蜡像馆、美术馆、电影城等项目。旅游项目包括室内主题公园、室内水上公园、室内儿童科技馆等。

在外部资源整合上，万达首先抓住客源问题这个核心，对客户资源型的旅行社进行整合。先后并购湖北新航线国际旅行社、北京环行五洲旅行社等，其并购对象遍布全国。

13.6.1 以人造经济为核心，廉价获取优质资源

以长白山文化旅游地产项目为例，该项目位于长白山脚下，开发用地主要为林地和弃置地。万达系的进入给当地带来了一个绝佳的发展机遇。

区域内所有的道路建设、市政配套，如供水、排水、供暖、电力、燃气等市政管网的覆盖，都由万达在内的六万股东来完成。除此之外，六万股东还要承担行政中心、医院、中小学幼儿园等建设。这相当于投资方承担所有的投入在原地起一座新城，形成了人造经济的一大典范。

与滑雪场等体育运动项目所在的南区相比，以行政、居住为主的北区，其公共设施的建设投资任务更为繁重。通过对基础设施的承建，有效地解决了地方政府的财政难题，同时提高了政府的形象。

13.6.2　开放合作，构建战略联盟，形成资本投入壁垒

长白山国际文化旅游度假区是万达进入文化旅游地产的首个项目，从这个项目开始，万达首创了牵头民营企业打造文化旅游地产的成功案例。参与投资该项目的万达集团、泛海集团、亿利资源集团、一方集团、用友集团和联想集团都是中国民营企业的翘楚。在该投资联合体中，万达投资占到51%，其他5家共投资49%。该项目由万达牵头并实际操作。

13.6.3　全国布局，整体规划，打造全国优质文化旅游资源

万达集团对于文化旅游地产的投入，通常都是大手笔，当然对集团的统一运营能力也提出了较高的要求。由于开发面积巨大、资金投入庞大等原因，万达集团的文化旅游地产项目均是由商业地产公司下属的商业研究院进行统一规划，对于在全国具有稀缺性资源的地方布局文化旅游度假地产。这些项目通常位于荒芜地区，在进行盈利型地产业建设的同时，进行道路建设，市政配套，行政、医院、学校的建设，以此打造全国优质文化旅游资源，形成对不可多得的稀缺资源的快速抢占。

13.6.4　系统设计，以我为主整合产业链

万达文化旅游地产项目中，每个度假区都包括主题公园、五星级酒店群、剧院、演艺中心等模块，由万达集团的业务单元经营，同时主题公园引进国外的设计力量和其他运营主体。通过系统设计，采用自我经营与引

入战略合作伙伴两种方式并行运作，以我为主打造文化旅游地产产业链，在增强自我收益的同时，强化对产业链的控制力。

13.6.5 筑巢引凤，回归主业，加速资金流转，放大自我收益

在文化旅游地产项目开发中，万达有几大特点：一是土地整体获取，分段开发，部分地块引进中小投资者，快速回笼资金；二是先进行基础设施开发和核心地块项目开发，吸引二级开发商；三是以土地合作开发的模式吸引中小型开发商，来推动项目的快速建设和利润快速回报；四是掌控商业地产核心资源，以形成项目的长期回报。

同时，万达在不同项目中采取一些特色化的操作手法，如住宅销售是文化旅游度假区初期建设阶段主要的收入来源，但万达在长白山项目北区一期住宅项目销售中却采取了平价销售策略，以此吸引合作伙伴和提升项目人气。

13.6.6 订单式基因移植，强化集团核心竞争力

万达以全国独创“订单地产”模式形成自己独有的核心竞争力。万达已经与全球数十家跨国企业签署联合发展协议，与全球众多500强商业巨头和国内顶尖商业连锁企业结为战略合作伙伴，总体合作商家超过5 000家。

万达把其擅长的商业地产“订单模式”灌注到了文化旅游地产当中，在长白山项目中，滑雪场、高端绅士运动、六所酒店、欧洲小镇、民营企业家论坛中心、万达娱乐中心等项目，商家早已经与万达形成战略伙伴的关系，立项之初就已签约。在万达文化旅游地产的背后是柏悦酒店、威斯汀酒店、希尔顿酒店、凯悦酒店、喜来登酒店、万千百货等联盟的战略支持。订单式文化旅游地产让万达降低了运营风险，同时成为万达文化旅游地产的市场竞争利器。

第四篇
区域经济与国际合作的整合创新

第14章

产业集群模式的整合创新

14.1　产业集群理论

迈克尔·波特（M. E. Porter）1998年发表了《集群与新竞争经济学》一文，系统地提出了新竞争经济学的产业集群理论。并解释了产业集群的含义，认为集群是特定产业中互有联系的公司或机构聚集在特定地理位置的一种现象。集群包括一连串上、中、下游产业以及其他企业或机构，这些产业、企业或是机构对于竞争都很重要，它们包括了零件、设备、服务等特殊原料品的供应商以及特殊基础建设的提供者。集群通常会向下延伸到下游的通路和顾客上，也会延伸到互补性产品的制造商以及和本产业有关的技能、科技或是共同原料等方面的公司上。最后，集群还包括了政府和其他机构，像大学、制定标准的机构、职业训练中心以及贸易组织等。波特认为，集群通常发生在特定的地理区域，产业的集中发生，原因是地理因素，集群由于地理接近，可以使生产率和创新利益提高，交易费用降低。一个国家在国际上具有竞争优势的产业，其产业相关企业在地理上多呈现出集中的趋势，通常聚集在某些城市或某些地区。集群的规模，可以从单一城市、一个州、一个国家，甚至到一些邻国联结成网络，集群所具有的不同形式，要视其纵深程度和复杂性而定。

产业集群作为一种为创造竞争优势而形成的产业空间组织形式，具有的群体竞争优势和集聚发展的规模效益是其他形式无法比拟的。目前，从世界范围看，产业集群化已是一个非常普遍的现象，国际上有竞争力的产业大多是集群模式。由于产业集群内的企业和其他机构聚集在某一特定区域内，而且存在创新的条件和环境，如果各行为主体间的创新活动能够以网络或系统的联系方式出现，产业集群和区域创新体系就构成必然的联系。

14.2 产业集群与区域创新的关系

产业集群与区域创新体系二者之间的关联性体现在以下几个方面。

14.2.1 地域关联

区域创新体系和产业集群均属于区域经济领域研究范畴，其研究范围均局限于特定区域范围内。在我国，国家层面下的地理区域通常与行政区域具有合一性。因此，通常意义上的区域创新体系更多是指省级创新体系或地区级创新体系。当前，以长三角为典型的跨区域创新体系打破了行政区划界限，实现了在更大范围、更广领域和更高层次上的整合和优化配置科技资源。由于特定的历史条件、地域特性和产业特性的有效结合，产业集群往往在特定区域出现，具有明显的地域性，成为目前区域经济发展中产业布局的新形式。在一定的地理区域内，以产业集群为基础、按照一定的制度安排组成的创新网络与机构，可以构成次一级的区域创新体系。在这一意义上，产业集群成为区域创新体系的重要载体。

14.2.2　结构关联

企业、大学、中介机构等创新主体及环境要素具有很大的重叠性。产业集群的核心单元是企业群和相互依存的企业网络；区域创新体系的基本主体（大学、企业、政府和中介机构）如果位于集群区域，往往也成为构成产业集群的主体要素，否则就构成产业集群发展的外部环境。通过构建主体间的网络联系和学习机制，创建本地的专有因素，是产业集群和区域创新体系建设的共同点。此外，区域内共有的知识、技能、人才、市场、公用设施及地域的专有文化等要素本身就构成区域创新的必备条件，同时也是该区域内众多创新者寻求外部性的动因。

14.2.3　功能关联

区域创新体系的主要功能是促进新知识和新技术的生产、扩散和应用；产业集群实现创新的主要途径是建立有效的合作网络、促进知识在本地扩散流动。从这一意义上讲，产业集群和区域创新体系在促进知识流动和技术扩散上的功能具有很大的重叠性。区域创新体系强调要促进本地创新要素（企业、大学、科研院所、中介机构等）的互动，并通过促进创新主体的良性互动对产业集群发生作用，产业集群内部的技术创新和扩散也是企业互动作用的结果。因此，促进区域内的知识流动和创新主体互动是区域创新体系和产业集群的共同功能。

14.2.4 目标关联

区域创新体系建设的直接目的是促进资源的有效配置，促进产业的创新和发展，最终目的是提高区域创新能力，形成区域竞争优势。产业集群体现特色产业与区域经济的有机结合，其目标是通过企业集聚形成外部经济，显著降低创新成本，提高产业和区域竞争力，与区域创新体系建设的目标紧密相关。产业集群是区域创新体系建设的基础和有效途径，产业集群的多样性和特色正是区域创新体系的活力所在。积极培育和推进地方产业集群已成为目前区域创新体系建设的重点和政府制定政策的着眼点。

14.3 产业集群的三种形式

按照集群的产业性质，可以将产业集群分为以下三种类型。

一是传统产业集群。它以传统的手工业或劳动密集型的传统工业部门为主，如纺织、服装、制鞋、家具、五金制品等行业，大量的中小企业在空间上集中，形成一个有机联系的市场组织网络。在这种产业集群内，劳动分工比较精细，专业化程度较高，市场组织网络发达。典型的例子是意大利的特色产业区。

二是高新技术产业集群。它主要依托当地的科研力量，如著名大学和科研机构，发展高新技术产业，企业间相互密切合作，具有强烈的创新氛围。美国的硅谷和印度班加罗尔软件产业集群是这方面的典型代表。

三是资本与技术结合型产业集群。如日本的大田、德国南部的巴登一符腾堡等。一般说来，由于存在着不确定性以及研发与生产的日益分离，高新技术企业比传统产业企业更倾向于集聚。

14.4　产业集群对创新的影响力

集群对创新的影响主要集中在以下三个方面。

14.4.1　集群能够为企业提供一种良好的创新氛围

集群是培育企业学习与创新能力的温床。企业彼此接近，会受到隐形的竞争压力，迫使企业不断进行技术创新和组织管理创新。也由于存在着竞争压力和挑战，集群内企业需要在产品设计、开发、包装、技术和管理等方面，不断进行创新和改进，以适应迅速变化的市场需要。一家企业的知识创新很容易外溢到区内的其他企业，因为这些企业通过实地参观访问和经常性的面对面交流，能够较快地学习到新的知识和技术。在产业集群中，由于地理接近，企业间密切合作，可以面对面打交道，这样将有利于各种新思想、新观念、新技术和新知识的传播，由此形成知识的溢出效应，增强企业的研究和创新能力。

14.4.2　集群有利于促进知识和技术的转移扩散

产业集群与知识和技术扩散之间存在着相互促进、相互增强的关系。在新经济时代，产业布局不再像工业经济时代各行各业简单地聚集在一起，而是相互关联、高度专业化的产业有规律地聚集在一个区域，形成各具特色的产业集群。集群内由于空间接近性和共同的产业文化背景，不仅可以加强显性知识的传播与扩散，而且更重要的是可以加强隐性知识的传播与扩散，并通过隐性知识的快速流动进一步促进显性知识的流动与扩散。产业集群内由于同类企业较多，竞争压力激励着企业的技术创新，也迫使员工相互攀比，不断学习。企业间邻近，带来了现场参观、面对面交流的机会，这种学习、竞争的区域环境促进了企业的技术创新。集群内领先的企业会主导产业技术发展方向，一旦某项核心技术获得创新性突破，在集群区内各专业细分的企业很快会协同创新、相互支持，共同参与这种网络化的创新模式。事实也已经证明，产业集群内知识和技术的扩散要明显快于非集群化的企业。

14.4.3 集群可以降低企业创新的成本

由于地理位置接近，相互之间进行频繁的交流就成为可能，为企业进行创新提供了较多的学习机会。尤其是隐性知识的交流，更能激发新思维、新方法的产生。由于存在着“学习曲线”(Learning Curve)，使集群内专业化小企业学习新技术变得容易和低成本。同时，建立在相互信任基础上的竞争合作机制，也有助于加强企业间进行技术创新的合作，从而降低新产品开发和技术创新的成本。

14.5 产业集群企业整合创新的特点

整合创新不是一个企业孤立的行为，企业在整合创新过程中需要与外界大量交换信息，因此，研究整合创新过程必须将企业与企业所处的环境放在同一系统中进行考虑，企业创新能力的提高以及创新绩效的改进要求与各种创新活动有关的主体之间有密切的合作关系。正是在这种背景之下，集群化近年来在整合创新研究领域倍受关注。

产业集群内企业间整合创新具有自身的一些特征，具体表现在以下几个方面。

一是互惠共生性。单个企业越来越难以依靠自身生产有关知识和各种相关资源，去完成知识的经济化过程。为了减小风险、缩短进入市场的时间，创新集群中的每个企业都只能从事创新增值链条上某一环节上的工作，实现专业化分工。

二是竞争协同性。既专业化分工又相互协作是创新集群的一种主要创新方式。竞争使得企业群落中的企业个体始终保持足够的动力以及高度的警觉性和灵敏性，并依靠协作伙伴关系在竞争中壮大。

三是根植性。集群合作创新有很强的产业关联性（产业根植性），共同的创新文化（文化根植性），地理位置的接近（地理根植性）等是创新集群竞争优势的关键来源，对集群内中小企业技术创新有极为重要的意义。

四是资源共享性。众多相关联的企业聚集，可以实现资源信息共享，克服单个企业创新资源的不足，并互为创新成果的传播者和使用者。

五是创新组织的开放性。集群式合作创新网络与集群外的其他组织有着密切的、开放性的联系，集群内的合作创新网络更是一个错综复杂的组织关系，当其中的一种联系变得无效时，这种联系将会被一种新的联系所取代。

14.6 广东古镇灯饰产业集群：通过产城结合实现整合创新

闻名国内外的“中国灯饰之都”位于广东省中山市西北面，是中山、江门、佛山三市的交汇处，毗邻港澳。全镇总面积 47.8 平方公里，常住人口 15 万人。

灯饰业是古镇的龙头行业，从 1982 年开始，经过 30 多年的培育和发展，已形成了以古镇为中心，覆盖周边三个城市十一个镇区、年产值超千亿元的灯饰产业集群，成为世界性几大灯饰专业市场之一，是国内最大的灯饰专业生产基地和批发市场。古镇生产的照明产品占国内民用灯具市场 80% 的市场份额，产品出口到港澳台地区、东南亚、日本、美国及欧洲 140 多个国家和地区，灯饰产业占该镇经济总量的 80% 以上。

2011 年以来，古镇实施产业集群整合创新发展战略，推进“产城结合”、转型升级，实现了三个创新。

14.6.1 灯饰产业本体的创新

通过提升产业核心竞争力和创新营销方式，实现灯饰产业的本体创新。

一是在设计方面“引进来、走出去”。通过加快引进意大利、波兰等世界知名灯饰设计机构，投资 300 万元与意大利首席灯饰设计师合作，组建圣诺威国际灯饰照明创新设计中心，投资 2 000 万元建设灯饰 3D 快速成型与协同设计技术服务中心，提高企业原创设计、工艺制造水平，掌控产业发展制高点的技术。同时，首次带领强优灯企参与“米兰工业设计周”这一全球行业盛会，参与国内外市场技术竞争，打造“中国灯饰智造”品牌。

二是建设电商灯饰产业创新园。为巩固中国灯都地位，完善产业链，每年投入 1 000 万元，为灯饰企业提供电商店面策划、平台建设、物流配送、人才培训等服务，引入 4 家电子商务服务商，年产值达 30 亿元。配套物流（快递）仓储园区，年产值 2.5 亿元。出台电子商务扶持办法，鼓励灯企拓展线上营销平台，筹建灯饰品牌网上旗舰店，逐步实现古镇灯饰全国线上营销平台的连锁化和规模化。

三是推广“古镇灯饰”区域品牌。实施“古镇灯饰”区域品牌推广使用办法，划拨 1 000 万元专项资金，用于“古镇灯饰”优质标志推广，首选北京、上海、成都、沈阳等，发展一批中国灯饰之都全国直销基地，联手企业在机场、高铁等公共场合，以及国外会展宣传推广“古镇灯饰”区域品牌。

四是打造研发创新软实力。完善专利展示和交易管理服务机制，每季度组织一场灯饰专利作品拍卖洽谈会。鼓励企业申请国际专利（IPC）。提高公共服务平台覆盖能力，国家灯具质量监督检验中心、中山大学古镇半导体照明技术研究中心为全市乃至珠三角灯企提供产业服务。完善所建市级以上工程技术研发中心 18 家，市镇企业技术中心 66 家。

五是举办中国灯饰之都“灯光文化节”。灯饰是流行文化，结合灯博会平台，举办古镇首届灯光节，展示灯饰作品的创意设计、照明工程的创新意境、灯饰产业新论坛，引领中外灯饰流行文化，给中外观众带来灯饰之夜视觉大餐，丰富古镇灯饰文化内涵与底蕴，提升区域品牌价值。

14. 6. 2　灯饰产业平台的创新

一是空间布局集约高效化。产业载体从“十里灯饰街”的线式向“巨型商业 MALL”的立体式演变。建筑面积超 150 万平方米的超大型商贸综合体和广场项目，集灯饰品牌、酒店娱乐、超市餐饮、居家服务为一体，建筑面积超 38 万平方米的星光联盟国际灯饰品牌中心，集著名品牌、会展经济、旅游观光等，成为支撑灯饰产业的重要载体。

二是展会平台运作市场化。与国内著名展览公司合作，充分发挥灯都古镇会议展览中心新平台作用，其中 2014 年第 14 届灯博会吸引国内外专业买家 11 万人次，首次开通网上免费预约，与现场购票进场制度相结合。提高灯博会国际化、市场化、专业化水平。

三是营销平台趋向全球化。随着“广东灯饰（中山）国际采购中心”项目落地，长期驻留古镇的外籍采购商约 2 000 人，古镇名企也遍布法国法兰克福、美国达拉斯等世界灯饰展会，实现“中国灯饰之都”的外向发展。

四是招才引智专业化。实施“人才强镇”计划，设立中山大学院士工作站、古镇灯饰学院和镇知联会等人力资源平台，巩固“产学研”机制，引进科技领军人才和研发设计人才，招揽优秀市场营销人才，留住工业技术型人才，为产业转型升级提供人才保障。

14.6.3 商贸城市定位的创新

一是突出商贸城市功能，培育产业中的高端产品。古镇灯饰产业集群转型升级，走上商贸城镇发展道路。古镇进入后工业时代，为周边灯饰产业带来资源整合、资产升值、人才聚集的良性循环。

二是 TOD 模式建设江湾新城。结合省、市轨道站点 TOD 开发，开发新的“城市综合体”，在西江沿岸建设美丽江湾新城，规划建成数十栋超高层；南临辽阔江面的江景大厦及配套设施，把中外优秀企业家留在古镇，并通过城际轨道交通融入珠三角经济生活圈。

三是加快镇内区域平衡发展，拉大城市框架，增大产业载体。开通镇中心海洲村周边道路网络，吸引三市资源要素向海洲村聚集。同时，建设海洲村综合体育馆、文化中心大剧院、高星级酒店等现代化城市综合设施，提高全镇的城镇化与工业化新水平，也使海洲村走上全民富裕安康之路。

四是营造“绿色休闲”环境，建设现代化灯都。投入 3.2 亿元，建设占地 800 亩的灯都生态公园，完善滨江公园和滨河绿色走廊，布局街心公园、社区广场等群众喜闻乐见的休闲场所，打造有现代商贸氛围、浓郁生态、人文特征的城市。

14.7　宝鸡“钛谷”产业集群：龙头企业带动整合创新产业链

宝鸡高新区地处国家关中—天水经济区核心区，有“中国钛工业的摇篮和旗帜”及“中国钛谷”的美誉。2007 年 7 月，宝鸡 · 中国钛谷产业集群被科技部列为国家重点产业集群，2011 年 11 月，宝鸡高新区钛产业集群入选科技部首批创新型产业集群建设工程试点单位。

宝鸡高新区钛产业集群之所以快速发展，与其拥有一批实力雄厚的钛材料生产加工企业密切相关。

宝钛集团是宝鸡高新区钛产业链条中的龙头企业，在行业内被称为“中国钛工业旗舰”，其生产的关键性稀有金属材料在我国第一颗氢弹、第一艘核潜艇、第一颗软着陆卫星，以及“神舟”系列飞船、“嫦娥”工程等众多重大项目中均得到应用。

多年来，宝钛集团为国防军工等尖端技术累计承担了 6 000 多项新材料试制生产任务，出色地完成了一批又一批国家重点科研课题，共获得科技成果 485 项，并建成了拥有世界一流检测装备的大型材料检测中心，已经成为我国最大的以钛及钛合金为主的专业化稀有金属生产、科研基地。

龙头企业只是形成产业集群的重要因素之一，而要真正形成产业链条完整、配套完善的钛产业集群，还需要聚集大量钛企业。因此，宝鸡高新区近年来依托宝钛集团等龙头企业，不断拉长“海绵钛—钛铸锭—钛加工材—钛合金材—钛复合材—钛材深加工产品”产业链，促进产业集群迅速发展。

到 2015 年，宝鸡高新区从事钛及稀有金属科研、生产、加工、贸易和流通的企业有 400 多家，其中有 50 多家被认定为钛领域的高新技术企业。

宝鸡高新区钛产业已经形成“一个产业园、多个园中园，一个大产业、多条产业链，一个大集群、多个小集群”的发展格局，宝鸡高新区成为名副其实的“中国钛谷”。

伴随着完整的钛产业链逐渐形成，宝鸡高新区提升科技整合创新能力，以支撑产业集群的发展壮大。在产业集群内拥有一大批优秀的稀有金属专家，专业人才占到从业人员总数的42%，形成了一批居于领先水平的科技成果，拥有国家级企业技术中心、国家级企业研发中心、国家级检测中心和实验中心，1个陕西省13115工程技术研究中心，2个博士后及院士工作站，先后取得重大科技成果571项。宝鸡钛材料应用技术创新服务中心设立了四大公共技术服平台：综合信息网络服务平台、钛材料检测测试中心综合实验室、综合培训服务平台以及创业投融资服务平台，同时产业集群内还成立了陕西省钛及稀有金属材料产业联盟。该联盟作为连接政府、企业和市场的桥梁和纽带，协助政府引导钛及稀有金属材料产业健康有序发展，在技术交流、人才培训、产业孵化和发展基金等投融资咨询服务领域，以及与国内外钛及稀有金属材料产业组织、单位的交流合作等方面做出很大贡献。

随着完整的产业链逐渐形成，创新环境不断完善，宝鸡高新区打造了一批国内外知名的品牌产品，“宝钛”品牌列入中国500强企业名单，其钛锭、钛板、钛棒、钛粉、钛丝等产品生产装备、技术水平、生产能力均居国内第一位。宝鸡高新区钛材料及产品产量已占到国内生产总量的85%，约占世界钛材总产量的22%。“宝鸡·中国钛谷”影响力不断增强，“宝鸡·中国钛谷”钛产业集群引来众多航母级大项目：亚洲最大的钛粉企业宝鸡富士特钛业公司落户宝鸡高新区；台湾华新丽华股份有限公司投资2亿元的“特种钢中厚板材生产项目”在宝鸡高新区建成，成为国内最大的中厚板材生产基地；由国家核电技术公司与宝钛集团投资26亿元的国家核级锆材研发及检测中心暨核级锆材生产线项目落户宝鸡高新区，形成了包括核级海绵锆、锆合金熔炼、锆加工材等在内的完整的核级锆材产业体系。

“宝鸡·中国钛谷”产业集群已成为世界钛工业的重要组成部分，钛企业年出口各类钛材料 4 000 吨以上，产品远销欧美等十几个国家和地区，并与美国波音、法国空客，英国罗·罗等国际知名大公司实现合作，国际合作步伐不断加快，年销售收入 650 亿元，出口创汇达到 10 亿美元，成为世界著名、国内一流的新材料高技术产业基地和全国规模最大、品种最全的钛材及稀贵金属交易中心。

第 15 章

区域经济整合创新与发展模式

近年来，国家相继出台珠三角经济区、长三角经济区、成渝城乡统筹实验区、海峡西岸经济区等十余项区域规划，我国已经进入到一个以区域发展为重点、以区域与区域之间的互动为主要格局的新阶段，国家区域发展战略逐渐明晰。在区域发展百花齐放的背景下，国家在上海浦东新区试点成功的基础上，相继批复设立了 8 个国家级新区：1992 年 10 月上海浦东新区成立；1994 年 3 月天津滨海新区成立；2010 年 6 月重庆两江新区成立；2011 年 6 月浙江舟山群岛新区成立；2012 年 8 月甘肃兰州新区成立；2012 年 9 月广东南沙新区成立；2014 年 1 月国务院批复同意设立陕西西咸新区和贵州贵安新区。2017 年初，批准辽宁沈阳、营口、大连自贸区，使上述地区的开发建设上升为了国家战略，8 个新区内实行比经济特区更加开放和优惠的政策，各相关省市以此为基础进行了各项制度改革与行政区域整合的探索工作，成为各省经济社会发展的助推器和增长极。

15.1　区域经济

区域经济是一种综合性经济发展的地理概念，是以空间资源配置的合理性为基础，形成跨越行政区域、资源互补、共同发展的经济模式。

自从我国20世纪80年代实施“沿海发展战略”以来，政府官员对区域经济管理这个词汇不再陌生。时常见诸“西部大开发战略”“东部地区等老工业基地发展战略”等各级政府文件之中。2003年后，“统筹区域发展”开始成为政府官员常用的词语。在短短的十多年中，区域经济已经成为政府关注的核心问题之一，各级地方政府将发展地方经济作为头等重要大事。

我们为什么将目光聚焦到区域经济呢？当一个国家的国民经济与区域经济发展到一定阶段后，区域问题会逐渐增多。中国已经踏上了现代化之路，东部发达地区于2010年前后达到了中等发达水平，中国出现了多种区域问题并存的局面。从大范围区域发展和区域经济关系来看，已经出现的主要问题有：贫困落后问题、衰退与萧条问题、城市膨胀问题和地区矛盾与冲突问题等，在这些问题中，每种问题都不是均匀分布于各个地区的，而是相对集中于特定区域。因而，无论是中央政府还是地方政府，在处理区域问题时必须要运用“区域方法”，而不是采取“一刀切”的做法。特别需要注意的是，有些区域问题如果处理不好，会妨碍中国整体发展，甚至会延缓中华民族现代化进程，而且，解决不同类型的区域问题需要掌握各种区域问题演变的一般规律，需要有针对性的政策措施。总之，在现代化过程中，区域问题的出现是必然的，解决众多的区域问题，不能沿用“头痛医头，脚痛医脚”的办法，这便是统筹区域发展要求提出的现实问题，也是区域经济资源整合创新受到广泛关注的最重要的原因。

15.2 中国的区域经济与城市发展

从国家视野看，我国的东、中、西部这三大经济板块中的城市，已形成明显的关联性梯度发展态势，其中，中、西部城市在适度、适量引进境外资金、技术、产业的同时，更多的正在对接东部发达地区城市的产业转移、资金转投、管理帮扶、人才服务。在经济发展总量、产业技术含量、整体人均收入上，我国城市仍呈现明显的东、中、西板块的梯度递减态势，但正在逐年缩小差距。在发展的增速、总体的空间、内生的需求上，则已呈现明显的东、中、西梯度跨越式递增态势，其中，西部重镇重庆的经济增速分别是北京和上海的近 200%，名列西部第一。这说明，上述各大经济板块中的城市已发生重大的转变：西部城市正进入相对粗放的大发展的初始上升阶段，中部城市则进入了稳健型的大发展的高速前行阶段，东部城市已进入质量型的大发展前的结构性调整阶段。

从区域和城市内部看，我国各大经济板块中主要城市群之间、城市群内部各城市之间，以及城市内部中心城与卫星城之间，发展的梯度与结构理性虽然有所呈现，但更多存在的是需要重塑、调整与优化的非理性或不完全理性的空间，主要包括：

一是城市之间，盲目跟风导致的城市同质同貌严重；行政区划壁垒导致的城市联动效益递减；恶性竞争导致的城市资源禀赋浪费；结构失衡导致的城市产业地域和区位性优势流失等。

二是城市内部，定位不准导致的城市发展阶段性方向迷失与重心错位；过快城市化导致的城市综合承载能力不足；非理性开发导致的城市环境生态破坏；产住分离导致的城市交通钟摆化拥堵；经济适用房聚集导致的城市社会生态的潜在隐患等。

就我国目前与未来相当长的一段时间而言，发展中的梯度与结构理性对不同地区城市来说，应有不同的选择，即：东部城市意在借鉴国际、定位高端、动态调适、不断创新，走质量型、国际化发展之路；中部城市重在吸引外资、接轨东部、加大投入、错位竞争，走稳健型、现代化发展之路；西部城市应着眼资源优势、基础巩固、接轨中部、引进东部，走基建型、小康化发展之路。总之，要在规避以往发展的种种已知缺陷、消弭曾经或仍然存在的各式病症的基础上，调适好抉择的心态、理念、战略、轨迹，确立真正适合、有效、可续的城市发展梯度与结构理性。

15.3 区域经济整合创新“长株潭模式”：城市群整合

15.3.1 区域特点

长株潭城市群位于湖南省中东部，长株潭城市群包括长沙、株洲、湘潭3个省辖市，浏阳、醴陵、湘乡、韶山4个县级市，宁乡、望城、长沙、湘潭、株洲、攸县、茶陵、炎陵8个县，9个市辖区，183个建制镇和96个乡。东邻江西，西靠益阳和娄底，北接岳阳，南依衡阳和郴州。土地面积2.8万平方公里，总人口1 300多万人，是湖南省经济发展的核心增长极。长沙、株洲、湘潭三市沿湘江呈“品”字形分布，两两相距不足40公里，结构紧凑。长株潭城市群处于我国东西和南北的结合部和我国“十”字形一级发展轴线的交汇处，是长江流域经济带和京广铁路经济带的交汇中心，铁路、水运、公路、空运优势均十分明显，是名副其实的综合交通枢纽。

长株潭城市群是湖南省的经济发展核心区，集散功能强劲，增长潜力较大。近几年来，长株潭城市群 GDP 始终保持持续较快增长态势。长株潭的发展定位为湖南省中心城市群，是长江中游地区和我国南方中部的主体增长极，也是沟通华南经济圈与长江产业带、沿海较发达地区与西部广大地区的经济枢纽。

长株潭城市群聚集了湖南省 90% 以上的科研人员和 80% 以上的科研成果，拥有 10 个国家级重点实验室、5 个国家级工程技术研究中心、29 个省部级重点实验室、49 个博士后流动工作站，是我国重要的科技教育基地和文化产业基地。城市群集中了湖南省绝大部分高校，北有中南大学、湖南大学、湖南师大三所 211 工程大学为龙头的岳麓山大学城，南有湘潭大学、湖南科技大学为首的湘潭大学科技城。另外，经济圈中拥有“长沙经济技术开发区”1 个国家级技术开发区，2 个国家级高新技术产业开发区，1 个国家级大学科技园和 1 个省级高新技术开发区。经济圈内有国家级的机电中心基地和湖南省唯一一家生产汽车的吉利汽车公司等。

长株潭城市群是我国重要的现代装备制造业基地和高新技术产业基地，长沙的工程机械在全国乃至全世界都处于领先水平，株洲的轨道交通装备制造、有色冶金等产业优势明显，而湘潭钢铁厂则是我国中西部地区重要的钢铁企业。

15.3.2 长株潭城市群区域经济整合创新特点

（1）建设绿心式生态型城市群。长株潭三市之间有大面积的生态绿地，面积为 545 平方公里，处于城市群的核心部位，担负着维系城市生态安全、保护生物多样性、提升三市人居环境等重要作用。鉴于国内外众多特大城市的“城市病”现象，长株潭不再走“摊大饼”式的传统扩张道路，而发挥当地的自然环境优势，营造绿心式生态型城市群。三市建成后不再彼此相连，而保持足够的生态隔离空间，长沙城区与株洲、湘潭城区之间保持 16～18 公里的生态绿地间隔，株洲城区与湘潭城区之间保持 8～10 公里的生态绿地。长株潭城市群的"绿心"进行低强度的开发，充分发挥当地丘陵与盆地交错、田园与湖泊交织的生态优势，适度发展生态旅游、休闲度假、园艺博览、高科技研发、文化创意等产业部门，提升"绿心"的综合价值，逐步将"绿心"建设成为连接三市的高品位枢纽地域。

（2）将湘江作为城市群的生态走廊。湘江是长株潭的母亲河，长株潭三市依江而建，滨江发展，形成了独具特色的湘江生态经济带。株洲、湘潭作为国家的老工业基地，重化工业相对发达，但却位于长沙的湘江上游和夏季盛行风向的上风向。湖南把长株潭作为一个城市区域来统一规划、统筹建设、共同保护、综合治理，而不各自为政、各行其是。他们将湘江污染治理纳入国家大江大河重点治理的范畴，重点治理区域包括郴州的三十六湾、衡阳的水口山、株洲的清水塘、湘潭的竹埠港。对湘江水环境进行综合整治与严格保护，加强上下游联动和江湖联动，加强水系联防联治和流域生态修复。以控制沿江地带项目准入和开发强度为重点，提高产业发展的环保准入门槛，实行强制清洁生产审核和生产全过程污染控制。在湘江及其主要支流设置多道环境监测断面，规定严格的环境控制指标，各工业区域从严控制和抓紧治理。

（3）扬长避短，促使长株潭城市差异化发展。在城市群区域经济建设的框架下，长株潭三市坚持有所为有所不为，各有侧重，错位发展，充分发挥各自的特色和比较优势，避免低水平的重复建设，注重加强城市群的综合竞争力。长沙是湖南省会，湖湘文化策源地，国家历史文化名城，以此为基础，大力发展高新技术产业、先进制造业和高水平的第三产业。优先发展文化创意、金融信息、服务外包等，加强国际化进程，不断提升城市品位和影响力。株洲是重要的铁路枢纽和老工业基地，城市建设进展迅速。集中力量做大做强有色加工、铁路机械、生物医药、新材料、陶瓷、电动汽车、电子信息等行业。鉴于株洲的交通优势，发展物流配送和来料加工产业，并注重与长沙、湘潭的分工协作。湘潭属于老工业基地和地区中心城市，重点发展精品钢材、电工机械、化纤纺织、精细化工、汽车及零部件、新能源装备等产业，配套发展物流产业。

（4）发展壮大文化创意产业。文化创意产业附加价值高，物耗能耗低，污染排放少，有利于节能减排，有利于产业升级和结构优化，促进经济成长方式从粗放型向集约型转变。长株潭文化创意产业基础好，规模大，类型全，优势明显，其发展要点主要有四个方面。

第一，明确产业发展重点，将传媒、出版、报业、动漫、文化旅游、休闲娱乐六大部门做大做强，不断提高其核心竞争力。

第二，注重提高文化产业的科技内涵，现阶段侧重推广数字化技术，运用现代信息技术改造传统的文化产业部门。

第三，整合文化企业资源，提升市场营销水平，倾力打造文化产业品牌。开展城市群文化产业的顶层设计，进行大策划、大制作、大包装、大营销，引入新的文化因素，努力弘扬湖南特色，培育文化创意国际品牌。

第四，加强长沙市文化产业对于株洲、湘潭两市的带动作用，加强长株潭城市群对于湖南文化产业的辐射带动作用。

（5）区域合理荷载与人居体系整合。资源环境承载力是指在一定时期内一个国家或地区的自然资源和生态环境所能承载的社会经济总量的能力。资源环境承载力是长株潭城市群可持续发展的主要支撑力之一，区域经济发展应当严格控制在资源环境承载力之内。根据资源环境承载能力、开发密度和发展潜力，统筹谋划未来人口分布、经济布局、国土利用和城市格局，将长株潭国土空间划分为优化开发、重点开发、限制开发和禁止开发四大类。确定主体功能定位，明确开发方向、控制开发强度、规范开发秩序、完善开发政策，形成人口、经济、资源环境相协调的空间开发格局。

长株潭城市群的人居环境分为三个层面，即区域人居环境、社区人居环境和住宅人居环境。长株潭构建以人为本、和谐发展的人居体系，建设具有国际品质的现代化生态型城市群。人居体系整合要点包括：全面推进生态建设，构建宜居城市群；改进城市景观格局，促进宏观人居环境的生态转型；优化社区生态系统，促进中观人居环境的生态转型；推广生态节能建筑，促进微观人居环境的生态转型。

15.4　区域经济整合创新“兰白模式”：一体化整合

白银距离兰州 69 公里，黄河穿越两市 400 多公里。交通体系较为完备，联系十分便捷，属于“一小时经济圈”。兰州、白银两市人口占全省的 19.33%；生产总值占 34.33%；工业增加值占 35.98%；第三产业增加值占 39.93%；财政收入占 38.26%；金融机构存款余额占 51.29%。从历史渊源、区位优势、经济集聚度和资源互补性等各方面来看，白银与兰州两市合作发展具有充分的现实条件。

15.4.1　“三线”连接的区域经济整合之缘

兰州与白银的天然连接线首推黄河。黄河宛如一条金丝带，构成了雄浑壮观的美景，也把兰州、白银两地的人文、物产、历史、经济等紧密地联系在了一起，形成了具有浓郁黄河文化特色的经济流域，浇灌出了黄河两岸绚烂的文明之花。两地都有的一个个古渡口遗迹、水车等自灌系统、“羊皮筏子”之类运输工具，都是鲜明的黄河文明代表符号。黄河干流在流出兰州市榆中县后，进入白银市白银区，在白银全境流经 258 公里。黄河养育了这里的人，也带来了丰富的特产，兰州瓜果久负盛名，兰州水烟等土特产品蜚声中外。在兰州尚没有形成现代工业的时候，这些丰富的物产就是当地经济的支柱，而特产的外运通过黄河水运可抵包头，羊皮筏子在离开兰州不久先到白银。古时白银周边的产业与兰州的传统产业既有相似性，又有互补性，是以兰州为中心的黄河流域经济的组成部分。

包兰铁路是兰州与白银的又一条连接线。包兰铁路 1954 年 10 月开工，1958 年 7 月通车，同年 10 月交付运营。通车伊始，就成为“一五”期间国家重点投资的建设项目和建设大西北的大动脉。包兰铁路沿线的项目有兰州炼油厂、兰州化工厂、白银有色金属公司、银光化学材料厂等。今白银西站建于 1956 年，在包兰铁路刚建成时原名狄家台站，站址在白银区狄家台，离兰州站 87 公里，现为二等站。包兰铁路让兰州和白银两城市阔步向工业城市迈进，也加速了两地城市化的步伐。

2002 年 10 月通车的白兰高速公路，是两城市的第三条连接线。白银是兰州的“姊妹城”，白银至兰州高速公路建成后，凸显了白银及周边地区的区位优势，为这座资源型城市的可持续发展奠定了坚实的基础。区位优势明显的白银是甘肃重要的能源、化工、建材基地，拥有以有色金属、稀土、煤炭、水电等为主导，加工业、新能源技术、新材料技术等高新技术为支撑的产业框架。景泰的黄河石林、会宁的红色会师地是白银的特色旅游胜地。白银与兰州为邻，农业前景广阔，是潜在的“鱼米之乡”；所辖的会宁是“中国小杂粮之乡”，靖远为“陇上蔬菜之乡”，依托兰州发挥优势，成为省城兰州的“米粮川”和“后花园”。“兰白都市经济圈”是两城市经济的一体化、产业布局的一体化、人才共享的一体化，为甘肃中部未来的城市发展设计了足够的想象空间。

兰州古名金城，白银又称铜城。兰州与白银两个比邻而居、血脉相通的城市都以贵金属名称为别称，从历史到现在，从当代到未来，兰州和白银两个城市的联系都是千丝万缕。

15.4.2 “兰白一体化”的特点

兰白一体化是整个都市经济圈内的核心经济区，在推进一体化的具体做法上，涉及许多惠及于民的政策，如取消兰白高速路段白银、兰州车辆的所有收费；通信网络合二为一，兰州、白银共用一个区号；邮政共用一个邮政编号；实现户籍一体化。其发展重点主要表现为六个一体化。

产业发展一体化：科学规划兰州、白银两市的产业分工，尤其是以兰白、兰刘高速公路为轴线，对沿线生产要素按产业联系进行整合，将这一带建设成各类产业和各类生产要素集聚发展的工业经济带。将兰州的榆中盆地、秦王川、皋兰和白银的刘川工业集中区作为兰白核心区建设的重点功能区进行规划和建设，创办兰白两个开发区的“异地工业园”。

市场建设一体化：沿兰州至白银建设和培育一条包含消费品市场、资本金融市场、信息技术市场、人力资源和产权交易市场、陶瓷建材市场、物流集散基地的一体化市场流通带。

城乡建设一体化：以黄河沿岸和交通干线为骨架，培育各具特色的小城镇，建设生态型、娱乐型和原材料特色加工型的新农村，并在两市之间建设各种居民休闲居住区和娱乐区。

交通通讯一体化：加快城市之间快速干道的配套和衔接，实现兰州至白银的轻轨交通，完善交通运输、网络通信的布局。

生态文明一体化：建设兰州至白银的绿色走廊，形成由线到面的绿化，使两市的生态状况得到根本好转。

社会事业一体化：不断缩小区域内的基础教育、义务教育、高等教育、医疗卫生、社会保障等方面的差距，建立人才合作交流机制，不断挖掘两地的历史文化和旅游资源，发展区域文化旅游业。

15.4.3　“兰白都市经济圈”建设的基本做法

（1）功能分区法。从经济发展区域功能上，分成三个功能区。

一是城市化工业化地区。集中布局非农产业，开展城镇建设，引导人口和产业集聚，完善城市功能，提升综合实力。明确兰州、白银的城市功能定位。把兰州建设成为西北地区综合交通枢纽和商贸物流中心的核心区、科技教育文化服务中心、战略性新兴产业研发转化中心和先进制造业基地。把白银建设成为全国重要的有色冶金新材料基地。整合工业园区，支撑经济区内非农产业发展和人口集聚，提升经济区整体实力。

二是农业地区。以基本农田集中区为重点，发展粮、菜、瓜果种植业和草食畜牧业。兰州市的庄浪河谷地、河湟谷地、榆中盆地、皋兰县北部丘陵、永登县中部丘陵区和青城盆地；白银市的沿黄及景电、兴电、靖会等高扬程灌区农田，临夏市、永靖县、东乡县和广河县的川塬地区，稳定基本农田数量，加大耕地保护力度，加快发展特色农业，建设天祝高原无公害绿色农产品基地。其他适宜农业发展的地区，优先发展农林牧业，保障农产品有效供给。结合新农村建设，鼓励小城镇、中心村适度集约发展，优化村镇布局，提高村镇土地利用水平，增强农村经济活力。

三是生态地区。坚持保护优先、适度开发，恢复和保护生态系统。实施对祁连山水源涵养和生态保护区、兴隆山、寿鹿山、莲花山、太子山、马衔山、连城等自然保护区的修复和保护，严格按照批准的规划控制风景名胜区建设规模。以植被恢复为重点，实施城市、新区近郊荒山、荒地封山育林和绿化工程，加大黄土台塬和丘陵山地水土流失防治和生态保护力度。加强地质灾害多发地区监测预警，采取工程治理和避让措施，确保城乡居民和重要基础设施安全。落实支持藏区和临夏加快发展政策，加强重点生态保护区建设，发展畜牧业、畜产品加工以及旅游等特色产业。

（2）中心区建设策略。“兰白一体化”集中建设三大中心区。

一是建设兰州新区。兰州新区控制范围约 806 平方公里。其中中川空港以南为新区起步和核心功能区。按照“两轮驱动、三足鼎立、多元支撑、基础先行、全面推进”和再造兰州的总体布局，建设兰州新区与改造主城区相结合，促进新区建设与高新技术开发区、经济技术开发区互动发展。

新区建设和城市功能拓展相结合，构建与主城区之间的快速联系通道，建设秦王川绿色生态屏障；积极承接兰州主城区产业迁建和东部沿海地区产业转移，发展先进制造、精细化工、新材料、生物医药等战略性新兴产业，培育一批高水平的科技型企业；依托兰州国际空港建设，发展物流、会展、科技文化交流等现代服务业；以发展节能环保产业为重点，建设绿色低碳城市新区。建成西部地区装备制造业、新能源新材料、国家战略性石油化工产业基地和连通内地、面向西亚、中亚现代物流基地，工作线人口规模达到60万人。

二是发展白银工业集中区。白银工业集中区规划控制面积约100平方公里，以靖远县刘川为中心，建设50平方公里的起步区。按照规划引导、基础设施先行、产业协调跟进的思路，围绕白银资源型城市经济转型，以优势产业为主导，以发展循环经济和资源综合利用为重点，与兰州新区错位发展，建设国家重要的有色金属和稀土新材料基地、化工产业基地和外来资源落地加工基地，把白银工业集中区建设成为西部传统制造业转型升级的先行区。实现白银工业集中区与主城区联动发展，以线串点，连片成区，形成布局合理、功能定位清晰的“一区多园”的发展格局，建成全省领先的工业集中区和循环经济示范基地。

三是加快国家级开发区建设。用足用好国家支持政策，进行兰州高新技术开发区、兰州经济技术开发区增容扩区和白银国家级高新技术产业开发区建设，充分发挥引领高新技术产业发展、支撑经济增长的集聚、辐射及带动作用。兰州高新技术开发区重点优化提升雁滩产业孵化中心，拓展榆中盆地产业基地，加快高新技术产业化、规模化进程，打造创新创业，培育发展战略性新兴产业，开拓国际先进技术接轨的前沿区，实现二次创业。

兰州经济技术开发区重点围绕西进扩区和内涵扩张，拓宽合作新领域，发展现代物流、总部经济、科技研发、文化交流、教育培训等现代服务业和轻工食品、生物医药、仪器仪表、数控机床等制造业。

以建设白银工业集中区为契机，加快白银国家级高新技术产业开发区建设。依托大企业产业基础和中科院技术支撑优势，深化企地、院地合作，做大有色金属工业，做强精细化工产业，做深农产品加工业，大力发展有色金属功能材料、稀土材料、电池材料等战略性新兴产业，培育装备制造产业，发挥产业集聚和综合服务功能，建设特色化、专业化、集群化的开发区，打造白银资源型城市转型引领区、西部优势资源集约利用和高新技术产业聚集区。

都市经济圈的辐射、带动作用，与中心城市经济实力、城市化水平是成正比的。通过都市经济圈的打造，兰白中心的整体带动功能必将凸显，继而拉动和辐射全省经济社会协调发展。纵观全局，兰白经济区的建设仿佛一只振翅欲飞的神鹰，在西部大开发的号角声中傲然抬头。向西的“右翼”，连接河西走廊；向东的“左翼”，连接庆阳、平凉、天水，并融入关中—天水经济区。在东打造陇东能源化工基地，在西打造河西新能源及新能源装备制造基地，形成横贯整个西北地区的城市通道经济带。相信未来的10年里，这只雄鹰定然会不负众望，直击长空！

15.5 区域经济整合创新“乌昌模式”：经济区域城市管理

乌鲁木齐、昌吉的区域经济整合突破传统行政区划城市管理，在适应区域经济城市管理方面进行了大胆探索和实践。

15.5.1 概况

乌昌一体化是指乌鲁木齐市与昌吉回族自治州实行区域经济一体化的简称。乌昌一体化是2005年在乌昌经济一体化的基础上提出的，涉及的城市有乌鲁木齐市的七区一县两开发区，包括：天山区、沙依巴克区、新市区、水墨沟区、头屯河区、米东区、达坂城区、乌鲁木齐县、经济技术开发区、高新开发区和昌吉回族自治州的五县两市一园区，包括：玛纳斯县、呼图壁县、吉木萨尔县、奇台县、木垒哈萨克自治县、昌吉市、阜康市、新疆昌吉国家农业科技园区。两地行政区总面积为10.59万平方公里，所涉及的总人口为403万人，其中乌鲁木齐市总人口为235万人，昌吉回族自治州总人口为168万人。乌鲁木齐市和昌吉市地理位置上仅相距30公里。

随着乌鲁木齐经济发展的不断深入，各种资源的持续开发和城市规模的不断扩大，发展空间的限制逐渐显露。

而从昌吉州来看，虽然拥有较为丰富的土地、矿产等资源和便捷的交通，却缺乏乌鲁木齐所拥有的资金、技术、人才、信息等优势。因此，促进乌昌地区经济融合发展是符合两地发展要求的必然选择。

15.5.2　乌昌一体化的特点

第一，坚持统筹协调。在不涉及乌、昌两地行政区划调整的前提下，加快乌昌经济一体化，这使乌鲁木齐的城市功能优势与昌吉的资源优势实现了互补。规划区域经济发展之初，成立了乌昌党委，全面加强了对有关工作的统筹协调。两地党委、政府按照乌昌党委统一工作部署和具体工作责任分工负责具体落实，两地人大、政协积极支持配合，各项工作形成了合力。

作为自治区党委的派出机构，乌昌党委对乌昌地区经济社会发展负有领导责任。它的职责涵盖规划社会经济决策，党政一把手的选任等，与一级政府的同级党委十分相似。然而，乌昌两市还各自保持原行政区划和党政机构。

设立乌昌党委的价值在于，通过党的系统这一突破口，来打破行政区划边界的阻隔。因为从行政上入手，受体制所限，一时间难有突破，而统一的党委可以从战略角度考虑，统筹调度各种资源，使生产要素突破行政限制，拓展了市场空间，加速两地经济融合。

第二，以点带面，抓好关键领域。一是建立适应乌昌一体化发展需要的领导体制；二是突出财政规划、招商等政府重要部门的改革与整合，强化政府职能部门对一体化发展的重要推进作用；三是建立两地干部交流任职制度，促进干部队伍的组织融合、思想融合；四是正确处理党委、政府与人大、政协的关系，确保党委决策得到有效贯彻。

第三，坚持重点突破，全力打造经济增长新亮点。表现为将乌鲁木齐市的东山区和昌吉回族自治州的米泉市合并，建立米东新区。把米东新区的发展作为乌昌一体化发展的重要起点，积极打造经济发展的新亮点。设立区域经济管理的党委系统来打破行政区划界限。

15.5.3 乌昌一体化原则

乌昌一体化坚持的原则有三个方面，即财政统一原则、规划统一原则、市场统一原则。

第一，财政统一原则。财政统一表现为成立乌昌财政局。将乌昌两地各市县区财政统筹由乌昌财政直接管理，两地的财政统一预算，统筹安排。

第二，规划统一原则。规划统一表现为制定乌昌一体化经济社会发展规划。优化乌昌地区中心城市发展规划，按一体化发展要求完善公路、水资源、新区规划等各类专项规划。

第三，市场统一原则。市场统一表现为逐步建立一体化共同市场。实行统一的市场准入、招商引资、资源开发、税收征管等政策。逐步消除两地在交通、通讯、电力等方面的政策差异和障碍，确保加快区域市场要素资源合理流动。

15.5.4 乌昌一体化在区域经济发展中的作用

第一，乌昌一体化有助于资源整合，形成合力。乌鲁木齐市的优势在于有先进的技术、完备的人才，但是却面临着发展空间不足、经济结构失衡的突出矛盾，发展空间狭小成为最大制约因素。与乌鲁木齐市毗邻的昌吉回族自治州，其最大优势是地域辽阔，土地、矿产等自然资源丰富，发展空间巨大，但却面临资源转换能力弱的突出矛盾。因此，乌昌两地实行区域整合可以最大限度地发挥两地的优势，实现共同、快速发展。

第二，乌昌一体化的形成，有利于乌昌地区实现空间结构调整，加快产业结构优化升级步伐。乌昌两地在实现区域整合后对两地基础设施建设、城市环境建设、医疗、教育、社会保障等领域的投入，都会有拉动作用。通过这些领域的发展来促进乌昌两地产业结构升级，实现发展方式的转型。

第三，乌昌一体化有利于分工协作，促进各自经济和整体经济的发展。乌昌地区经济上各有特色，各有优势，同时有着良好的协作关系，实现区域整合将会进一步保持和加强这种地域分工。

第四，乌昌一体化有利于改善和加强两地在基础设施、劳务等方面的联系。乌昌地区公路紧密相连，两地间开通直达客运班次。同时，乌昌地区间相互提供劳力，劳务联系频繁。建立乌昌一体化将进一步改善和加强这些联系。

乌昌一体化 5 年间，乌昌地区基本实现了交通同网、产业同布、信息公用、资源同享，乌、昌两地经济蓬勃发展，经济总量大幅度提升，财政收入迅速增长，乌昌地区占全疆经济总量的比重不断提高。乌昌经济总量与地方财政收入都增长了将近一倍。乌昌地区生产总值占全疆地区生产总值的比重达到 36.18%。乌昌已成为带动新疆经济发展新的增长极。

乌昌一体化 5 年间，昌吉累计执行招商引资项目 2 127 个，落实招商引资到位资金593.86亿元。共引进世界500强、中国500强企业、上市公司及知名大企业大集团71家，项目质量明显提高，为昌吉经济发展奠定了坚实的基础。昌吉浙商大会被评为浙商（省外）最佳投资地区。

乌昌一体化5年间，乌鲁木齐经济技术开发区已经形成了机械制造、生物医药、电子信息、食品饮料、新型建材、化工塑料、家具制造、现代物流等八大产业集群，初步建成了全国最大的风电装备制造基地、全疆最大的食品饮料加工制造基地和机械设备制造基地、西北重要的出口加工基地，形成了独具特色的产业体系。开发区先后被认定为“国家装备制造（能源装备）新型工业化产业示范基地”和“国家风电装备制造产业集群”。

15.6 区域经济整合创新“贵阳—乌当模式”：产业主导资源整合

贵州省贵阳市统筹区域资源，以大健康产业引领区域经济发展，初步形成了“西南医药中心，著名健康之都”的区域经济特征，集种植、养殖、加工、健康、医疗、养生于一体的现代化大健康产业以乌当区为核心，覆盖了黔中综合健康养生区域经济圈，包含贵阳、贵安、安顺、龙里等贵州核心区域。

15.6.1 建设产业主导的核心区域——贵阳市乌当区大健康产业引领示范区

乌当区总面积686平方公里，东接贵州双龙航空港经济区、南融贵阳主城区、西临贵阳综合保税区、北连开阳县南江乡，是贵阳市中心城区核心组团之一。境内水资源丰富，地热资源富集，民族风情浓郁。区内山环水绕、生态环境良好，森林覆盖率 49.8%，建城区绿化覆盖率 40.78%。乌当区在"医、养、健、管"四大领域，都有较好的产业基础。在医药（医疗）方面，有 12 家规模以上制药企业，3 家限上药品经营企业，3 家规模以上药品包装企业，其中千叶塑胶为西南地区最大的药品包装材料和容器生产企业；乌当区制药企业持有国家批准文号的药品 140 个，有 7 家经省市认定的企业技术中心，有 23 条生产线完成了新版 GMP 改造并通过国家认证，初步形成医药产业全产业链的企业集群发展态势；在健康、养生方面，温泉资源富集，分布于乌当全境，已探明 32 个资源点，可开发半数以上。5 个省级高效农业示范园区分布合理，产业互补，五彩农业特色突出。在健康管理方面，乌当区以智慧城市建设为引领、以大数据平台建设为依托，智慧医疗产业具备全域推进，快速提升，在全省大健康医药产业方面发挥综合示范引领的带头作用。

乌当区大健康产业围绕"医、养、健、管"四大领域衍生出五大基本产业体系，即：医药制造产业体系、医疗服务产业体系、养生保健产业体系、健康管理产业体系以及人才金融配套服务产业体系。

乌当区依托张天水大健康医药产业园区和南明河下游休闲养生产业带、贵开路休闲康体产业带、新羊百养老养生产业带，培育壮大现有企业和引进一批行业领军企业，以医药制造为核心，以健康服务为重点，以平台建设为抓手，以弘扬文化为保障，实现医药制造、健康服务与休闲旅游、特色农业、大数据、创意文化等产业融合互动发展。培育了一批在国内具有行业影响力的医学制药企业和一批发展潜力巨大的养生养老康体健体的中小服务企业以及一大批专业从事医疗保健养生文化服务的创客团队，使乌当大健康医药产业形成了布局科学、产业集聚、链条完整、业态丰富、产品多样、互动偶联的发展格局。

根据产业发展计划指标，到 2018 年，乌当区将实现大健康医药产业总产值 400 亿元以上，其中，规模以上现代制药业达到 180 亿元，占全省制药业总产值的比重达到28%左右，占全市35%左右；到2020年，乌当区实现大健康医药产业总产值1 000亿元，其中，实现三大主要核心产业全省占比“411”计划，即：现代制药业实现产值400亿元以上，占全省制药业总产值的比重达到40%以上，占全市50%以上；医疗健康服务业实现产值60亿元，在全省占比达到10%；养老养生保健业实现产值100亿元，在全省占比达到10%。

15.6.2 省级规划，指导区域经济按产业主导型发展

贵州省从全省自然、经济环境的科学分析入手，制订了《贵州省健康养生产业发展规划（2015～2020年）》。

规划提出，“着力推动健康养生理念与传统产业的创新融合，发展产业链和新业态；着力推动健康养生示范园区、基地发展，打造产业发展平台；着力培育壮大健康养生企业，加快完善大中小联动的企业层级结构；着力优化发展环境，增强市场活力，推动健康养生产业市场化、融合化、高新化、集聚化发展，加快建设贵州‘宜居颐养胜地’健康养生品牌，着力培育贵州新的经济增长点、促进转型升级发展。以产业体系构建为重点，建设一批国内领先、国际一流的健康养生产业基地，在健康养生领域谋求更大市场份额。”

贵州省规划了大健康产业的四大业态。

休闲养生。依托旅游、健康、生态、文化等资源，围绕维护身心健康，发展以回归自然、感受传统、放松身心等为调养手段的健康养生业态，主要包括生态文化休闲体验、避暑度假和健康养老等。

滋补养生。以中医民族医健康养生理念为基础，依托绿色有机食品、中药材，围绕维护身体健康，发展以调饮食、补偏救弊和保健等为调养手段的健康养生业态，主要包括绿色有机健康养生食品、药膳健康养生产品和中医民族医保健等。

康体养生。依托山地、湖泊水体等运动资源，围绕促进身体健康，发展以动静有常、和谐适度的运动为调养手段的健康养生业态，主要包括山地户外运动和水上运动等。

温泉养生。依托温泉资源，发展以温泉疗养、温泉保健等为调养手段的健康养生业态。

在产业发展区域空间布局上，依托资源特点，在关键区域、资源富集区域开展精品建设，形成错位发展的态势，促进资源的高效利用和开发。

还规划了“一圈、五区、多组团”的健康养生产业空间布局。

一圈。黔中综合健康养生圈，是全省发展健康养生产业的引领示范区。包含贵阳、贵安、安顺、龙里等地，依托较为发达的交通运输网络和较为充沛的物流、人流、信息流，以及气候、生态、医疗基础等综合资源，高起点建设融合生态养生体验、避暑度假、健康养老、中药民族医保健等服务于一体的健康养生产业。打造与健康养生产业密切相关的，以大数据为重点的健康养生信息、特色医疗、健康管理与促进、健康保险等服务平台，构建健康养生产业创新发展平台，为全省健康养生基地提供终端服务，形成贵阳避暑养生、贵安健康养老、安顺休闲养生等区域性品牌，把黔中综合健康养生圈建成全省健康养生产业的终端服务区、创新发展区和示范引领区。

五区。梵净山生态养生特色发展集聚区、娄山关避暑养生特色发展集聚区、苗岭民族养生特色发展集聚区、亚高原康体养生特色发展集聚区、马岭河峡谷—万峰湖水体养生特色发展集聚区，是全省特色发展的精品区域。

梵净山生态养生特色发展集聚区，包含铜仁梵净山周边市县，主要依托梵净山良好的生态资源、佛教文化和石阡、印江长寿之乡品牌，发展以生态文化体验、健康养老为重点的休闲养生业；以绿色有机健康养生食品等为重点的滋补养生业，形成梵净山生态养生、长寿健康等品牌。

娄山关避暑养生特色发展集聚区，包含遵义娄山关周边市县，主要瞄准成渝消费群体，发展以避暑度假、健康养老为重点的休闲养生业；以绿色有机健康养生食品、药膳为重点的滋补养生业，形成娄山关避暑养老等品牌。

苗岭民族养生特色发展集聚区，包含黔东南和黔南，主要依托民族文化、民族医药、中药材、生态等资源，突出民族特色，发展以生态文化体验为重点的休闲养生业；以绿色有机健康养生食品、药膳和中医民族医保健为重点的滋补养生业，形成全省最具特色和发展价值的民族休闲保健等品牌。

亚高原康体养生特色发展集聚区，包含六盘水和毕节，主要依托山地落差、气候等资源，着重发展以山地户外运动为重点的康体养生业；以避暑度假为重点的休闲养生业；以绿色有机健康养生食品、药膳为重点的滋补养生业，形成亚高原避暑康体等品牌。

马岭河峡谷—万峰湖水体养生特色发展集聚区，包含黔西南马岭河和万峰湖周边市县，主要依托马岭河和万峰湖丰富水体资源，发展以水上运动为重点的康体养生业；以避暑度假、健康养老为重点的休闲养生业；以绿色有机健康养生食品、药膳、中医民族保健为重点的滋补养生业，形成马岭河水上康体、万峰林休闲康体等品牌。

多组团。石阡—剑河温泉疗养组团、荔波—三都喀斯特生态体验组团、赤水—习水丹霞生态体验组团、从江—榕江侗族健康养生文化体验组团及其他各具特色的健康养生组团。主要依托各地特色健康养生资源，发展各具特色的健康养生业态，加快形成一批有较强影响力的品牌。

15.6.3 政府出台扶持区域经济主导产业发展的政策

贵州省政府制定了《关于支持健康养生产业发展若干政策措施的意见》，明确了25条扶持政策。其中包括：引导保健食品、绿色食品、保健用品、无公害农产品行业龙头企业、优强企业围绕产业链延伸拓展，开展跨地区、跨行业、跨所有制的兼并重组。

对首次获得“驰名商标”“地理标志”“中国名牌产品”“中国农业名牌产品”“贵州省著名商标”“贵州省名牌产品”“贵州省服务业名牌”“贵州省农业名牌产品”“国家旅游度假区”“国家生态旅游示范区”的企业，在项目建设、产品研发、绿色食品、有机食品及省级以上农业产业化龙头企业的认定等方面给予政策倾斜和重点支持。在政府采购，重大工程和重大项目技术改造和技术创新等方面，同等条件下优先推介使用品牌产品，优先支持品牌企业。

建设“健康云”平台，推进健康养生产业与大数据产业融合发展。以展会、“淘宝贵州馆”和“京东贵州馆”等为突破口，积极与北京、上海、广州等中心城市对接，引导企业、经销商借助展会、互联网平台，逐步在华北、华东和华南等地区的大、中城市建立集散分销渠道，逐步形成辐射全国的外销网络，鼓励企业积极开拓国际高端市场。

鼓励企业组建健康养生产业企业联盟以及行业协会，搭建政府与企业、企业与企业的交流与沟通平台，促进行业交流与资源共享，提高行业发展水平。

贵阳市政府出台了《市人民政府关于支持乌当区建设贵州省大健康医药产业引领示范区若干政策的意见》，明确整合市级有关政策性扶持资金，连续 5 年支持乌当区大健康医药产业发展。市发改、工信、科技、农委、商务、规划、生态、民政等部门将支持“示范区”产业发展的专项资金纳入本部门年度预算，针对成长性好的优良企业、优势产品、关键设施、创新平台和市场培育等项目进行政策指导、定点帮扶。

扶持政策包括强化“示范区”产业建设用地保障。加大对乌当区土地储备融资倾斜力度，积极帮助乌当区筹措土地收储资金，用于滚动实施经营性用地收储；优先安排“示范区”建设用地指标，保障“示范区”基础设施和产业建设用地需求。

同时，扶持政策还要求强化“示范区”建设发展的金融支撑。引导社会资本发起设立开发性基金和产业基金，构建多层次投融资体系。积极向上争取更多的地方政府债券或其他专项债券额度用于支持“示范区”基础设施和公共服务配套建设。鼓励金融机构加大对乌当区大健康医药产业信贷支持力度，创新金融产品，扩大授信额度。鼓励大健康医药产业领域内企业利用资本市场做大做强，支持符合条件的企业上市或发行企业债券、公司债券、项目收益债券（票据）、中小企业私募债、中小企业集合债券（票据）等。

第16章

特色小镇的培育与建设

16.1　特色小镇的概念

16.1.1　特色小镇的内涵

特色小镇是指依赖某一特色产业或特色环境因素（如地域特色、生态特色、文化特色等），打造的具有明确产业定位、文化内涵、旅游特征和一定社区功能的综合开发项目，是旅游景区、消费产业聚集区、新型城镇化发展区三区合一，产城一体化的新型城镇化模式。

特色小镇的“镇”，不是传统意义上简单的行政区划概念，也非园区的概念，而是一个具有明确产业定位和特殊功能项目组合的概念。实际上，特色小镇的“镇”应当是打破了传统行政区划概念的某种特色产业集聚区，它可能仅包含一个镇，也可能覆盖多个镇。

“小”与“特”的完美结合。理解特色小镇概念关键是把握既“特”

又“小”，特色小镇通过“小”与“特”的完美结合尽情展示其独特魅力。“小”凸显的是一种空间限制，特色小镇应是一个规划面积一般控制在3万平方公里以内，聚集人口1万人至3万人，且不受原有行政区划局限的“小”地方。“特”主要是产业、历史、环境等诸多因素融合而成的独特之处，这令特色小镇本身具有某种文化特质，呈现出某种价值追求，从而成为某种产业集中、相应就业者云集的“特色”工作生活区域。同时，特色小镇也应当是汇集某类资源与技术在此创新、创业的“孵化器”和“创客空间”，可以持续吸引特定人群来此交流切磋。

16.1.2 特色小镇的特点

“特”即特色小镇的特别之处，是支撑特色小镇内涵的核心特征，主要有以下几点：

一是产业“特”。特色小镇所承载的产业主要是现代服务业或历史经典产业的整体或其中的某一环节，而不应像专业小镇和产业园区一样追求产业的集群完整性和产业链条的延伸性。

二是人群的“特”。特色小镇的从业人员应以高智力和高技能者为主，基于各小镇的产业特征，相关行业的高端人才集聚于此。

三是位置的“特”。特色小镇主要位于城镇周边、景区周边、高铁站周边及交通轴沿线等适宜集聚产业和人口的地域，突出城乡结合和连片开发的特性，不像一些专业小镇那样多分布在远离中心城市的地方。

四是功能的“特”。宏观而言，特色小镇以推进供给侧结构性改革为基本功能定位，是着力打造县域经济升级版试验田，是创新驱动发展的新平台。微观而言，特色小镇可以为企业提供完善的公共服务，为从业人员提供舒适、惬意和宜居的环境。所以，无论功能的层次还是完善程度，较一般专业小镇都要高出很多。

特色小镇的合理外延还包括以下四个方面。

一是生态良好，环境优美。特色小镇的选址集中在生态资源承载力强、环境优美秀丽之地，最低按3A级以上景区标准建设，让居民舒心创业、休憩和居住。

二是文化底蕴深厚。特色小镇是文化传承与创新的重要载体，能够基于自身特质塑造属于自己的独特文化，提升居民的文化认同感和归属感。

三是社会治理水平高。特色小镇的日常管理与服务应当充分尊重各投资主体应享受的基本权利，政府或管委会则主要负责行政管理和外围公共服务设施配套，打造良好的社会软环境。

四是身份与价值的高度认同。由于特色小镇独特的文化、完善的服务、优美的环境和高效的管理等因素，当地企业和居民拥有很强的自豪感以及对小镇文化价值的认同感。

16.1.3　特色小镇的发展架构

（1）以特色产业为引擎的泛产业聚集结构。特色小镇主要聚焦自身优势的特色产业；延伸产业链，形成“产业本身＋产业应用＋产业服务”的相关产业集群机构。

特色小镇的关键在于产业培育。它的产业一般以双产业为主，即“特色产业＋旅游产业”。其中自身特色产业主要指新兴产业或传统经典产业，诸如信息经济、环保、健康、时尚、金融、高端装备等新兴产业；茶叶、丝绸、石刻、文房、青瓷等传统经典产业。

泛旅游产业主要是“旅游＋农业”“旅游＋乡村”“旅游＋工业”“旅游＋健康”“旅游＋体育运动”“旅游＋科技”“旅游＋教育”等方面内容。

特色产业开发具体落地架构主要分为事业导入与产业开发两个方面。事业导入主要分为科（产业科研基地）、教（教育培训园区）、文（产业博物馆）、其他（比如康复疗养医院）等。产业开发包括产业本身（科技产业园、产业孵化园、双创中心、创想园等）；产业应用（应用示范园等）；产业服务（“产业 + 贸易”“产业 + 会议”“产业 + 康养”“产业 + 运动”“产业 + 休闲娱乐等”）。

（2）以旅游为引擎的泛旅游产业聚集结构。以特色产业为基础，发展旅游产业；以旅游的十二要素为内容，打造泛旅游产业集群结构。以“旅游吸引核”为基础，通过旅游的“搬运”功能，形成大规模的外来游客的聚集，游客聚集形成食住行游购娱等多样化的消费结构，由此形成消费产业的聚集，构成城镇发展的产业结构，带来了大量的就业人口和服务人口。这些人口与当地居民共同产生对城镇居住、交通、金融、文化等的需求，由此带动城镇化结构的形成。

（3）旅游目的地架构。特色小镇不完全是旅游，但又必须是旅游；每一个特色小镇都是一个以 4A 景区为主导的旅游目的地。旅游产业项目以“旅游吸引核 + 休闲聚集 + 商街 + 居住”的开发架构模式。

旅游吸引核——特色项目吸引核（包括主题乐园、景区等）、风貌吸引核（包括古镇、艺术、创意等）、广场吸引核（包括激光水秀、篝火晚会等）、餐饮吸引核等。

休闲聚集——餐饮聚集、酒吧与夜间聚集、创意客栈聚集等。

商街——创意工坊街区（诸如百工坊、百艺坊等）、娱乐游乐街区（演艺、洗浴、养疗等）、休闲街区与商业地产。

居住——就业人口与本地居民居住第一居所、周末时间来此旅游的各大城市居民居住第二居所、来此养老与度假的居民居住第三居所等。

（4）新型城镇化架构。人口聚集，使城市居住及配套服务有所发展，进而形成城镇化架构。特色小镇以特色产业引擎与旅游吸引核为中心，依托核心产业园区与休闲聚集区，形成产业延伸环、居住发展与社区配套网的综合架构。

人口聚集的变迁是城市化的重要表现，人口聚集是城市化的基础。

人口的两种聚集模式，包括长期居留型聚集与中短期流动性聚集，这两种人口聚集模式的结合，将为城镇化发展带来大量的就业人口和消费人口，是城镇化发展的基础，决定着城镇发展格局。

特色产业的发展，形成产业聚集，使就业人口增加，从而增加常住居民数量，常住居民的各种需求，促进地产、金融、公共服务等配套产业及设施的发展，进而推动城镇化步伐。

（5）智慧化与互联网引擎。以通信和信息技术为支撑，以游客互动体验为根本，以便捷优化的管理为保障的智慧化旅游，促进产业结构升级。

因此特色小镇是以“双产业”即特色产业与旅游产业为主，“三引擎”即产业引擎、旅游引擎、智慧化及互联网引擎相协调，“三架构”即产业链整合架构、旅游目的地架构（景区）、城镇化架构共同支撑的发展架构。

16.1.4 特色小镇的商业模式

（1）土地一级开发有两种模式。仅做土地的一级开发，直接获利；进行一级土地开发，同时通过其他模式（如补贴方案等），享受升值收益结构。

（2）二级房产开发包括六大房产结构：一居所地产、二居所地产（周末）、三居所地产（度假）、商铺型地产、客栈公寓型地产、养老地产。通过销售回收经营等方式形成销售运营模式。

（3）产业项目开发。一是特色产业项目开发，包括科教文卫等产业事业导入及产业园、孵化园等产业本身开发。二是旅游产业项目开发，包括旅游吸引核项目（如主题公园）、休闲消费聚集项目（如休闲商街）、夜间休闲聚集项目（如水秀表演等），通过项目的运营获得收益。

（4）产业链整合开发。两大产业链：泛旅游产业链和特色产业链，两大产业链相互支撑，构建区域产业生态圈，包括金融、教育、居住人群、城市化机构和政府政策等。

（5）城镇建设开发。其中城市服务包括公共交通服务、社会服务等；

城市管理包括城市智能化管理、政府政策等；城市配套包括银行、学校、医院等。

特色小镇的运营模式，一般以企业主体，政府服务，政府负责小镇的定位、规划、基础设施和审批服务，引进民营企业建设特色小镇。特色小镇的投融资模式、主要构建以项目为核心，以城市投资及旅游投资为支撑，多种投资平台相互协调。

16.1.5 特色小镇开发中的资源导入模式

以产业链整合为模式，有效利用各种资源，突破原有的项目推进和开发时序，将后期导入前期，在进行策划规划设计的同时，引入后期建造成熟的项目、营销、管理、服务、投融资等资源，使得策划、规划过程也成为一个推动项目落地的过程。

资源的全要素导入包括：IP 导入、规划导入、设计导入、建造导入、营销导入、管理导入、服务导入、投融资导入等。

结合建造导入的领域包括：工程技术领域、专项建造领域、建筑材料领域、装饰装修领域、工程管理领域等。

结合运营导入的领域包括：产业园区运营、社区运营、商业运营、旅游项目运营、旅游渠道运营等。

在运营管理的领域包括：温泉、酒店、景区、农庄、休闲商业、文旅创客、旅行社、节庆管理等。

以整合特色小镇下的投融资平台为基础，构建与培育区域旅游上市公司和新三板企业为核心，PPP 项目为抓手，创新旅游 IP 导入为驱动，形成创新的旅游投融资模式，推进特色小镇创新发展。

16.2　特色小镇的类型

根据小镇主导产业、地理位置、规模、资源、历史、文化等可对小镇进行分类。

按照小镇产业分类，可分为：旅游小镇、工业小镇、港湾小镇等。

按照小镇地理位置进行分类，可分为：东部沿海城镇、西部内陆城镇。

按照小镇的历史文化分类可分为：古镇、新型小镇。

按照民族风情可分为：傣族风情小镇、壮族风情小镇、彝族风情小镇等。

特色小镇既可以是特色的“非镇非区”，不是行政区划单元上的一个镇，也不是产业园区的一个区，而是将特定产业基础、独特资源禀赋、鲜明旅游特色、特有社区功能融合为一体的发展空间平台，规划面积一般控制在3平方公里左右，建设面积一般控制在1平方公里左右，也可以是行政区划概念上的一个镇，把整个乡镇都纳入特色小镇发展战略，在更大的空间载体上布局功能和产业。

打造特色小镇必须具备一定的客观条件，不是所有乡镇都能打造特色小镇，既然是特色小镇，那么需要“小镇”有一定的特色资源，通过对国内一些特色鲜明的小镇类型进行分析，总结归纳出以下十大类型。

16.2.1　历史文化型小镇

历史文化型小镇包括莲都古堰画乡小镇、越城黄酒小镇、龙泉青瓷小镇、湖州丝绸小镇、上虞围棋小镇、南浔善琏湖笔小镇、朱家尖禅意小镇、奉化布龙小镇、天台山和合小镇、古北水镇、平遥古城、茅台酿酒小镇、馆陶粮画小镇、石鼻古民居小镇、湘西边城小镇、三都赛马小镇、永年太极小镇、新兴禅意小镇等。

下面以龙泉青瓷小镇为例介绍一下历史文化型小镇的发展。

龙泉青瓷小镇总体格局为“一核心、三组团”。核心区位于上垟镇，地处浙闽边境龙泉市西部，距市区 36 公里，龙浦高速、53 省道穿境而过。山水资源优越、瓷土资源丰富、民间制瓷盛行，经历百年不衰。

上垟作为现代龙泉青瓷发祥地，见证着现代龙泉青瓷发展的历史。走进上垟镇，深山小镇的瓷风古韵，从旧屋翻新的大街小巷里飘溢出来。

曾经的上垟国营瓷厂办公大楼、青瓷研究所、专家宿舍、工业厂房、大烟囱、龙窑、倒焰窑等至今仍在，成为不可复制的青瓷文化历史。

“中国青瓷小镇开发项目”正式签约，总投资 30 亿元。分三期投入建设，以上垟镇龙泉瓷厂旧址为核心，整合周边资源，深入挖掘龙泉青瓷文化内涵，建设成为开放式、生态化的人文景区。

青瓷文化园是青瓷小镇项目的核心，保留原国营龙泉瓷厂风貌，设置青瓷传统技艺展示厅、青瓷名家馆、青瓷手工坊等各种青瓷主题的休闲体验区，为不可复制的青瓷文化历史增加了新的休闲体验。

依托小镇浓厚的青瓷文化底蕴和依山傍水的秀丽风景，城镇建设风生水起，一个集青瓷技艺传承地、青瓷文化创意集散地、青瓷文化交流汇集地为一体的世界级青瓷小镇已初具规模。

打造历史文化型小镇，一是要小镇历史脉络清晰可循；二是小镇文化内涵重点突出、特色鲜明；三是要小镇的规划建设延续历史文脉，尊重历史与传统。

16.2.2 城郊休闲型小镇

城郊休闲型小镇包括安吉天使小镇、丽水长寿小镇、太湖健康蜜月小镇、黄岩智能模具小镇、永嘉玩具智造小镇、下城跨贸小镇、临安颐养小镇、瓯海生命健康小镇、琼海博鳌小镇、旧州美食小镇、花桥物流小镇、小汤山温泉小镇、大路农耕文明小镇、龙溪谷健康小镇、钟落潭健康小镇等。

下面以旧州美食小镇为例介绍一下城郊休闲型小镇的发展。

安顺旧州古镇，集神奇的山水风光、厚重的历史沉淀、绚烂的民族民俗、独特的饮食文化于一身。借力安顺大屯堡旅游圈战略，多措并举打造古镇旅游新业态，就当前旧州旅游面临的第三轮机遇，为赢得丰硕成果，旧州变革拉开大幕。

在推进大屯堡旅游发展中，旧州立足明代民俗文化资源和独特的美食文化，着力打造乡愁美食小镇，以五个布局规划旧州的风景和业态。

古镇老街民俗场，从小吃类、匠坊类、土产类、演艺类、宗祠类、创客类等功能板块予以谋划，系统呈现民俗文化、屯堡美食。

金街特色美食场，推出军帐宴、屯家宴等一批精品宴席，打造旧州鸡辣子、糟辣肉片等一批特色菜肴，同时囊括安顺特色美食和贵州美食，实现“赶旧州乡场，逛贵州食堂”。

文星田园风光场，依托邢江河湿地公园，突出“坐着小火车去赶场”这一亮点，打造旧州屯堡闲生活、慢生活的田园风光场。

浪塘美丽乡村场，着力完善农村基础设施和公共配套服务，同时，整合屯堡传统饮食文化资源，推出屯堡菜系，布局特色民宿客栈等。

传统农耕体验场，推出传统农耕体验项目如开发观花、摘果、采茶、识药等，让游客亲自体验到传统农耕文明和休闲农业、农家生活的欢乐。

打造城郊休闲型小镇，一是要小镇与城市距离较近，位于都市旅游圈之内，距城市车程最好在 2 小时以内；二是小镇要根据城市人群的需求进行针对性的开发，以休闲度假为主；三是小镇的基础设施建设与城市差距较小。

16.2.3 新兴产业型小镇

新兴产业型小镇包括余杭梦想小镇、西湖云栖小镇、临安云制造小镇、江干东方电商小镇、上虞 e 游小镇、德清地理信息小镇、余杭传感小镇、秀洲智慧物流小镇、天子岭静脉小镇、枫泾科创小镇、新塘电商小镇、太和电商小镇、黄埔知识小镇、朱村科教小镇、福山互联网农业小镇、菁蓉创客小镇等。

下面以西湖云栖小镇为例介绍新兴产业型小镇的发展。

云栖小镇是以云计算为核心，大数据和智能硬件产业为主导产业的特色小镇。

云栖小镇努力建设成为浙江特色小镇建设的示范镇、中国创业创新第一镇，探索出一条产业、文化、旅游、社区功能融合发展，体制机制灵活的新型城镇化建设之路。

云栖小镇计划以云计算为科技核心，以阿里云计算为龙头，通过 3 至 5 年时间的努力，打造一个富于科技人文特色的中国首个云计算产业生态小镇。

打造新兴产业型小镇，一是小镇位于经济发展程度较高的区域；二是小镇以科技智能等新兴产业为主，科技和互联网产业尤其突出；三是小镇有一定的新兴产业基础的积累，产业园区集聚效应突出。

16.2.4 特色产业型小镇

特色产业型小镇包括大唐袜艺小镇、吴兴美妆小镇、嘉善巧克力甜蜜小镇、桐乡毛衫时尚小镇、玉环生态互联网家居小镇、平阳宠物小镇、安吉椅业小镇、温岭泵业智造小镇、东莞石龙小镇、信阳家居小镇、文港笔都工贸小镇、亭林巧克力小镇、吕巷水果小镇、王庆坨自行车小镇、秀全珠宝小镇等。

下面以平阳宠物小镇为例介绍特色产业型小镇的发展。

平阳宠物小镇定位为国内知名宠物主题小镇，努力打造成为温州宠物用品研发制造基地、温州宠物主题文化时尚中心、南雁景区休闲旅游特色门户和北港片区新兴产城融合板块。

分为三大功能区：一是结合游客接待中心、宠物文化博物馆、产业研发与公共服务中心和宠物产业总部经济园，即小镇的核心区；二是宠物用品产业核心制造基地，包括科创园、电商园、生产示范园，以及宠物用品小微创业园；三是以旅游和居住为主的综合服务性功能区，包括宠物时尚主题乐园、特色旅游村、宠物用品商业街和综合商住区。

打造特色产业型小镇，一是要小镇产业特点以新奇特产业为主；二是小镇规模不宜过大，应是小而美、小而精、小而特。

16. 2. 5　交通区位型小镇

交通区位型小镇包括建德航空小镇、萧山空港小镇、西湖紫金众创小镇、新昌万丰航空小镇、九龙山航空运动小镇、安吉航空小镇、宁海滨海航空小镇、北京新机场服务小镇、人和航空小镇、千年敦煌月牙小镇、深沪海丝风情小镇、博尚茶马古道小镇、秦栏边界小镇等。

下面以萧山空港小镇为例介绍交通区位型小镇的发展。

萧山空港小镇在距离萧山主城区 15 公里、杭州主城区 20 公里的地方，已成为萧山发展“互联网 +”的高地，仅有半年，便实现网上销售额 21. 57 亿元的历史。

依托航空特色，集聚电商物流巨头，抓住跨境电商发展机遇，在国家“一带一路”和“互联网 +”背景下，积极打造萧山产业转型升级的新样本。

小镇规划 3. 2 平方公里，地处杭州空港新城核心地带，形成“一心、双轴、四区”总体布局架构，三小时车程能覆盖长三角主要中心城市。

依据产业、文化、旅游、社区“四位一体”发展理念，认真践行“信息引领、智慧应用、模式创新、三生融合”四大发展要求，以“产业重镇”“主题小镇”为定位。

通过三年左右时间建设，建立空运、航运、铁路、公路等多式联运智能化物流网络体系，并积极向电子商务、物流装备制造延伸，打造浙江唯一、国内领先、有影响力的空港特色小镇。

萧山空港小镇构建的以智慧云、智能链、智通关、智生态（4I）为核心的“智慧物流”体系，使其完成了从无到有、从小到大，半年线上交易额超 20 亿元的迅速发展。

实现了自身的产业转型升级，让小镇成为萧山企业转型升级的重要平台。

打造交通区位型小镇，一是要小镇交通区位条件良好，属于重要的交通枢纽或者中转地区，交通便利；二是小镇产业建设应该能够联动周边城市资源，成为该区域的网络节点，实现资源合理有效的利用。

16.2.6 资源禀赋型小镇

资源禀赋型小镇包括青田石雕小镇、定海远洋渔业小镇、开化根缘小镇、西湖龙坞茶小镇、桐庐妙笔小镇、磐安江南药镇、庆元香菇小镇、仙居杨梅小镇、桐乡桑蚕小镇、泾阳茯茶小镇、双阳梅花鹿小镇、陇南橄榄小镇、怀柔板栗小镇、通宵飞牛小镇、金山麻竹小镇、宝应莲藕小镇、花都珠宝小镇等。

下面以定海远洋渔业小镇为例介绍资源禀赋型小镇的发展。

重点打造集科研、生产、综合物流于一体的海洋健康食品、新型海洋保健品、远洋生物医药等海洋健康产业，采用“海洋健康产业 +”的创新发展模式。促进健康产业与新经济模式的充分“嫁接、契合、互融”，积极推动创意、文化、旅游、电子商务等新兴业态发展。构建多链条、高融合的新型产业生态圈，积极打造浙江富有浓郁海岛渔文化气息的远洋渔业特色小镇。

定海远洋渔业小镇总体布局为“一核五区”，包括核心区（远洋渔都风情湾区，即小镇客厅），以及远洋健康产品加工区、健康产品物流区、生活配套区、健康休闲体验区和综合保障区。

创建定海远洋渔业小镇，有利于更高品质地打造舟山国家远洋渔业基地，使定海远洋渔业小镇成为浙江海洋经济发展新的增长点；有利于完善浙江省健康产业体系建设，使定海远洋渔业小镇成为浙江健康产业发展示范区与产业基地；有利于海岛文化传承和高端要素集聚，使定海远洋渔业小镇成为浙江舟山群岛新区的形象展示窗口；有利于优化浙江舟山群岛新区城乡空间格局，使定海远洋渔业小镇成为浙江“产城融合”的典范区。

定海远洋渔业小镇具有五个方面的发展优势：一是舟山远洋渔业全国领先，具备发展远洋健康食品产业的坚实基础。二是远洋渔业前景广阔，舟山拥有全国唯一的国家远洋渔业基地。三是岸线腹地资源极佳，定海西码头区域远洋渔业基地建设初步成型。四是百年渔港历史传承，定海西码头渔港人文底蕴深厚。五是各级领导高度重视，省市政府全力支持远洋渔业基地建设。

定海远洋渔业小镇未来将大力发展以“海洋健康食品和海洋生物医药研发制造”为主的海洋健康制造业，积极培育远洋渔业的总部服务经济和文化休闲经济功能。

围绕“海洋健康制造”主题积极引进战略运营商，不断改善和塑造远洋渔业小镇的软硬件环境，建成“一港、一湾、一基地”的目标愿景。

按照“三年初见成效”的总体安排，定海远洋渔业小镇将坚持政府引导、企业主体、市场化运作的原则，进一步强化规划引导、产业培育和要素保障，加快和督促特色小镇项目推进。

积极打造一个产业特色明显、地方文化独特、生态环境优美、“产、城、人”三位一体的省内唯一的远洋渔业健康产业小镇，使之成为长三角地区乃至全国海洋健康产业的新样板、新典范。

打造资源禀赋型小镇，一是要小镇资源优势突出，处于领先地位；二是小镇市场前景广阔，发展潜力巨大；三是对小镇的优势资源深入挖掘，充分体现小镇资源特色。

16.2.7 生态旅游型小镇

生态旅游型小镇包括仙居神仙氧吧小镇、武义温泉小镇、宁海森林温泉小镇、乐清雁荡山月光小镇、临安红叶小镇、青田欧洲小镇、景宁畲乡小镇、杭州湾花田小镇、万宁水乡小镇、龙江碧野小镇、廊下田园小镇、莲麻乡情小镇、锦洞桃花小镇、联溪徒步小镇、丽江玫瑰小镇等。

下面以丽江玫瑰小镇为例介绍生态旅游型小镇的发展。

丽江九色玫瑰小镇是美丽中国“双百”玫瑰园区（乡村）工程率先启动的项目，由云南省丽江市玫瑰小镇旅游开发公司投资开发、打造的一个集旅游观光、生物加工、健康养老等多种业态为一体的玫瑰生态全产业链项目。

该项目将结合村内9个民族主题文化元素，开发面积约3.6平方公里，分6个板块，规划用5年时间，投资约5亿元，集玫瑰种植、玫瑰产品研发生产、旅游观光、电子商务销售为一体。建成“玫瑰爱情主题小镇旅游生态圈”“玫瑰全产业链生态圈”“婚庆全产业链生态圈”“金融资本对接经济圈”“村域+区域联动经济圈”。整个项目的最终目标是将“九色玫瑰小镇”打造成5A级玫瑰生态景区。

九色玫瑰小镇位于丽江市古城区七河镇金龙村。九色玫瑰小镇的名字起源于金龙村422户居民，一共包含了纳西族、白族等9个生活在这里的少数民族，所以用了9种不同的颜色表示，同时，村民们为自家的房子挑选颜色，艺术感十足。

打造生态旅游型小镇，一是要小镇生态环境良好，宜居宜游；二是产业特点以绿色低碳为主，可持续性较强；三是小镇以生态观光、康体休闲为主。

16.2.8　高端制造型小镇

高端制造型小镇包括萧山机器人小镇、宁海智能汽车小镇、长兴新能源小镇、江北动力小镇、秀洲光伏小镇、海盐核电小镇、江山光谷小镇、新昌智能装备小镇、南浔智能电梯小镇、城阳动车小镇、中北汽车小镇、路桥沃尔沃小镇、窦店高端制造小镇、爱飞客航空小镇等。

下面以宁海智能汽车小镇为例介绍高端制造型小镇的发展。

宁海智能汽车小镇遵循产城融合理念，推进小镇基础设施、绿化景观、文化展示馆、智慧城市建设。

这里以新能源汽车产业为核心，以智能化为特色，加快建设工业参观廊道、汽车主题公园、科技文化中心、特色街区以及慢行系统等功能区块，增强新能源汽车的辐射和集聚功能。

智能化是小镇的最大特点。在小镇创建过程中，始终突出和融合“智能化”与“汽车”两大元素，实现“产品、生产、产品管理、商业模式、小镇建设管理”五大智能化。

在小镇的管理上，借助物联感知、“互联网＋”、移动互联网的技术提供整体智慧化应用服务，建成集基础设施物联、智慧安防、智能工地、智慧旅游、便民生活于一体的智慧小镇服务平台。

打造高端制造型小镇，一是要小镇产业以高精尖为主，并始终遵循产城融合理念；二是注重高级人才资源的引进，为小镇持续发展增加动力；三是突出小镇的智能化建设。

16.2.9 金融创新型小镇

金融创新型小镇包括上城玉皇山南基金小镇、梅山海洋金融小镇、富阳硅谷小镇、义乌丝路金融小镇、西溪谷互联网金融小镇、拱墅运河财富小镇、乌镇互联网小镇、房山基金小镇、南海千灯湖小镇、万博基金小镇、花东绿色金融小镇、新塘基金小镇等。

下面以上城玉皇山南基金小镇为例介绍金融创新型小镇的发展。

杭州玉皇山南基金小镇正式揭牌，一个类似于美国对冲基金天堂——格林尼治的基金小镇，在国内诞生了。基金小镇凭借金融业列入首批浙江省特色小镇名单。

玉皇山南基金小镇位于杭州市上城区玉皇山南，地处西湖世界文化遗产保护带的南端。玉皇山脚下车水马龙地；南宋建筑群背倚八卦田。

这片南宋皇城根下的产业园，三面环山，一面临江，是千年皇城脚下的城中村，西湖边上的原住地。玉皇山南基金小镇核心区规划面积 2.5 平方公里，总建筑面积约 30 万平方米。

基金小镇是以美国格林尼治基金小镇为标杆，运用国际先进理念和运作模式，结合浙江省和杭州市的发展条件和区域特质打造的集基金、文创和旅游三大功能为一体的特色小镇。

基金小镇用“微城市”的理念打造园区，加快建设生活配套服务平台，在玉皇山南集聚区内，公共食堂、商务宾馆、停车场、配套超市等正在加快建设，有的部分已投入使用。

基金小镇还提供一系列特色配套服务。比如引进由省金融业发展促进会组建和管理的“浙江省金融家俱乐部”，将创办成立“浙江金融博物馆”，成立对冲基金研究院，为小镇入驻私募机构提供专业化服务。

根据规划，一期的山南国际创意产业园已建成，入驻企业以文创、私募（对冲）基金为主；二期甘水巷、海月水景公园、鱼塘北地正在建设中，主要集聚私募基金龙头型企业；三期三角地仓库区和四期白塔片机务段，引进为基金小镇提供配套金融服务的私募中介机构、初创型机构等。

一次设计将碎片化的基金小镇整合到微小镇生活圈，描绘着线上线下、工作生活紧密关联的小镇蓝图。

打造金融创新型小镇，一是要在小镇经济发展迅速的核心区域，具备得天独厚的区位优势、人才优势、资源优势、创新优势、政策优势；二是要求小镇有一定的财富积累，市场广阔，投融资空间巨大；三是科技金融是此类小镇发展的强大动力和重要支撑。

16.2.10　时尚创意型小镇

时尚创意型小镇包括余杭艺尚小镇、滨江创意小镇、西湖艺创小镇、江干丁兰智慧小镇、大江东巧客小镇、安吉影视小镇、兰亭书法文化创意小镇、乐清蝴蝶文创小镇、杨宋中影基地小镇、宋庄艺术小镇、张家楼油画小镇、狮岭时尚产业小镇、增江街 1978 文化创意小镇等。

下面以余杭艺尚小镇为例介绍时尚创意型小镇的发展。

艺尚小镇位于临平新城核心区，规划面积 3 平方公里。作为未来的城市副中心，规划区成为临平要素集聚、交汇的链接区。其建设对整合临平的区域资源、梳理城市空间结构、优化城市服务功能、提升城市生活品质有着至关重要的作用。

艺尚小镇以时尚产业为主导，把推进国际化、体现文化特色与加强互联网应用相结合作为小镇主要特色。

规划形成“一心两轴两街”的基本格局，“一心”为小镇的形象之心、交通之心、功能之心，“两轴”为沿望梅快速路及其延伸段形成的山水文化轴和沿迎宾路形成的产城融合轴，“两街”即中国·艺尚中心项目形成的时尚艺术步行街和调整后的汀兰路时尚文化步行街。

艺尚小镇产业规划由时尚设计发布集聚区、时尚教育培训集聚区、时尚产业拓展集聚区、时尚旅游休闲集聚区、跨境电子商务集聚区和金融商务集聚区六部分组成。艺尚小镇产业定位于设计与研发、销售展示、旅游休闲以及教育与培训等，已引进品牌服装企业80家左右。

中法青年时尚设计人才交流计划基地已落户艺尚小镇；中国服装协会、中国服装设计师协会、法国时尚学院、中法时尚合作委员会已签署入驻协议。

美国纽约大学时尚学院、英国圣马丁艺术学院和意大利马兰欧尼时尚学院三大国际知名时尚学院正在积极引进中，七匹狼、太平鸟等40余家国内知名品牌已签订入驻协议。

打造时尚创意型小镇。一是要求小镇以时尚产业为主导，并与国际接轨，引领国际时尚潮流；二是小镇应该以文化为深度，以时尚为广度，实现产业的融合发展；三是小镇应该打造一个时尚产业的平台，促进国内与国际的互动交流。

16.3 旅游小镇

16.3.1 旅游小镇的内涵

旅游小镇的概念是在特色小镇的概念基础之上提出的，是众多小镇类型中的一种类型。旅游小镇同样是一个社会实体，拥有较为丰富的自然与人文景观，能提供相应的旅游服务，并且旅游产业占有小镇的一定比例，是在旅游产业集群化发展与城镇化进程双重因素推动下产生的。旅游产业的“消费搬运”和“产业集聚”是旅游小城镇形成的前提；“特色化”是旅游小镇建设的要点；“泛旅游产业整合”是旅游小镇发展的核心。

16.3.2 旅游小镇的特点

（1）具有丰富的旅游资源，聚集大量的旅游要素。旅游小镇的建设一般都是依托丰富的旅游资源。旅游资源主要是指对游客具有吸引力，能够开发成为旅游产品的事物。不论是有形的还是无形的，不论是自然的还是文化的或是社会事物。旅游小镇的旅游资源比较周边地区具有显著的优势，资源特色鲜明、禀赋较好。旅游资源的开发必然带来大量旅游要素的集聚，主要包括基础设施和公共服务设施的建设，包含旅游的六大要素。

（2）旅游产业为主导产业，小镇产业链完整。旅游小镇内具有完整的产业链，能够为游客提供体验娱乐服务，吃、住、行等日常生活出行服务和金融服务等。旅游产业是小镇产业发展的核心主导，对小镇产业结构和经济发展起到导向性和凝聚力的作用，在整个产业结构系统中所占的比重高、产业关联度高、产业增长效率高，对小镇的经济发展具有很强的拉动作用。

（3）在旅游小镇发展中，政府主导作用突出。我国政治体制和文化传统的影响，使得政府主导在我国旅游小镇的发展演变中扮演着重要的角色。

（4）地域区位影响旅游小镇分布规律。旅游小镇的分布呈现规律性，分布主要受到地域区位的影响。这其中包括了小镇与大城市的距离、小镇与交通主干道的距离、是否地处重要旅游线路等方面，都会对旅游小镇的分布产生影响。

16.3.3 旅游小镇开发动因

开发旅游小镇是城市发展政策影响的必然结果。党的十八大明确提出“新型城镇化”概念，中央经济工作会议进一步把“加快城镇化建设速度”

列为2013年经济工作六大任务之一。党的十八大召开后，李克强总理提出“改革红利”，系统概括了中国经济发展依靠结构调整带动速度提升的核心理念。此后，农业部主抓“社会主义新农村建设”，建设部支持“小城镇建设试点”和“特色城镇建设”，政策在快速实施，推进落实。

2014年，中共中央、国务院正式发布《国家新型城镇化规划（2014～2020年）》，规划提出了我国实施新型城镇化战略的六项原则：以人为本、公平共享；四化同步、统筹城乡；优化布局、集约高效；生态文明、绿色低碳；文化传承、彰显特色；市场主导、政府引导。《规划》把坚持“生态文明”和“文化传承”作为新型城镇化建设的重要原则，充分显示了我国现阶段社会发展理念的重大转变，同时也更加有利于新型城镇的“旅游化”发展。

旅游小镇作为促进产业提升、加速产业融合、实现扶贫扶农、推动新型城镇化发展的重要途径之一而成为新的发展趋势。2016年1月，国务院办公厅发布的《关于推进农村一二三产业融合发展的指导意见》明确提出，要“建设一批具有历史、地域、民族特点的特色旅游村镇和乡村旅游示范村”。旅游小镇是以旅游产业为主导的小镇，是未来几年乡村建设的重点。

2016年2月，国务院公布的《关于深入推进新型城镇化建设的若干意见》提出，“加快特色镇发展……发展具有特色优势的休闲旅游、商贸物流、信息产业、先进制造、民俗文化传承、科技教育等魅力小镇”。

2016年4月，国家发改委表示，结合国家“十三五”规划实施，2016年将在国家层面，会同有关部门从规划引领、政策扶持和宣传推广等方面引导扶持1 000个小城镇发展为特色镇，这为具有良好发展基础和巨大发展潜力的旅游小镇提供了新的发展机遇。国家“十三五”规划纲要中明确提出，要“因地制宜发展特色鲜明、产城融合、充满魅力的小城镇”。国内外旅游发展的经典案例表明，旅游小镇无论从哪个角度讲都堪称是特色、魅力小镇的典型代表。旅游小镇作为魅力小镇的典型代表，在国家推进特色小镇的建设中大有用武之地。

开发旅游小镇是旅游消费市场转型升级的需要。随着旅游市场的逐渐成熟，国民消费需求正在发生新的变化，文化性和休闲性成为旅游消费的新趋势。旅游小镇越来越多地集合了文化体验、娱乐休闲、夜生活、旅游服务、度假生活方式等多重旅游功能，而成为时下深受热捧的产品类型。旅游小镇是传统旅游产品的重要支撑和补充，并一跃成为近年市场开发的重点之一，以文化旅游、文化产业和新型城镇化引领的综合休闲度假小镇开发正成为热点。

旅游消费的转型升级，转变了旅游小镇原有的资源开发观念，满足旅游者的复合性旅游需求并非以优秀的观光旅游资源为必须条件。对于那些旅游资源观赏度不强的旅游小镇来说，如果仅从观光的角度看，可能不具有较大的开发价值，但是如果从休闲度假的角度看，却可以通过创意开发、完善旅游产品功能等方式使平凡的旅游资源变得有吸引力。比如，丰富的温泉资源可能不具有观赏价值，但通过开发养生产品，就能产生独特的吸引力。观光旅游资源需要大自然的赋予，而休闲度假资源则可以基于在一定自然条件的前提下，通过一定的产品设计开发充分发挥自然资源的吸引力。从这个意义上讲，自然资源不是决定旅游小镇开发的必须因素，大多数城郊小镇都有旅游发展的潜力。因此，城郊旅游小镇的开发应摒弃传统的旅游资源观念，深层次挖掘当地资源潜力，提升产品品质，满足游客新的消费需求。

16.3.4　旅游小镇行业开发动态

当前，建制镇的旅游小镇开发建设正逐渐上升为各地旅游发展策略，成为各地的投资与建设热点。各地旅游小镇的打造，均对产业发展、生态环境、社区发展提出新的要求，旅游小镇的综合体属性明显。

早在 2005 年，《云南省人民政府关于加快旅游小镇开发建设的指导意见》发布，明确了旅游小镇建设的意义。《意见》提出，打造云南省旅游名镇，首批建设60个旅游小镇。2011年，云南省政府下发《云南省人民政府关于加快推进特色小镇建设的意见》，计划在60个小镇的基础上，启动了150个特色小镇的建设发展，包括68个现代农业型、34个工业型、60个旅游型、27个商贸型、12个边境口岸型和9个生态园林型小镇。

2014年4月，海南省政府为加快推进海南省特色风情小镇建设步伐，提升国际旅游岛的建设品位，海南省住房和城乡建设厅正式出台了《海南省特色风情小镇建设指导意见》。《意见》指出，要通过特色风情小镇带动，加快海南省城镇化进程，逐步实现城乡基础设施、公共服务、就业和社会保障的城乡一体化。海南省每年将选择2～3个示范镇，各市县至少选择1个重点镇，通过省、市县两级集中投入，逐年推进，建成一批功能齐备、设施完善、生活便利、环境优美、特色鲜明、经济繁荣、社会和谐的特色风情小城镇。

2015年，浙江省发布《省政府关于加快特色小镇规划建设的指导意见》。《意见》指出，全省重点培育和规划建设100个左右特色小镇，相对独立于市区，有明确产业定位、文化内涵、旅游和一定社区功能的发展空间平台。特色小镇聚集信息经济、环保、健康、旅游、时尚、金融、高端装备制造等支撑未来发展的七大产业。坚持产业、文化、旅游“三位一体”和生产、生活、生态融合发展。所有特色小镇要建设成为3A级以上景区，旅游产业类特色小镇要按照5A级景区标准建设。

2016年3月，《湖南省旅游业“十三五”发展规划纲要》出台。《规划》指出，未来5年内，湖南要建设100个特色旅游小镇。“十三五”期间，将重点建设151个旅游重大项目，拉动旅游综合投资1万亿元以上，培育70个旅游资源重点县，建成35个全域旅游示范县、100个特色旅游小镇、500个特色旅游村，创建100家国家等级景区（其中4A级及以上50家），创建35家国家等级旅游度假区，全面优化旅游产品结构，丰富提升观光旅游产品、大力发展休闲度假产品、积极开发专项旅游产品，推动以观光型旅游产品为主向观光、休闲度假、专项旅游产品在内的复合型产品体系转型，形成多点支撑的发展格局和较为完备的旅游产品体系。

16.3.5 旅游小镇建设的重要意义

旅游小镇是城镇化建设的主要推手。小城镇规模较小，其提供的就业岗位、产生的人气集聚及经济辐射能力都无法跟大城市相比，但其发展相较大城市来说相对灵活，可以走特色化发展之路，以特色形成别人无法超越的竞争优势。而“旅游”恰恰是一个讲究特色的产业，这与小城镇的发展之路天然契合。因此，以旅游产业为主导的旅游小镇建设，是我国推进城镇化建设的重要方向和路径，是产业发展与城镇建设的产城一体化系统整合。

休闲旅游小镇的建设发展，不仅是要发展以休闲产业为带动的泛旅游产业，更重要的是要创造产品，真正可以作为城市吸引核，符合城市发展的核心机理和逻辑。这个核心机理首先是提升人气，进一步推进休闲产业的聚集，最终创造出就业岗位，形成一定规模的人口集聚，推进土地开发、交通建设、基础设施完善，进而为休闲旅游者及城镇居民提供配套银行、医疗、教育等社会公共服务，结合商业化服务，形成新型旅游小镇。

旅游小镇是美丽中国建设的重要路径。“望得见山，看得见水，记得住乡愁”，这是对“美丽乡村”的最美期待。

党的十八大首次提出了“努力建设美丽中国”这一富有诗意的理念。努力建设“美丽中国”，意味着人民生活要美丽、环境要美丽。旅游业是生态文明与经济发展的最佳结合点。新出台的《国家新型城镇化规划》提出，要限制大城市人口规模，加快发展中小城市。发展旅游业是小镇实现跨越式发展的一条重要途径。

新型城镇化是生态宜居、和谐发展的城镇化，休闲旅游小镇的建设转变了城镇化的发展方式，将集约、智能、绿色、低碳的理念融入其中。旅游经济是绿色集约化发展的经济模式，休闲旅游小镇的建设可以借鉴生态城市建设的经验。

休闲环境氛围是休闲旅游小镇发展的第一要义，也是吸引游客驻足的必要条件，其打造必须实现环境净化、绿化、美化，这需要完整的生态基础设施的支撑，包括城市河流、湖泊、池塘、沼泽等的净化与活化；城市自然植被、园林植被、城市林业、城市农业及道路的绿化与美化；城市地表、建筑物、构筑物表面及道路等的特色化建设，以及山形、水系、风水、生态廊道等生态要素的有机整合，休闲旅游小镇建设将是实现绿色生态城镇建设的新路径。

旅游小镇有利于优化区域旅游产品供给结构。新常态时期，我国经济社会发展大多面临动力不足、结构失衡和效率失速等风险。鉴于此，很多省份将旅游业作为新型城镇化的驱动型产业以及宏观经济需求管理和供给侧结构性改革的重点领域，要求积极抓好旅游城镇产品创新和体制机制改革，这对于推进观光游向休闲度假游转变、实施好“旅游 +”战略具有重大的意义。

然而，当前许多村镇基础设施落后、产业基础薄弱、生活质量不高、休闲氛围缺失、开发管理不善。如何探索出一条“旅游催生城镇，城镇成就旅游”的旅游城镇化道路是个难点。

首先，应是立足本地资源禀赋的旅游产品。旅游城镇是旅游者文化体验和享乐体验的一类主要空间载体，是休闲度假时代的主要产品类型，应当找准本地文脉进行特色资源产品化，吸引旅游消费与享乐，推动旅游城镇化进程。

其次，应进行地方文脉与地脉的生活化改造。所谓生活化改造，是旅游小镇居民生活质量和人居环境的提升，要注重对商业化的适度控制，保留原有生态系统的完整性和原真性。

最后，应是符合市场需求的体验化改造。国家旅游局近日发布的信息显示，旅游业已经发展到了全民旅游和个人游、自驾游为主的全新阶段。

移动互联网时代和体验经济时代下，游客的个性化体验需求得到全面释放，推进旅游小镇的开发和建设，必将有利于优化区域旅游产品供给结构的转型和改革。

旅游小镇带动城乡社会经济协调发展。新型城镇化是城乡统筹、城乡一体化的城镇化，而旅游是带动区域社会经济综合发展的高效良性产业群，旅游不仅仅是一种产业经济，还具有社会综合协调能力。旅游经济的本质，是以“游客搬运”为前提，形成游客在异地的规模消费，从而实现“消费搬运”的效应，这一搬运，是旅游跨越区域、跨越城乡的二元经济结构，是带动目的地发展的最好手段。

在旅游消费的拉动下，休闲旅游小镇将形成综合性、多样化的消费经济链，本地居民的就业岗位得到增加，人均收入增加，城乡差距缩小，城市环境美化，服务设施配套完善，城镇品牌提升，将实现新型城镇化城乡社会经济的协调发展。

旅游小镇传承了地方文化特色。住房和城乡建设部原副部长仇保兴谈新型城镇化时指出，“推进新型城镇化，不能盲目克隆国外建筑，而是要传承自身的文脉，重塑自身的特色。没有自己的文脉，形不成自己的特色，自身优势就发挥不出来，就会千城一面”。

休闲旅游小镇的建设，强调的是独特的城市肌理，注重对当地传统文化的挖掘与保护、继承与发展，只有体现地方性与唯一性，才能打造出休闲旅游小镇的独特吸引核，形成富有吸引力的城市风貌与城市品牌形象。建设休闲旅游小镇，将为新型城镇化发展提供保护文化多样性的一种新思路。

16.3.6 旅游小镇的规划要点

（1）主题化开发。突出旅游小镇的特色，需要主题化打造手法。用一个核心主题，体现整个小镇的文化灵魂，这是常规的手法，但主题文化不一定是单一主题，可以通过梳理文化，打造以主题文化为重点，多种文化整合延伸形成旅游小镇，把多元文化景观化、建筑化、娱乐化。

（2）合理化布局。需求导向功能，功能导向产品。旅游小镇需具备观光、休闲、住宿、商业、娱乐、生活六大主体功能，功能是小镇用地布局以及旅游产品设计的依据。旅游小镇的功能分区，用地布局要围绕着休闲活动及休闲旅游线路展开。合理的功能分区，用地布局，搭建出小镇的骨架，塑造出小镇的形态，结合文化主题的历史和地域特征，形成小镇独特的肌理结构。

（3）景区化设计。旅游小镇作为一个景区，有若干的景点。在小镇里施行景区化设计，入口景观、公园景观、节点广场，大型中心广场或者集散广场，这些都是景点。这些景点之间的关系，景点布局，旅游线路关系，把整个小镇构成了一个景区概念。水系、绿植、林荫道、游客步行道等把景点串联起来，整体形成一个惬意轻松的环境，生活在其中的人们，节奏也慢了下来。而点缀其间的城市家具如灯箱、座椅、铺装、广告牌等，也应该充满着诗情画意。

（4）休闲化业态。休闲业态聚集和带动了小镇的人气与商气。目前，在休闲时代大趋势下，各种商业逐渐从传统趋向休闲，从时尚用品到户外运动装备，从休闲餐厅到主题酒吧，从 SPA 美容到健身俱乐部，从休闲画廊到数字娱乐，从旅游服务到度假酒店。休闲已不再只是消费行为的点缀，而是成为商业业态发展的大势所趋。

（5）特色化生活。旅游小镇与旅游景区的一大区别是小镇作为一个在城镇化体系中的区划单位，其休闲集聚结构延伸出多维的居住结构（城镇化人口居住、服务人群居住、度假居住等），针对性强的特色化生活方式是对多维居住结构受众的最大吸引力。可以通过把文化主题向小镇衣、食、住、行、劳动工作、休息娱乐、社会交往、待人接物等物质生活和精神生活各个角度的延伸，营造和展示不同的生活模式，吸引游客并将这种生活方式形成新的景观。

（6）信息化管理。旅游信息化是当前旅游业发展最为显著的特征之一。在旅游资源整合、设施建设、项目开发、市场开拓、企业管理、营销模式、咨询服务等领域已经广泛应用现代信息技术，因而引发了旅游发展战略、经营理念和产业格局的变革，带来了产业体制创新、经营管理创新和产品市场创新，改变了旅游产业的发展方式。总之，技术型融合使旅游业提高了技术含量，为旅游业注入了新的活力。

（7）完善的保障体系。依托于旅游小镇的多样性功能，设置旅游小镇的保障体系，应包括城镇发展保障体系（户籍、教育、医疗、就业、住房、社保、环境等）、旅游专项保障系统（发展资金保障、规划设计保障、旅游安全保障、医疗救援保障、营销体系保障、资源与环境保护等）。

16.3.7　旅游小镇发展的未来趋势

（1）旅游小镇主题文化鲜明化。独特的文化是旅游小镇树立独特旅游形象、获得持续发展的重要因素。在旅游小镇的开发建设中必须注入特色的文化，以满足旅游者对文化的精神追求。

首先，在旅游产品开发过程中应引入文化元素，开发多样化文化旅游产品，形成文化旅游产业群。

其次，在空间意象的营造中，应将文化元素融入进建筑、道路、装饰当中，体现当地文化特色，营造可打动游客的文化意象，从而提升旅游小镇的知名度。例如，乌镇的文化意象营造就是一个典型的案例。

再次，在旅游发展过程中，需引入艺术、商业、生态当中的多元文化元素，通过创意发挥，以现代需求为核心去活化历史、激活文化，将传统文化向现代文化转化。

主题文化鲜明化是旅游小镇摆脱同质化竞争的有效手段之一，因此，未来的旅游小镇必将更加注重传承历史文化，将在区域内注入文化意象，以旅游主题为方向，创新旅游产品，彰显小镇个性。

（2）旅游小镇消费结构日趋多元化。进入泛旅游产业时代，使旅游业与其他产业的融合产生可能性。旅游市场最突出的变化之一就是区域内原有的单一形态的观光旅游产品对旅游者的吸引力有所下降，旅游者对目的地的消费需求，从浅层次单一化的需求演变成涵盖旅游多个要素的综合需求。

那些摆脱单一功能，能为旅游者提供独特而丰富的旅游体验的综合性旅游目的地，越来越受欢迎。旅游者渴望在目的地获得集知识性、体验性、娱乐性为一体的多重旅游体验。消费结构的多元化促使旅游小镇的内部空间结构重新划分，以多重功能为导向的空间布局成为一种发展趋势。同时，旅游小镇消费结构的多元化也给产业完善发展提供了机会，从而形成很高的附加值和溢出效应。

消费需求的多元化既是旅游者消费意识升级、参与意识不断增强的结果，也是现代旅游者消费心理发展的基本趋势。尤其是现代网络的发展，拓展了消费者的视野，越来越多的消费者寻求多渠道、多方式满足其旅游需求，传统的消费模式受到挑战。消费档次和结构的多样化需求，是未来旅游消费的重要发展趋势。

因此，旅游小镇在进行产品开发的时候，需考虑不同消费群体在消费层次、消费种类方面的多样化，依据不同的人群打造完善的产品体系，让尽量多的旅游者获得最大程度的满足，增加其主动驻留时间，并且为今后的可持续发展留下良好的基础和广阔的空间，这是旅游小镇未来发展的必然趋势。

（3）旅游小镇发展过程中多元角色互动性增强。目前，我国旅游小镇的开发建设还是在政府主导下进行，政府投入大部分资金，规划基础设施建设、土地流转、制定政策支持以及配置社会各方资源。但是项目建成之后的运营管理、宣传营销、市场开拓都离不开企业的参与。旅游企业参与小镇的开发运营，能更有效地与市场需求衔接，提高运营效率。

同时，要在旅游小镇内营造良好的旅游氛围，保持良好的社会秩序，还需要社会各界的参与和支持。例如，有些小镇实行“政府 + 协会 + 企业”的运营模式，能较好地平衡各方利益，保障旅游小镇的可持续发展。

（4）旅游小镇将更加注重体验性项目的建设。在休闲时代，人们不再满足于简单的物质享受，而是希望在此基础上获得精神愉悦，这些都使体验之风盛行。把旅游产品的开发置于体验经济的背景下，迎合了时代发展的需要。旅游者的参与意识，要求旅游小镇能提供更多的旅游项目，使旅游者能体会到作为参与者和主角的趣味。纵观世界各地经营成功的旅游小镇，其吸引众多旅游者甚至全球眼光的旅游项目都具有较强的体验性。

例如，一些小镇利用周边良好的自然环境，推出自驾游、森林观鸟、森林瑜伽等，将休闲体验的价值链不断延伸。参与性的设施、活动能将旅游者留在旅游小镇，并成为能产生较高消费的主要吸引物。因此，旅游小镇的发展趋势，也要顺应消费者的需求，加强体验性、参与性旅游项目的建设。

16.4　特色小镇案例

16.4.1　浙江杭州市云栖小镇

云栖小镇是浙江省首批创建的 37 个特色小镇之一。位于美丽的首善之区杭州市西湖区，规划面积 3.5 平方公里。

云栖小镇是以云计算为核心，云计算大数据和智能硬件产业为产业特点的特色小镇。云栖小镇建设仅仅一年，发展非常迅速。2015 年实现了涉云产值近 30 亿元，完成财政总收入 2.1 亿元，累计引进企业 328 家，其中涉云企业达到 255 家，产业已经覆盖云计算、大数据、互联网金融、移动互联网等各个领域。

一个小镇的灵魂人物——云栖小镇名誉镇长王坚博士，是阿里巴巴的首席技术官、阿里云的创始人、中国云计算领域的领军人物，也是云栖小镇主要创建者，致力于把云栖小镇打造成中国未来创新的第一镇。

一个高端的新兴产业——云栖小镇坚持发展以云计算为代表的信息经济产业，着力打造云生态，大力发展智能硬件产业。目前已经集聚了一大批云计算、大数据、APP 开发、游戏和智能硬件领域的企业和团队。

一个创新的运作模式——云栖小镇采用“政府主导、民企引领、创业者为主体”的运作方式。政府主导就是通过腾笼换鸟、筑巢引凤打造产业空间，集聚产业要素、做优服务体系。民企引领就是充分发挥民企龙头引领作用，输出核心能力，打造中小微企业创新创业的基础设施，加快创新目标的实现。创业者为主体就是政府和民企共同搭建平台，以创业者的需求和发展为主体，构建产业生态圈。这是云栖小镇最有创新活力的部分。

一个世界级的云栖大会——云栖小镇创建了真正服务于草根创新创业的云栖大会，目前是全球规模最大的云计算以及 DT 时代技术分享盛会。“2015 年杭州云栖大会”吸引了来自全球 2 万多名开发者以及 20 多个国家、3 000 多家企业参与。

16.4.2 贵州安顺市旧州镇

贵州安顺西秀区旧州镇就是贵州特色小城镇建设工作中值得推荐的代表。旧州地处黔中腹地，被誉为“梦里小江南，西南第一州”。

旧州镇生态良好、环境优美、文化丰富，是中国屯堡文化的发源地和聚集区之一，是全国第一批建制镇示范试点镇，中国历史文化名镇、全国文明村镇、全国美丽宜居小镇和国家 4A 级生态文化旅游小镇。

（1）发挥生态和文化优势，建设绿色旅游小镇。旧州镇依托丰富的文化资源和良好的生态环境，先后完成了“土司衙门、古民居、古街道、古驿道”的修缮工作，培育了一个国家级湿地公园，一个4A级国家生态文化旅游景区，两个特色观光农业示范区。同时加快旅游慢道、旅游小火车、游客服务中心等旅游基础设施建设，逐步形成了以旧州、天龙、云峰为重点的大屯堡旅游圈，推动了生态旅游与人文旅游融合发展，旅游产品的业态不断丰富。

（2）探索就地就近城镇化路径，建设美丽幸福小镇。根据旧州镇实际，就地就近城镇化。在浪塘村打造升级版“微田园”，以“万绿城”城市综合合作共同建设特色产品职工基地，实现示范小镇订单式生产，城市综合体链条式销售。与葡萄牙里斯本大区维苗苏镇、黄果树旅游集团公司结成对子，合作打造特色旅游民居“山里江南”旅游综合体等项目，吸引农业转移人口到镇区和美丽乡村集中。

（3）创新投融资模式。积极探索创新城镇化发展体制机制，成立了镇级投融资平台，积极争取各方面投资资金。逐步把旧州镇打造成为连接城乡的重要纽带、服务农村的重要平台、带动周边的辐射点。

（4）着力打造文化生态旅游古镇。首先坚持规划引领，科学编制了镇总体规划以及历史文化名镇保护规划；其次注重绿色发展的理念，继成功创建省级绿色低碳小城镇、国家级绿色低碳小城镇。

（5）“1+N”镇村联动发展模式。构建“以镇带村、以村促镇、镇村融合”的“1+N”镇村联动发展模式。建成了连接镇区以安顺中心城区的屯堡大道，改造提升区内路网和对外通道，把周边的双堡、七眼桥、大西桥和刘官、黄腊等乡镇串联起来，形成具有辐射带动作用的城镇集群。

第 17 章

国际经济合作中的整合创新

在当今的国际政治版图中，区域一体化组织的发展已经形成风潮。各个地区的超国家联合体都在寻求新的整合模式，以形成市场、资源、政策上的协作，从而极大地提升了其区域资源使用效率、集体话语和全球竞争能力。

全球经济结构深刻调整，围绕制度、规则、市场、技术、资源的竞争日趋激烈，我国发展面临的内外环境正在发生复杂变化，提升开放型经济水平的重要性、紧迫性日益突出。面对世界经贸格局新变化，各国围绕国际市场与资本的争夺更加激烈，全球经济治理体系面临深刻变革。发达国家致力于制定新的国际贸易投资规则，积极推进“竞争中立”、劳工标准、环境保护等新议题的谈判，以占领未来国际竞争制高点。全球贸易开始了新一轮竞争，出现了更高标准的自由贸易谈判，国际贸易投资规则体系面临重塑。因此，我国着眼经济利益遍布全球的现实，通过在国际经济合作中的整合创新，实施了一系列的国际经济合作战略，全面参与国际重大经贸合作谈判，在新的货物贸易、服务贸易和投资规则的制订中抢占先机。

17.1　中国—东盟自由贸易区

17.1.1　中国—东盟自由贸易区的资源整合创新与进展

中国倡导发起成立中国—东盟自由贸易区，是中国开展国际经济合作整合创新的重大战略。在世界上，欧盟（European Union）、北美自由贸易区（NAFTA）以及于2002年11月签署的中国—东盟自由贸易区（China and ASEAN Free Trade Area，CAFTA）协议是世界上三大区域经济合作区。

中国—东盟自由贸易区（缩写CAFTA）或称"东盟10+1"，是指由中国以及东南亚国家联盟的10个成员国：文莱、菲律宾、印尼、马来西亚、泰国、新加坡、越南、老挝、柬埔寨和缅甸组成的自由贸易区。东盟和中国的贸易占到世界贸易的13%，成为一个涵盖11个国家、19亿人口、GDP达6万亿美元的巨大经济体，是世界上人口最多的自贸区，也是发展中国家间最大的自贸区。

1999年，为扩大双方的经贸交往，时任国务院总理朱镕基在马尼拉召开的第三次中国—东盟领导人会议上提出，中国愿加强与东盟自由贸易区的联系。这一提议得到东盟国家的积极回应。2000年11月，朱镕基总理在新加坡举行的第四次中国—东盟领导人会议上，首次提出建立中国—东盟自由贸易区的构想，并建议在中国—东盟经济贸易合作联合委员会框架下成立中国—东盟经济合作专家组，就中国与东盟建立自由贸易关系的可行性进行研究。

2001年3月，中国—东盟经济合作专家组在中国—东盟经济贸易合作联合委员会框架下正式成立。专家组围绕中国加入世界贸易组织的影响及中国与东盟建立自由贸易关系两个议题进行了充分研究，认为中国—东盟建立自由贸易区对东盟和中国是双赢的决定，建议中国和东盟用10年时间建立自由贸易区。这一建议经过中国—东盟高官会和经济部长会的认可后，于2001年11月在文莱举行的第五次中国—东盟领导人会议上正式宣布。

2002年11月，第六次中国—东盟领导人会议在柬埔寨首都金边举行，朱镕基总理和东盟10国领导人签署了《中国与东盟全面经济合作框架协议》，决定到2010年建成中国—东盟自由贸易区。这标志着中国—东盟建立自由贸易区进程正式启动。

《中国与东盟全面经济合作框架协议》提出了中国与东盟加强和增进各缔约方之间的经济、贸易和投资合作；促进货物和服务贸易，逐步实现货物和服务贸易自由化，并创造透明、自由和便利的投资机制；为各缔约方之间更紧密的经济合作开辟新领域等目标。

2004年11月，中国—东盟签署了《货物贸易协议》，规定自2005年7月起，除2004年已实施降税的早期收获产品和少量敏感产品外，双方将对其他约7 000个税目的产品实施降税。

2007年1月，双方又签署了自贸区《服务贸易协议》。中国—东盟自贸区的建设使双方的经贸合作关系得到了进一步加强，也对亚洲及世界的经济发展做出了积极的贡献。

2010年9月17日，由中国—东盟商务理事会中方秘书处和昆明市政府共同主办的第一届中国—东盟行业合作昆明会议在中国云南省昆明市召开。紧紧围绕“中国—东盟自贸区：行业对接 合作共赢”这一主题，共同商议行业对接和合作，会议达成五项共识：

一是，整合资源、互补优势，推动中国与东盟行业战略合作。中国—东盟行业合作在中国—东盟自贸区发展中具有重要和积极意义。2010年1月1日起，中国—东盟自贸区正式建成。中国与东盟相互开放市场，提出了双方行业积极探讨互利合作的迫切要求。中国与东盟行业合作的目的就在于：整合资源，优势互补，推动双方产业对接与调整，扩大自贸区的贸易和投资合作，提高自贸区的生产力和国际竞争力。

二是，中国与东盟行业合作原则是优势互补、互惠互利、充分协商、创新发展。优势互补就是增进双方行业的交流与合作，充分利用互补性与比较优势。互惠互利就是实现行业内资源的合理配置，着力携手促进产业升级，实现互利共赢。充分协商就是增强协商意识，完善协商制度，不断增进理解，扩大共识。创新发展就是以创新合作来应对市场开放，携手共同发展。

三是，中国与东盟国家政府部门、行业商会、企业共同努力推动双方行业合作。双方政府行业主管部门将行业合作列为中国与东盟及其成员国经贸合作的重要工作，并支持行业商会在合作中发挥积极作用。行业商会是推动双方行业合作的重要力量，在积极与对方行业商会合作的同时，切实做好与政府部门、企业的沟通。企业是行业合作的载体，要不断强化自身的生产力和市场开发能力。

四是，积极、务实、全面地加强双方行业合作。增进行业信息交流和资料互换，做好信息开发和利用，实现信息互通。就中国与东盟相互开放市场后出现的新问题，双方行业对接过程中出现的新情况，及时交流、商议。

加强在标准领域的交流与合作，积极实现产品和服务质量标准的一体化，建立健全标准信息通报机制和标准体系。

共同研究中国—东盟行业合作发展规划，以有效指导企业合作。加强行业合作咨询服务。加强中小企业经营者的能力建设。

五是，建立和完善中国与东盟行业商会合作机制。利用好中国—东盟行业商会联席会议。该联席会议由中国—东盟商务理事会中方秘书处牵头组建、25 家中方全国性行业协会组成，目的在于为中国与东盟双方行业商会间的交流与合作搭建平台，欢迎中国与东盟国家行业商会加入。在条件成熟时，分行业建立行业商会合作委员会，以促进双方行业商会会员企业的互利合作。

2015 年 12 月 31 日，东盟宣布共同体正式建成。目前，东盟是世界第七大经济体、亚洲第三大经济体。在全球经济环境依然动荡中，东盟 2015 年经济增长率约在 4.4%，2016 年增长率在 4.9%。

17.1.2 东盟走进中国成功企业——吉宝置业

吉宝置业（中国）连续两年荣膺“东盟走进中国十大成功企业”。

吉宝置业在中国发展的二十余年，配合中国城市化发展的进程。至今，吉宝置业（中国）的房地产组合屡获殊荣，并且已经遍布中国十座城市。凭借杰出的品质和卓越的表现，吉宝置业（中国）的项目受到广泛好评。凭借吉宝的专业知识及经验，不断扩大在快速增长城市的业务规模，尤其是已经开展业务的城市，如北京、上海、天津、成都和无锡。此外，还推行各项环境保护举措，维护经济与社会的平衡发展。

吉宝置业（中国）是新加坡吉宝集团旗下房地产公司——吉宝置业的全资子公司。

1994 年，吉宝集团以新加坡财团领导者身份参与了中新两国政府第一个标志性合作项目——中新苏州工业园区（苏州工业园区）的初始启动建设。吉宝集团成功将新加坡城市化建设经验与知识引入苏州工业园区的规划与创建，为苏州工业园区经济与环境的可持续发展奠定了坚实的基础。

1998 年，看好昆明具有成为中国和亚洲高尔夫天堂的潜力，吉宝置业中国与昆明市政府合资建设了春城湖畔度假村。春城湖畔度假村的高尔夫球场依自然坡地而建，完好地保护了成熟的自然植被。栽植的树木和花卉，呈现出生态平衡的自然景象。2010 年，春城湖畔度假村项目获得了由全球知名的环保组织奥杜邦国际颁发的奥杜邦国际经典栖息地认证，肯定了吉宝置业在环境的可持续发展方面所做出的承诺和努力。至今，春城湖畔度假村屡获殊荣，享誉国际，让昆明乃至中国成为世界知名的高尔夫胜地。

2007 年，吉宝集团获邀领导中方财团与新方财团共同开发的中新两国的另一个标志性项目——中新天津生态城（生态城）。吉宝置业中国是这一项目的投资商、吉宝集团在生态城中的项目开发商以及项目经理。

为进一步加强在中国的业务发展，吉宝置业在 2013 年与中国万科（万科）建立战略合作伙伴关系，共同在中国和新加坡开发房地产项目。万科在中国拥有深入的市场信息和深厚的开发经验，此次合作有助于吉宝置业（中国）继续在中国快速增长的城市里扩大业务规模。

截止到 2013 年年底，吉宝置业在中国的资产总值达 58 亿新元（折合 282 亿元人民币），在中国 10 个城市拥有超过 20 个项目。在华业务发展的核心城市分别为上海、北京、天津、成都和无锡。土地储备面积为 560 万平方米，可兴建逾 4 万套住宅。迄今为止，吉宝置业（中国）已售出 2.2 万套住宅，其中已建成逾 2 万套住宅。

在保持业务增长的同时，吉宝置业（中国）致力于推动业务所在地的社群发展，丰富社群生活，积极倡导环境管理和保护。吉宝置业（中国）依据国际 ISO14001 环境管理体系的要求设立并施行环境管理体系。公司为在中国的所有房地产开发项目设定了最低的环保标准，即达到新加坡建设局绿色建筑标志金奖标准或其他同等标准。目前，吉宝置业在中国已有 9 个项目取得了新加坡建设局授予的绿色建筑标志金奖。

安全是吉宝置业中国的核心价值。吉宝置业（中国）为在华所有项目的工作场所设立了零事故和零伤害的目标，确保每一个员工可以安心工作、安全回家。吉宝置业在新加坡、中国和越南的所有开发项目和建筑中成功推行的职业健康与安全管理体系也通过了 OHSAS18001 体系认证。作为一项国际标准，OHSAS18001 体系能帮助企业有效管理和预防职业健康与安全方面的潜在风险及事故。

吉宝置业在开展业务的同时采用国际基准，包括 ISO26000 社会责任体系指南和联合国全球契约的普遍原则，把社会责任融入其核心价值和商业实践中。在拓展海外业务的同时，公司努力为当地带来积极正面的影响，并为社群发展做出贡献。

例如，春城湖畔度假村与非政府组织福华国际合作支持当地卫生保健事业，长期帮助和赞助志愿参加医疗任务的医生和护士为贫穷的村民实施白内障手术。公司还为有天赋的当地青年提供职业发展机会。在春城青少年高尔夫球计划中，吉宝置业（中国）为周边农村中学的学生提供高尔夫课程。有发展潜力的学生从小就接受专业的高尔夫培训，并有机会成为职业的高尔夫球手。

17.1.3 中国企业投资东盟的成功案例——同仁堂

同仁堂创建于1669年（清康熙八年），自1723年开始供奉御药，历经八代皇帝188年。在300多年的风雨历程中，历代同仁堂人始终恪守“炮制虽繁必不敢省人工，品味虽贵必不敢减物力”的古训，树立“修合无人见，存心有天知”的自律意识，形成了“配方独特、选料上乘、工艺精湛、疗效显著”的产品特色，打造了我国中药行业的金字品牌。2006年“同仁堂中医药文化”首批进入国家“非物质文化遗产名录”。

作为国内中药行业的第一品牌，同仁堂不断弘扬中医药文化，开拓海内外市场，产品行销到世界40多个国家和地区。出口创汇已连续12年保持全国中成药出口第一。截至2011年12月，已在海外16个国家和地区设立了18家公司、1家生产研发基地和64家药店。目前北京同仁堂已形成现代制药业（600420）、零售药业和医疗服务三大板块。

北京同仁堂自1993年获得自营进出口权以来，产品陆续出口到东盟国家，自2001年开始与东盟国家企业开展合资合作，在短短的10年间，已分别在泰国、马来西亚、新加坡、印尼、柬埔寨、菲律宾、文莱设立了6家合资公司、13家药店及诊所，目前越南的合作项目正在筹备中，终端网络将覆盖东盟十国中的八个国家，取得了良好的经济效益和社会效益。

（1）铸就金字品牌，诚心服务世人。同仁堂是我国“老字号”品牌企业，三百多年的厚重积淀，供奉御药的精细品质，代代相传的诚信口碑，共同铸就“同仁堂”金字品牌。同仁堂在海外投资建店，通过提高资产质量、经营质量、产品质量和服务质量，保证了海外业务的健康发展，赢得病患者的赞誉，续写了同仁堂“名店、名医、名药”的传奇，扩大了中华“老字号”品牌的影响力。

同仁堂在海外的每一个门店都派有专业医生，他们都是精挑细选出来的知名老中医。精湛的医术，热情周到的服务在海外留下了许多佳话。同仁堂吉隆坡店的李广钧教授让一位患双下肢动脉炎的女士告别了轮椅，恢复了健康，患者感激地送来了“济世清风”的牌匾；同仁堂雅加达店的刘德全大夫采用中医中药及针灸疗法让一对结婚五年不能生育的夫妻成功怀孕，这对夫妻在当地的《世界日报》上刊登了致谢信。

同仁堂在马来西亚的吉隆坡店开业后，从全马各地赶来的病人络绎不绝，请同仁堂的医生看病有时甚至要提前 1 个月预约。在这种情况下，同仁堂决定在马来西亚其他地方陆续开设分店，以满足顾客的需求。同仁堂的第二家分店开在马来西亚北部槟城，这家店面临的竞争相当激烈，曾经有一些病人来同仁堂诊病，开了方子后到其他中药铺抓药，但最终还会返回同仁堂抓药。他们反映说，同样的方子在同仁堂以外的药铺抓药，疗效不如同仁堂的好。

同仁堂为顾客提供的优质产品、贴心服务赢得了当地民众的信赖和赞誉，他们往往用“非常好、一流”来形容同仁堂。

（2）拓展传播渠道，推广中医中药。同仁堂在海外的药店既是经济实体，又是文化载体，建店不仅仅是为了销售产品，更为了传播文化。文化传播已成为同仁堂海外发展的助推器。

同仁堂在国家汉办暨孔子学院总部的支持下，于 2008 年同新加坡南洋理工大学孔子学院携手，联合办学。同仁堂经常派专家到孔子学院授课，将博大深精的中医药知识带给新加坡民众。同仁堂在新加坡药店也向孔子学院的师生开放，让他们前来了解中药的药性、药效，体验名店、名药、名医的魅力。

在海外，同仁堂药店开业都举办大型的义诊活动，回报社会，回报患者。药店经常开展中医专家到社区、中医药知识讲座活动。医师每月为消费者提供义诊，定期举办讲座，围绕消费者普遍关心的问题提供中医药保健知识。同时，利用重大节日与所在国大使馆及其他中资企业一起在报纸上出专版，举办义卖义演、送医送药等特色活动，取得了良好的社会和经济效益。

此外，同仁堂通过开展学术交流与研讨活动，以及通过媒体安排同仁堂中医药知识栏目、连载以同仁堂历史故事为背景的文艺作品等，让消费者了解了同仁堂，了解了中医药，促进了中医药文化在当地主流社会的传播和融入。

（3）创新经营模式，培养本地人才。同仁堂走进东盟的十几年，是不断创新发展的十几年，通过灵活应变来适应各国市场的不同需要。

以新加坡为例，同仁堂药店一般为传统的中药店，而新加坡同仁堂大胆尝试，在当地西医医院里开设了中医诊疗中心，是中西合璧的一个里程碑，更是同仁堂进军政府西医医院的突破。现在新加坡已设立五家药店，其中有三家设立在西医医院里，成为同仁堂海外拓展的新模式。

同仁堂在海外本着国内派出、当地招聘的原则发展员工队伍，培养锻炼了一支少而精、适合海外市场需要、复合型的人才队伍。通过组织合资公司的本地员工及销售商代表到同仁堂进行企业文化和专业知识的培训，增强了海外员工对同仁堂的认同感和归属感，提高了企业的凝聚力，同时大大提升了同仁堂品牌在东盟各国的影响力。

17.1.4 中国企业走进东盟成功案例——中化国际

中化国际（控股）股份有限公司的总部位于中国上海陆家嘴，十几年来中化国际从陆家嘴一路向南，走进新加坡、曼谷、河内、马尼拉、吉隆坡，与东盟国家的企业与员工携手并进，共同发展。

在泰国南部德美行的也拉加工厂，中化国际董事长潘正义询问工人工厂历史上最高产量是多少，同时表示与中化国际携手，TCL 共同的光明未来是可以预期的。

中化国际与东盟国家企业的合作可以追溯到公司成立之初的 1998 年，在商务部、农业部、贸促会等国家部委的支持下，公司将东盟地区当作海外重要的业务战略区域，特别是在天然橡胶、农药等业务上加大了实业投资和贸易拓展的力度，在当地的投资及业务规模在外国企业中保持领先，在东盟地区形成了较强的影响力。

（1）并购共发展。2003 年 6 月，中化国际下属的中化国际（新加坡）有限公司（以下简称中化新加坡）在新加坡成立，作为中化国际在海外的业务平台、操作平台、资金平台和投资平台，依托新加坡作为东盟地区贸易、金融、航运中心的优势，业务快速增长。截至 2010 年底，中化国际通过中化新加坡累计对东南亚投资 2. 45 亿美元。同时，中化新加坡通过人民币与美元间的融资工具创新，为公司本身业务发展创造了有利条件，也为人民币作为国际结算货币进行了有益的尝试和探索，在新加坡乃至亚洲金融界获得了赞誉。

2008 年 9 月，中化国际通过中化新加坡收购新加坡上市公司 GMG Global Ltd，并以此为平台辐射东盟各主要产胶国。GMG Global Ltd 集种植、加工和营销为一体，种植加工业务主要分布在印度尼西亚、泰国等东盟国家和非洲喀麦隆、科特迪瓦等地，印尼、泰国拥有多家年产万吨级天然橡胶的公司与工厂，产品供应欧洲、美国及亚洲等国家和地区的市场。

2010 年 11 月，中化国际并购泰国天然橡胶加工巨头德美行。德美行现有的 5 个工厂分布于泰国南部天然橡胶主产区，分别位于苏拉、同宋、北大年、也拉和甸公，这一地区是全球天然橡胶种植密度最大的区域，占全球产量的 27% 。德美行在泰南经营多年，其 20 万吨的加工能力与泰南原料相结合，形成了独特的优势。德美行是泰国天然橡胶加工企业的标杆企业，加工和品质保障体系完善，其产品代表泰国天然橡胶的最高水平，通过了各大高端轮胎企业的认证，在行业内有广泛的品牌认同。通过此次收购，中化国际的天然橡胶加工能力由并购前的30万吨增加至50万吨，中化国际的天然橡胶资源端一举进入了全球天然橡胶最大产区的行列。

农化业务方面，2008年初，中化国际收购了世界第三大农化公司——美国孟山都公司在菲律宾、泰国、越南等东盟国家的农药产品品牌、产品登记、营销渠道等，并分别在菲律宾、泰国设立了全资子公司，组建当地经营团队。目前，中化国际菲律宾公司已形成了一支由30名当地员工组成的高素质专业团队，2011年实现销售收入1.85亿元。中化国际泰国公司运营团队8人，主要在泰国中部地区开展业务，2011年实现销售收入2 500万元。

中化国际战略拓展的脚步从未停歇过，2011年强化农药市场地位的合作又在东盟地区拉开了帷幕。

（2）合作无国界。在橡胶业务方面，中化国际向泰国Thai Rubber Latex Corporation（泰橡）、BST ELASTOMER CO.、缅甸的FU XING BROTHERS CO.，LTD以及马来西亚的HOCK HIN（MUAR）RUBBER. CO. SDN. BHD等大中型企业采购天然橡胶，并与之保持密切的长期合作关系。

在农化业务方面，中化国际与东盟地区的农药生产型和贸易型企业合作密切，尤其在农药采购与分销环节，东盟企业发挥着至关重要的作用。菲律宾的Agchem工厂，目前主要为中化国际在菲律宾市场加工品牌除草剂Rogue，同时Agchem于2010年二季度开始为中化国际在菲投放的三个自有新产品Blizzard、Primalex、Wave提供贴牌生产服务。印尼PT MONAGRO KIMIA工厂，目前为中化国际在泰国和中国市场的重要产品提供加工服务。

另一方面，中化国际与菲律宾当地600多家农药批发、零售商建立了合作，组成了强大的营销网络，覆盖菲律宾全国各主要市场，为中化国际10余种农药产品在当地的分销业务提供重要支持。在越南，中化国际与当地知名的农药经销企业HAI JSC和AN GIANG进行产品代理分销合作，借助其强大的营销网络和市场力量，推动中化国际在越南产品的销售。在泰国，成立中化泰国公司，与当地20多家经销商建立合作关系，开始原药和制剂的全面自运营。在马来西亚，中化国际利用中国国内的资源优势，与4家客户开展外贸合作，拓展农药出口业务。

（3）交心同成长。在“走进东盟”过程中，中化国际遵循“优秀企业公民”的责任理念，致力于对所有利益相关者负责，努力使企业的商业实践、运作、政策与当地社会基本价值相整合，关注弱势群体，注重环境保护，努力促进当地经济社会可持续发展，树立了中国企业的良好形象。

中化国际为东盟国家的经济发展和居民生活带来了显著效益。截至2010年底，中化国际为东盟地区贡献税收约16 548万元，招收当地员工2 071人，直接间接为当地2万余人带来经济收入，受到东盟各成员国政府和民众的广泛好评。

中化国际天然橡胶经营量目前位列中国第一。中化国际在东盟国家进行天然橡胶行业投资，依托当地资源基础，提升加工水平，服务高端客户，提升资源价值，促进了当地天然橡胶产业的发展。中化国际在东盟国家的天然橡胶业务，将全球天然橡胶最大的生产区与最大的消费国直接联系起来，不仅满足了中国国内市场对天然橡胶的需求，还拉动了当地经济发展，增加了就业机会。

农业一直是东盟各国重要的经济支柱，而水稻对于泰国、菲律宾、越南等国家是最重要的农作物之一。自2008年中化国际的农药业务进入东盟市场之后，已在菲律宾、泰国两个东盟主要的农药市场设立分公司，组建了当地营销团队。在中化国际经营的众多农药产品中，马歇特系列产品具有卓越的品质、优良的除草效果和先进的生产工艺，可促进水稻的健康生长。目前，中化国际已在菲律宾水稻除草剂市场稳定占有31%的市场份额，有力支持了菲律宾、泰国、越南等地区水稻生产和农业发展，为东盟国家带来了显著的经济效益和社会效益。

此外，从2008年至今，中化国际新增农药新品近50种，化肥业务也于2010年开展试投放，使用化肥的蔬菜种子正在积极进行田间试验工作，这些新产品和新业务的导入也为东盟国家的农业生产带来了便利。同时，中化国际菲律宾、泰国分支机构定期为当地捐赠物资，援建小型卫生站、自流井，资助当地报考农业类学科的大学生，关注企业所在社区的发展、积极履行企业社会责任。

17.1.5 中国企业进入东盟成功案例——TCL

（1）孤军深入越南腹地。1999年2月，TCL派了一个小组到越南，通过半年努力拿到执照，1999年10月开始营业。1999年10月开始业务时TCL只有一款机型，到2000年TCL的市场占有率已达5%，2001年10月份，TCL的彩电已经占了越南9.5%的市场份额。

越南人对日韩品牌很崇拜，就如在越南没有“摩托车”这个词汇，而管摩托车叫“本田”，这些牌子在越南的时间都已经有十多年的历史，已经深入人心了。

在越南彩电的毛利率要比国内高，但这也要看产品定位。中国另一家彩电巨头在TCL之前也在越南发展，但因他们的产品定位错误，跟那些杂牌机拼起了价格，毛利率老是拉不起来，结果不久便退出了竞争。TCL到越南后就吸取教训，品牌定位在中高档，定价比索尼、三星等稍低，而比飞利浦、松下要高。

（2）偏见与误解。越南人对中国产品有着很深的偏见和误解，整个舆论环境对中国产品非常不利。过去中国对越边贸有许多劣质商品令越南人产生反感和有抵触的心理。2000年10月份，越南中央电视台随一个越南青年代表团到中国大陆考察，他们知道TCL在越南有投资，出于好心就拍了 TCL 的一些镜头回国播放，谁知在当地电视台播放后，第二天 TCL 就接到十多个经销商打来的电话，说 TCL 是中国大陆产品，要退货（TCL 一直是以港资企业的名义出现的），TCL 当时真的感到很无助、很失落。

在整体实力和经济条件上，TCL 与日韩企业有很大的差距。在越南，一个日方经理工作、生活的福利条件相当于 8 个中方经理的总和。而 TCL 实力薄弱也体现在产品线上，如三星在越南有 11 款纯平彩电，而 TCL 才有 2 款。这是技术上的差距。

在广告投入上 TCL 也远远落后于日韩企业。如 YAMAHA 每年光在报纸上的广告有 10 多个整版，费用超过 5 万美元。这些广告投入在 TCL 看来简直是天文数字，而 TCL 基本没有任何的广告投入，这里面有几个原因，第一是没这方面的预算；第二是 TCL 没有适合越南市场的广告片；三是中国货名声不好，做硬性广告也许会有负面影响，还没到投资大量广告的最佳时候。

（3）寻找生存发展新空间。越南人对中国货质量不放心，所以 TCL 首先在产品质量这一关下了比较大的工夫。TCL 在越南的工厂规模不大，机型和批量不多，于是 TCL 对产品进行全检，一般的工厂都是进行抽检的。

TCL 面对的竞争对手是实力强大的日韩企业，一般客户很难见得到日韩的经理级人物，因为他们驻越的都是一些搞广告的高级管理人员，很少与客户或基层员工直接进行沟通，工作做得不细。TCL 看到了他们不足，借此推行服务营销的理念。在每个城市设立 24 小时热线电话，一有投诉立即反应。越南人非常喜欢看足球，达到狂热的地步，在足球联赛期间或者有什么大赛是他们最依赖电视的时候，这个时候如果遇上电视坏的问题，就必须要及时帮用户修好。日韩企业需要用户把电视送到其专修店维修，而 TCL 则采取快速反应上门维修的办法，如果故障比较复杂一时修不好，就给客户一台备用机先看着，等这台修好了 TCL 再换回来。

由于 TCL 是弱势企业，考虑到经营成本问题，在越南 TCL 不可能同国内一样开专卖店，不可能在各方面像国内一样做得那么细致。在销售渠道上，TCL 根据自己的实际情况，发展可控性网络，靠一级批发商销售，也不像在国内直接做零售（但 TCL 的分销要比日韩企业做得细致）。

在促销手段上，TCL 在硬性广告方面基本不做什么投入，当地广告成本较高，如胡志明市电视台 30 秒钟的广告费用就要 1 300 美元，越南青年报半版的广告要 1 100 美元，这么高昂的广告费用 TCL 是出不起的。TCL 成立了 TCL 越南青年基金会，每卖出一台彩电，将提取 5 元人民币给基金会，通过越南团中央选拔人才，基金会每年组织一次越南优秀青年团员代表到中国学习考察。这样，TCL 将做生意变成中越友好的桥梁，在越南形成了良好口碑。

（4）做透越南进军东盟。对国际市场的开拓，TCL 认为首先产品必须要过硬。第二是营销渠道必须另辟蹊径，要有自己的特色。第三是企业的定位和公关宣传非常重要，在资源有限的情况下，必须因地制宜想出自己的办法。第四是对海外市场的开拓也不能操之过急，要采取分步骤、积极稳妥的方式。

另外一个是要杜绝隔靴搔痒，日韩企业的外派主管以为凭着以往丰富的经验以不变应万变就能解决问题。而如今索尼已准备撤出越南市场；三星在越南也在萎缩，这是他们一直在隔靴搔痒造成的后果。他们派驻的管理层因为语言不通，文化不通而很少跟一般的经销商沟通，更没有接近普通消费者，他们只跟少数的几个大经销商沟通，没有深入了解当地的市场情况，致使他们的许多决策与市场脱钩，同时也惯坏了一批经销商，给自己造成很被动的局面。这是他们败退市场的深刻教训。

在越南这种市场，单一产品的需求容量都不是特别大。所以 TCL 在越南适度的多元化是非常有必要的，否则无法生存下去。TCL 也在考虑逐渐引进国内更多的产品来充实市场，如空调、手机等产品。未来两年，TCL 希望把越南局部市场做透。做到今年占有 10% 的市场份额，明年占有 12% 的市场份额。

TCL 希望以越南为腹地尽快向东盟市场进军，整个东盟有 5 亿多人口，商品从越南进入东盟只需 5% 的关税，而从中国进入则需 20% 的关税。另外也可以把越南作为基地，辐射欧盟地区。欧盟如今对中国家电设立反倾销税，对 TCL 的产品进入筑起了很高的壁垒。TCL 可以通过越南是东盟国家的优势，从越南将产品打入欧盟市场，避开反倾销税。这也许是 TCL 加快“走出去”战略步伐的一步好棋。

17.1.6　活跃在中国—东盟自贸区的商会：中国马来西亚商会

中国马来西亚商会是一个重要的国际商会代表，中国是除了日本、新加坡之外马来西亚的第三大投资国，是马来西亚的第一大贸易伙伴。马来西亚商会与国内商会组织达成了长期务实的国际合作，搭建交流平台，务实地帮助中国企业走进马来西亚及东盟国家，帮助马来西亚企业走进中国。

马来西亚有 1 000 多家商会，中国马来西亚商会是最特殊的一家，因为它是在中国民政部注册登记的，是唯一一个被中国政府官方认可的商会。中国马来西亚商会筹备了 5 年多的时间，在中国大使馆的支持下，2003 年才在北京正式成立，至今已有 10 多年的历史了，这个路程走下来并不容易。中国马来西亚商会跟中国的商会略有一些区别，中国的商会有政府支持，带有官方色彩，而中国马来西亚商会组织都是由企业代表组成，马来西亚马航集团、香格里拉大饭店、百盛集团、利星行都是创会会员。目前中国马来西亚商会在北京、上海和广州有 3 个办事处，会员有 1 000 多人，都是在华投资的马来西亚企业。近些年来，中国马来西亚商会也允许中国籍的会员企业参与，但是没有投票权，也不能竞选成为理事会的成员。

中国马来西亚商会首先是一个政府官方的渠道，因为近几年中马关系非常友好，非常紧密，尤其 2014 年中马建交 40 周年，每一次马来西亚官方领导层、首相或各部部长来中国考察，都需要通过中国马来西亚商会来做各种工作的对接。另外，马来西亚政府也会委托中国马来西亚商会邀请中国的企业去马来西亚考察，经常会做一些比较高级别的闭门会议，这种闭门会议每年都不少于50场，可以说是很频繁。就中方而言，中国马来西亚商会邀请和合作的企业一般都是中国的500强企业。过去三四年以来，中国马来西亚商会跟中国500强企业已经建立了非常紧密的连接，其中就包括马来西亚副首相的官方访问，跟中方至少20家企业举办了闭门会议。

中国马来西亚商会会定期举办一些以社交为主的活动。比如说，每一年都会有高尔夫球比赛，2014年已经是第12届了，一般是在北京的高尔夫球场举行。这个活动的主要目的就是协助中国的商协会、企业和马来西亚及东盟比较友好的国家搭建交流平台。一般都是邀请制，以大使馆的身份来邀请。另外，中国马来西亚商会每年都会做一个马来西亚企业家的年会，每次年会的规模都在300~500人左右。中国马来西亚商会也一直期望做一个比较有影响力、有深度、高层次的论坛，更希望能够和世界商协会联盟、工商联等联合举办世界商协会领袖论坛。

马来西亚的风土人情很东方，国内有800多万华侨，所以很容易融入当地社会，比较适合想到马来西亚置业移民或投资移民的中国朋友。马来西亚的生活节奏并不紧张，福利政策比较好，另外，马来西亚是一个多元文化背景的国家，接受的是英联邦的教育体系，跟西方国家也比较容易融合。在马来西亚置业拥有永久地契，这可能也是吸引中国投资的一个方面。

对于中国马来西亚商会来说，更希望吸引一些高附加值的中国潜在投资去马来西亚，主要以高新技术为主，因为马来西亚政府设定在2020年达到高收入国家水平。当然，世界经济格局一直在变，中国马来西亚商会也不知道这个目标能不能完成，但是他们都在积极努力。

至于中国马来西亚商会，本身也拥有很多好的项目和资源有待开发。比如说，大家知道马来西亚盛产棕榈油，中国每年对棕榈油的需求在900

万吨左右，但是马来西亚输出到中国的棕榈油只有300万吨。棕榈油的生产商需要通过商会组织来跟中国市场做连接。除此之外，有一些商品还没有得到中国市场的关注，比如说可可。可可的需求量很高，谈到可可，大家可能不会想到马来西亚，但马来西亚确实是世界上第五大可可产出国。还有橡胶，马来西亚有着丰富的原始森林资源，中国周边有很多国家，印尼、泰国、越南、缅甸、老挝，这些国家都有同样的资源，所以中国马来西亚商会在东盟国家商会之间发挥非常好的互动关系，把平台资源的优势发挥到最大化。中国马来西亚商会希望，在未来的时间里，能够在与世界商协会联盟的合作中将自身打造成为东盟国家最具影响力的商会。

17.2　“一带一路”倡议

17.2.1　“一带一路”倡议的意义

提出“一带一路”倡议，可谓是中国新一届政府整合国际资源的创新杰作，也是宏观整合创新的经典。虽然“一带一路”倡议的实施还任重道远，但其广泛的世界影响和深远的历史意义已经显现出来。研究这一战略中的整合创新思想，对于提高我们对整合创新的认识，加深对整合资源的理解很有帮助。

2 100多年前，张骞两次出使西域开辟了一条横贯东西、连接欧亚的陆上“丝绸之路”。同样，从2 000多年前的秦汉时代起，连接我国与欧亚国家的海上丝绸之路也逐步兴起。陆上和海上丝绸之路共同构成了我国古代与欧亚国家交通、贸易和文化交往的大通道，促进了东西方文明交流和人民友好交往。在新的历史时期，沿着陆上和海上“丝绸之路”构建经济大走廊，将给中国以及沿线国家和地区带来共同的发展机会，拓展更加广阔的发展空间。

“一带一路”，是“丝绸之路经济带”和“21 世纪海上丝绸之路”的简称，“一带一路”不是一个实体和机制，而是合作发展的理念和倡议，是充分依靠中国与有关国家既有的双多边机制，借助既有的、行之有效的区域合作平台，旨在借用古代“丝绸之路”的历史符号，高举和平发展的旗帜，积极主动地发展与沿线国家的经济合作伙伴关系，共同打造政治互信、经济融合、文化包容的利益共同体、命运共同体和责任共同体。

2013 年 9 月和 10 月，中国国家主席习近平在出访中亚和东南亚国家期间，先后提出共建“丝绸之路经济带”和“21 世纪海上丝绸之路”的战略构想，得到国际社会高度关注和有关国家积极响应。国务院总理李克强参加 2013 年中国—东盟博览会时强调，铺就面向东盟的海上丝绸之路，打造带动腹地发展的战略支点。共建“一带一路”，是中国政府根据国际和地区形势深刻变化，以及中国发展面临的新形势、新任务，致力于维护全球自由贸易体系和开放型经济体系，促进沿线各国加强合作、共克时艰、共谋发展提出的战略构想，具有深刻的时代背景。

中国“一带一路”作为全方位对外开放战略，正在以经济走廊理论、经济带理论、21 世纪的国际合作理论等创新经济发展理论、区域合作理论、全球化理论促进国家间的合作。“一带一路”强调共商、共建、共享原则，超越了马歇尔计划、对外援助以及走出去战略，给 21 世纪的国际合作带来新的理念。

比如，“经济带”概念就是对地区经济合作模式的创新，其中经济走廊中俄蒙经济走廊、新亚欧大陆桥、中国—中亚经济走廊、孟中印缅经济走廊、中国—中南半岛经济走廊等，都是以经济增长极辐射周边，超越了传统发展的经济学理论。

“丝绸之路经济带”概念，不同于历史上所出现的各类“经济区”与“经济联盟”，同以上两者相比，经济带具有灵活性高、适用性广以及可操作性强的特点，各国都是平等的参与者，本着自愿参与，协同推进的原则，发扬古丝绸之路兼容并包的精神。

2015 年 3 月 28 日，中国国家发展改革委、外交部、商务部联合发布《推动共建丝绸之路经济带和 21 世纪海上丝绸之路的愿景与行动》，就“一带一路”建设过程中的五大合作重点提出倡议。

第一，在政策沟通方面，加强政府间合作，积极构建多层次政府间宏观政策沟通交流机制。沿线国家可以就经济发展战略和对策进行充分交流对接，共同制定推进区域合作的规划和措施。

第二，在设施联通方面，宜加强基础设施建设规划、技术标准体系的对接，共同推进国际骨干通道建设，逐步形成连接亚洲各次区域以及亚欧非之间的基础设施网络。强化基础设施绿色低碳化建设和运营管理，在建设中充分考虑气候变化影响。

抓住交通基础设施的关键通道、关键节点和重点工程，优先打通缺失路段，畅通瓶颈路段，提升道路通达水平。推进建立统一的全程运输协调机制，推进港口合作建设，拓展建立民航全面合作的平台和机制。

加强能源基础设施互联互通合作，推进跨境电力和输电管道建设。共同推进跨境光缆等通信干线网络建设，畅通信息丝绸之路。

第三，在贸易畅通方面，宜着力研究解决投资贸易便利化问题，消除贸易和投资壁垒，积极同沿线国家和地区共同商建自由贸易区。

改善边境口岸通关设施条件，加快边境口岸“单一窗口”建设，降低通关成本，提升通关能力。拓宽贸易领域，优化贸易结构，挖掘贸易新增长点，促进贸易平衡。发展跨境电子商务等新的商业业态，大力发展现代服务贸易。加快投资便利化进程，消除投资壁垒。拓展相互投资领域。

推动新兴产业合作，促进沿线国家加强在新一代信息技术、生物、新能源、新材料等新兴产业领域的深入合作。

优化产业链分工布局，扩大服务业相互开放，探索投资合作新模式，鼓励合作建设境外经贸合作区、跨境经济合作区等各类产业园区。在投资贸易中加强生态环境、生物多样性和应对气候变化合作，共建绿色丝绸之路。中国欢迎各国企业来华投资。鼓励本国企业参与沿线国家基础设施建设和产业投资。

第四，在资金融通方面，扩大沿线国家双边本币互换、结算的范围和规模。推动亚洲债券市场的开放和发展，共同推进亚洲基础设施投资银行、金砖国家开发银行筹建，有关各方就建立上海合作组织融资机构开展磋商。加快丝路基金组建运营。支持沿线国家政府、信用等级较高的企业和金融机构在中国境内发行人民币债券。加强金融监管合作。

第五，在民心相通方面，扩大相互间留学生规模，开展合作办学，中国每年向沿线国家提供 1 万个政府奖学金名额。加强旅游合作，扩大旅游规模，联合打造具有丝绸之路特色的国际精品旅游线路和旅游产品，提高沿线各国游客签证便利化水平。加强科技合作，积极开拓和推进与沿线国家在青年就业、创业培训等领域的务实合作。

17.2.2 新疆霍尔果斯：抓住“一带一路”倡议机遇，建设国际化商贸精品门户城市

2014 年 6 月由国务院正式批复设立的霍尔果斯市，西承中亚、东接内陆，是中国面对中亚、西亚乃至欧洲距离最近、最便捷的开放窗口。作为古丝绸之路新北道上重要驿站，如今“丝绸之路经济带”上最年轻的城市，霍尔果斯以建市为契机，抢抓“一带一路”建设重大历史机遇，坚持通关立市、开放兴市、商贸活市、产业强市、生态靓市，加快“大通关、大物流、大通道”建设，打响霍尔果斯品牌，打造丝绸之路经济带核心支点排头兵和“四港一谷”先行区，向着西部璀璨明珠和国际化商贸精品门户城市奋勇迈进。

霍尔果斯位于亚欧大陆桥我国最西端，处于上海合作组织成员国与观察国整体区域在西部的核心位置，这片在蒙古语中意为“水草丰美的地

方”，早在隋唐之时就是古丝绸之路新北道上的一个重要驿站。清光绪七年（公元1881年），霍尔果斯正式通关，成为我国最早向西开放的口岸。至今通关历史136年。

2010年5月，党中央决定在霍尔果斯设立经济开发区，将其建设成为新疆跨越式发展新的经济增长点和国家向西开放的重要窗口；2014年6月，国务院批复设立霍尔果斯市，并于2014年9月26日正式挂牌。市属行政区域面积由原来的73平方公里扩至1 908.55平方公里，辖区人口8.5万人。

2014年国务院分别批复开放霍尔果斯铁路口岸和霍尔果斯建市以来，围绕争当丝绸之路经济带核心支点排头兵这一目标，霍尔果斯立足“服务伊犁、服务新疆、服务全国、面向世界”，坚持以合作中心和配套区建设为重点，以项目建设和招商引资为抓手，加快“四港一谷”先行区建设，推动经济建设实现新突破、新成效。2015年，霍尔果斯完成公共财政预算收入3.36亿元，增长16%；固定资产投资25亿元，增长4.17%；通关过货量2 416万吨、通关贸易额153亿元；其中公路口岸过货量达到73.5万吨、铁路口岸过货量185万吨；实现合作中心入区人数200万人次，增长35%；城镇居民人均可支配收入增长13%；农牧民人均纯收入净增1 100元，达到14 100元。

地处伊犁河谷谷口的霍尔果斯，直接面对的地区从哈萨克斯坦的阿拉木图到吉尔吉斯斯坦的比什凯克，再到乌兹别克斯坦的塔什干，最大覆盖半径在一千公里左右，而这一线正是中亚地区的人口稠密区、经济发展带和市场中心。

由此，霍尔果斯成为我国与丝绸之路经济带沿线国家进行“政策沟通、道路联通、贸易畅通、货币流通、民心相通”的战略枢纽，成为集公路、铁路、航空、管道“四位一体”的国际综合交通枢纽，具备良好的对外贸易基础和优越的外部发展条件。

（1）开放兴市：完善上合组织下国际边境合作示范区。2014年以来，围绕打造我国西部高端跨国商贸平台及国际投资合作中心功能定位，霍尔果斯加快推进合作中心和配套区建设，积极探索凭身份证查验入区模式，吸引了大批游客和商家到合作中心旅游投资，全年有来自各国的商客224万人次，车辆近16万辆出入境。特别是自2014年7月凭身份证入区试行以来，日均入区人员达4 000人次，最多时一天达20 000人次。2014年底已有24个重点项目入驻合作中心，完成投资59.7亿元，总投资超过200亿元。每月一次的展会，每天上万的人流量，每时问询的电话，每刻变动的数据、鳞次栉比的大型商厦和高高耸立的酒店，红红火火的中哈霍尔果斯国际边境合作中心已成为我国西部边陲吸引商旅、拓展贸易的新高地。

（2）商贸活市：以跨境金融为支点带动丝路“五通”（政策沟通，道路联通、贸易畅通、货币流通、人心相通）。伴随着跨境贸易的快速发展，霍尔果斯在跨境人民币创新试点业务上也取得了新的突破，并在2014年首次举办了由中哈两国18家银行等金融机构参加的人民币创新业务研讨会。中国银行、农业银行、工商银行、建设银行、交通银行等国有商业银行已入驻合作中心营业。

作为全国首个跨境人民币创新业务试点区，霍尔果斯正逐步显现出丝绸之路经济带上区域性国际金融中心的雏形。凡在这里进行国际贸易的，都以人民币标价、结算和流通。正是这一跨境人民币创新业务，吸引了国内外企业纷纷到这里发展兴业。

习近平总书记“以创新合作的模式共建丝绸之路经济带”战略提出以来，设立亚洲基础设施投资银行、出资400亿美元成立丝路基金、推动人民币跨境结算、规划区域金融中心等一系列举措的推出，使跨境金融合作成为推动沿线国家和地区务实合作、互利共赢的加速器。意识到丝绸之路经济带建设可能带来的国际贸易格局的变化，西安、兰州、银川等地也都在通过推动人民币跨境结算、规划区域金融中心、建设跨境电子商务平台等举措扩大与中亚地区的金融合作，加速人民币“向西开放”，推动丝绸之路经济带“五通”，霍尔果斯跨境人民币创新试点业务则是以跨境金融合作促进“五通”的一个缩影。

（3）产业强市：实现通道经济体向综合经济体转变。从边陲口岸、经济开发区到设立县级市，霍尔果斯在行政面积不断扩大的同时，经济结构也在由最初的通道经济向综合经济转变，产业形态日益丰富。

2014 年以来，霍尔果斯的旅游产业得到了长足发展，以边境旅游为重点，积极实施旅游精品战略，旅游基础设施和配套设施不断完善，服务质量规范提升，将国门景区成功创建成为国家 4A 级景区。

2015 年，在充分挖掘历史文化底蕴和辖区内牧区生态，整合全市旅游资源，大力发展跨境游、边境游，加快国际旅游谷先行区建设的同时，霍尔果斯围绕“加快伊—霍经济圈建设，打造全疆最为强劲、最具活力的经济增长区”目标，以合作中心为龙头，以配套区为支撑，进一步丰富和壮大产业形态，打造经济发展新高地。

在现代服务业方面，霍尔果斯采取联合招商的方式，推进合作中心哈方区域商业项目建设。重点筹办高端商品展销会或经贸洽谈会，将合作中心打造成为国际性区域商贸和会展中心。同时，抓好免税购物中心建设，打造“南有海南岛，西有霍尔果斯”的免税购物新格局。并加强运营管理，严把入区商品质量关，将合作中心培育成世界知名品牌和国产优质品牌商品的展示销售中心。

此外，霍尔果斯还加快高新技术产业园区建设，提升园区核心竞争力和辐射带动力。大力发展纺织服装、特色轻工、绿色有机食品加工、组装加工等劳动密集型产业，重点建设纺织服装产业基地。

（4）生态靓市：科学规划，打造国际化精品城市。作为丝绸之路经济带上最年轻的城市，霍尔果斯在现代化城市建设和管理方面充分发挥后发优势，借鉴先进经验，以科学规划为引领，以国际视野、战略眼光、当代特色，打造集边境区、口岸城和商贸型特点于一体的综合性国际前沿精品城市。

一是坚持以国际水平谋划和编制霍尔果斯市发展战略规划、“十三五”

规划、总体发展规划、乡镇规划，以及商贸物流、交通、旅游、教育等各类专项规划，形成布局合理、层级清晰、功能完善的市域城镇体系。

二是完善交通运输体系，推进312国道霍尔果斯段改线，实现霍尔果斯段与哈萨克斯坦高速公路网对接；建设乌鲁木齐—伊宁—霍尔果斯高铁项目。

三是强化城市基础设施建设。

四是加强城市资讯通信能力建设，打造中哈两国信息平台，促进电子商务和跨境电子商务发展，建设“智慧霍尔果斯市”。

在打造国际化精品城市的同时，霍尔果斯以增收致富为核心，建设美丽幸福乡村，推进2个乡、13个行政村更好更快发展，使之成为新农村建设的示范区、产业转移的接替区、外向型农业的先行区和城市发展的后花园。

一个宜居宜业宜商宜游的现代国际化商贸精品门户城市，正屹立在祖国西陲，成为丝绸之路经济带上的璀璨明珠。

17.2.3 甘肃绘就“精品丝路、绚丽甘肃”大旅游发展蓝图

2014年，甘肃举办第四届敦煌行·丝绸之路国际旅游节，主题为“畅游绚丽甘肃，发展丝路旅游”。丝绸之路沿线尼泊尔、塞浦路斯、韩国、马来西亚、白俄罗斯、沙特阿拉伯、突尼斯、吉尔吉斯斯坦、哈萨克斯坦等25个国家109位外宾代表参加了旅游节开幕式。来自丝绸之路沿线19个国家、地区（城市）的代表联合发表了“重振丝路，联合发展”丝绸之路旅游合作倡议；举行了丝绸之路旅游产品展览会，来自哈萨克斯坦等11个国家和地区，以及国内14个省区市共260多家单位参展，促进了甘肃与丝绸之路沿线国家和地区间多层次、多领域的合作，使敦煌行·丝绸之路国际旅游节成为丝绸之路沿线国家和地区合作发展的国际性平台。

甘肃具有丝绸之路黄金段特殊的区位和独特的文化旅游资源优势。为

了抓住“一带一路”建设的机遇，大力发展旅游业，助推向西开放，甘肃研究制定了有关方案，以全面提升旅游产业发展的规模和层次，打造丝绸之路国际旅游品牌，建设丝绸之路经济带甘肃旅游黄金段。

在国家旅游局对外主推的12条国内线路旅游产品中，丝绸之路、黄河风情、万里长城、红军长征、青藏线5大产品都与甘肃密切相关。

甘肃省制定了《甘肃丝绸之路经济带建设大景区总体规划纲要》。规划提出，从2015年开始，甘肃省将用3至5年的时间建成景区体量大、旅游项目多、吸纳能力强、功能配套完善、管理统一顺畅，年接待游客达到300万人次以上、过夜游客平均停留2天以上的20个大景区。

规划明确，甘肃将重点建设以敦煌文化、丝路文化、石窟艺术、长城文化、黄河风情、红色胜迹、宗教文化、自然奇观、生态休闲、养生保健、现代科技等不同主题类型的20个大景区，涵盖全省所有14个市州。在景区及旅游产品转型升级的基础上，甘肃将形成精品丝绸之路游、黄河风情游、华夏寻根游、民族风情游、中医药养生游、红色旅游等6条主题线路，打响“精品丝路、绚丽甘肃”旅游品牌。

17.2.4 抓住“一带一路”机遇，发展区域经济的典型城市案例——泉州

“21世纪海上丝绸之路”作为一个国家层面的战略，其目的在于密切中国与海上丝绸之路沿线国家和地区的全面合作，提升中国的对外开放水平，构建多元平衡、开放的经济体系。泉州市建设21世纪海上丝绸之路先行区就是要努力成为海上丝绸之路重要的中心节点城市，成为我国建设海上丝绸之路的战略支点和先行示范区。

泉州市21世纪海上丝绸之路先行区定位于：发挥海上丝绸之路历史文化和华侨华人的独特优势，突出两岸合作，重点面向东南亚，辐射中东，建设与泉州历史和经济地位相匹配的海上丝绸之路先行示范区和著名的国

际城市。

战略举措有如下几个方面：

(1) 航运：打造面向海上丝绸之路的重要出海通道。

一是稳固和提高泉州港的地位，鼓励海上丝绸之路的国家和地区来泉州参与建设港口码头、建设临港国际合作基地、完善港口设施和通关能力建设，不断满足石油、煤炭、粮食和石材等大宗商品进口中转的要求。

二是以高雄、香港和东盟47个主要港口为重点，加快航线建设和港口合作，发展内贸航运，开通泉州—钦州港内贸航线，加开加密泉州港到江苏、山东、上海等北方经济大省（市）的航线。

三是完善陆路交通，形成东南沿海的重要交通枢纽，对接蒙西至华中煤运通道，完善泉州港五大港区和机场的集疏运通道建设，加快发展海陆联运。

四是拓展空中通道，连接海上丝绸之路航空网，加开加密泉州至中国台湾、中国香港、中国澳门、菲律宾、马来西亚、泰国、印尼、西安、乌鲁木齐等重要陆上丝绸城市的航线航班。

(2) 贸易：打造海上丝绸之路贸易中心节点。

建设跨境现代服务业专区，围绕国际会展、跨境电子商务、物流、教育、医疗和服务外包等领域，扩大与海上丝绸之路沿线的服务贸易。支持海关特殊监管区、晋江陆地港和中兴海上丝绸之路等，做好跨境电商试点工作；支持企业在海上丝绸之路沿线设立仓储和物流基地；推动与海上丝绸之路沿线建立教育领域的校际联盟。

探索在海上丝绸之路沿线开办泉州主导的经贸展销会；组织泉州企业家海上丝绸之路经贸考察团，对接不同国家的贸易需求；探索与东南亚国家在轻纺鞋服领域的制造业外包业务；大力开展跨境人民币结算业务。

实施泉州品牌国际化工程：引导龙头企业收购海上丝绸之路市场成熟品牌，与当地知名品牌开展合作，鼓励企业进行商标马德里国际注册；鼓励企业开发针对海上丝绸之路市场的品牌，尤其是面对华侨华人市场的开发。

在进口方面，建设海上丝绸之路大宗商品交易中心，发挥东南大宗商品交易平台和泉港甲醇交割仓、晋江陆地港棉花交割仓等基础作用，进一步开发贵重金属、化工、粮食和农产品进口等大宗商品交易。

建设进口商品集散平台。推进水产品、酒类、对台农产品等各类集散中心建设，使泉州成为海上丝绸之路商品入境和国内分销的交易中心。

设立海上丝绸之路进口扶持专项资金。针对中国台湾、新加坡、马来西亚、泰国、印尼、菲律宾、印度等重点地区，围绕能源、水产品、农产品、矿石和粮食等重点商品，对企业进口业务进行资金扶持。

（3）投资：打造海上丝绸之路国际生产价值链。

以泉州优势产业为中心进行跨国分工。泉州负责跨国运营、技术研发、时尚设计和高端制造，海上丝绸之路地区作为生产加工基地和销售市场，推动泉州从区域性的产业集群优势向跨国界的优势产业链升级。

（4）文化：打造海上丝绸之路文化中心城市。

成立文化贸易园区，以出口加工区的时装、陶瓷、设计等文化创意园区为主体，设立海上丝绸之路文化走出去专项资金，重点支持泉州木偶戏、南音等服务贸易类项目出口，以及海上丝绸之路文化为题材的有形文化创意产品的设计和生产。与北京、上海和深圳等三个国家级对外贸易平台建立战略合作，与海上丝绸之路沿线国家和地区的重要文化进出口企业建立紧密联系。

落实《中国—东盟文化合作行动计划（2014～2018）》，探索与新加坡、中国台北和香港等区域文化中心城市在泉州共建文化合作产业园区，进行以海上丝绸之路文化为主的文化创意产品生产、影视、动漫和戏曲制作。

通过海上丝绸之路文化贸易，培养一批以海上丝绸之路文化为特色的出口企业和文化创意产品；建设面向海上丝绸之路文化贸易的云数据中心和跨境电商云服务中心。

整合海交馆、闽台缘和泉州博物馆及其他宗教遗迹，建设国际知名的海上丝绸之路博物馆名城；依托泉州老城区和著名历史遗迹建设文化旅游街区；对泉州全境的海上丝绸之路历史文化景点进行整合，打造精品文化旅游路线，以海上丝绸之路文化为核心举办文化艺术展会。

充分利用数字化技术，对传统海上丝绸之路文化进行现代化包装，建立泉州旅游推介国际网站——Visit Quanzhou；推动对泉州文化旅游景点信息和闽南古建筑、南音、提线木偶和陶瓷文化等文化遗产的数字化保存和网络推介。

以东南亚泉州籍华人和泉州本地成功企业家为对象，深入挖掘他们敢于冒险、创造财富、实现梦想的历程，提炼华侨华人“下南洋”和民营创业的精神文化价值，形成广受认同、易于传播的城市主题形象，充分利用动漫、影视制作等文化创意手段，借助网络、报纸、期刊和户外广告等途径在国内外主流媒体传播。

17.2.5 西安建成丝绸之路经济带的新起点，着力打造六大中心

2013 年 11 月，西安市委、市政府立足自身优势，结合新时期西安在建设丝绸之路经济带中角色定位，制定并出台了《关于加快建设丝绸之路经济带新起点的实施方案》，提出了打造丝绸之路经济带上的“一高地六中心”（“一高地”即开发开放高地；“六中心”包括金融商贸物流中心、机械制造业中心、能源储运交易中心、文化旅游中心、科技研发中心、高端人才培养中心），努力把西安建设成最具发展活力、最具创新能力、最具辐射带动作用的丝绸之路经济带新起点。

西安充分利用承东启西、连接南北的独特区位优势，把基础设施互联互通作为优先领域，建设通江达海、陆空联运、无缝衔接的对外开放大通道，加快形成便捷高效的立体化综合交通运输网络。

首先，全面提升丝绸之路经济带西安段的交通和辐射能力。按照加密、扩能、增网的思路完善路网体系，加快高速铁路、高速公路和交通枢纽建设，本着“客运强枢纽、货运扩运力”的原则增加铁路营运里程，争取上合高速公路第一阶段从圣彼得堡延伸至西安，实现中国西部—欧洲西部公路对接，构建以西安为中心的丝绸之路经济带陆路交通运输黄金通道，努力把西安建设成为“西来东去”的出海点和“东联西出”的汇聚点。

第二，加快建设“空中丝绸之路”。国际航线建设将按照“港韩加密、丝路成线、周边成网、洲际突破”的发展目标，以“先经停、后直达”的方式，分步开通西安至中亚和欧美澳等洲际航点，着力开通至阿斯塔纳、塔什干、阿什哈巴德以及阿拉木图的航线，打通向西开放的空中走廊。

第三，加快推进西安下一代互联网示范城市重点项目建设，开通面向丝绸之路经济带沿线城市的数据业务，构建以西安为中心的丝绸之路经济带城市信息交换枢纽。创建欧亚电子商务交易及展示平台，构建起以西安为中心的网上丝绸之路。

丝绸之路经济带沿线国家矿产、能源、农业、旅游资源丰富，无论在培育新的支柱产业方面还是改造传统产业方面，西安与它们都有广阔合作前景。西安按照优势互补、共同发展的原则，进一步推动与丝绸之路沿线城市的经济合作。在园区建设方面，西安策划建设“中亚·长安产业园”“国家级欧亚经济综合园区”“中新产业园”等开放型经济园区，并相继建成一大批现代服务业聚集区，这些园区是西安深化产业合作发展的大平台。

新时期，西安作为丝绸之路经济带新起点遇到了挑战。目前，“渝新欧”“蓉新欧”“汉新欧”“郑新欧”都越过西安经新疆将火车开到欧洲了，而西安的“长安号”才开到中亚的哈萨克。之所以出现这种情况，是因为重庆、成都、武汉、郑州都比西安大，经济实力都比西安强，都有面向欧洲的产业和产品。而且现代交通运输工具火车和飞机不像马和骆驼，不需要在西安停留、集散、中转。丝绸之路经济带新起点，不是自封的，在市场竞争条件下要凭实力说话。现代丝绸之路是开放的，谁都可以利用它到中亚、欧洲去。历史上的长安之所以成为丝绸之路的起点，是因为它是汉唐的首都，是当时最大的中心城市，是全国先进制造业的基地和物资集散的中心，天然就是起点。但现在，西安要成为丝绸之路经济带的新起点，只有按照国务院批准的《关中一天水经济区发展规划》的要求，加快西咸一体化，建设大西安，使西安成为亚欧大陆桥经济带的心脏，发展成亚欧合作交流的国际化大都市。

第五篇 人脉资源整合创新

第18章

人脉概述

18.1　人脉的概念

关于人脉的提法仅仅是最近几年的事情，它没有一个公共认可或标准的答案。不过，擅长为人处世之道的中国人，看到这个词，自然心领神会。

安东尼·普曼在《规划资源》这本书中提到建立人脉是为了要互通；费思和维拉合著的《强势人脉》一书中也指出人脉是一种互相提拔，让彼此形成合则两利的共荣圈，简而言之，人脉就是“施”与“受”的过程，也就是必须展示自己的实力，让自己有能力“布施”来帮助他人，未来才有机会“接受”回报。根据辞典里的说法，人脉的解释为“经由人际关系而形成的人际脉络”，经常用于政治或商业的领域，但其实不论做什么行业，人人都会使用人脉。

18.2 人脉的类别

人脉根据其形成的过程可以分为：血缘人脉、地缘人脉、学缘人脉、事缘人脉、客缘人脉、随缘人脉等。

18.2.1 血缘人脉

由家族、宗族、种族这些通过血缘关系形成的人脉叫作血缘人脉。血缘人脉是人脉关系当中最宝贵的一个。人们常说“打虎还要亲兄弟，上阵还需父子兵”。血缘人脉使得合作的双方，可以做到彻底地为共同的目标而奋斗，而且，嫌隙可以因为血缘而弥合，成果和荣誉可以因为血缘而共享。

比尔·盖茨在他20岁时签到了第一份合约，这份合约是与当时全世界排名第一的电脑公司IBM签的。当时，他还是位在大学读书的学生，没有太多的人脉资源。可能很多人不知道，比尔·盖茨的母亲曾是IBM公司董事会的董事，通过她介绍认识董事长，比尔·盖茨签到IBM公司这个大单，奠定了事业成功的第一块基石。这里就是血缘人脉的具体运用了，正是因为通过母亲的介绍，比尔·盖茨获得了他事业上的第一桶金，为他以后的事业成功打下基础，同时也是对他自己创业的一种激励。我们的现实生活中有着许许多多这样的例子。一个人通过自己的父母、兄弟、姐妹的帮助而做成某些事情，达成某项目的，从而使自己的人生变得丰富多彩、绚丽多姿。人生的成功离不开这些浓浓亲情。

18.2.2 地缘人脉

因居住地域形成的人脉关系叫作地缘人脉，最典型的就是“两眼泪汪汪”的老乡关系。老乡关系因所处地域的大小而不同，出了乡同一个乡的是老乡，出了县同县的是老乡，出了省同省的是老乡，出了国同一个国家的人都是老乡。当我们到了某一处不熟悉的地方时，我们总是希望能找到一些和我们相似的人相处，这样我们可能会觉得比较安心。例如，刚进大学时由于大家都不认识，所以我们比较倾向于找到来自同一个地方的同学交友，因为那样相互之间比较有共同的语言，比较好沟通。中国出现的“潮汕人”、“温州人”等，在商场上抱团发展，相互帮衬，就是地缘文化而形成人脉关系的典型。他们由于独特的地方方言，潮汕人不管在哪里，以前相互认不认识，只要一讲潮汕话，就亲如兄弟。

18.2.3 学缘人脉

因共同学习而产生的人脉关系叫作学缘人脉。学缘人脉不仅局限于共同学习时间较长的小学、中学、大学的同学关系，随着人们现代交际意识的提高，各种各样的短期培训班甚至会议中，都蕴涵着十分丰富的人脉关系资源。下面的 EMBA 资源整合的传奇故事很好地说明了这点。

中电通信常务副总裁谷雷是 2002 年入学的清华首届 EMBA 的学生。中电通信虽然在手机方面起步较早，而且还有 G 网和 C 网两张手机牌照在手，但其整体研发和销售能力却是差强人意，2001 年的销量据称只有区区几万台。虽然 2002 年侨兴环球收购中电通信后加大了研发力度，但中电手机的市场占有率依然很低，根本不能进入国内前 10 名。

就在这个时候，谷雷认识了同班同学—明基电通副总黄汉洲，明基此时在中国内地移动通讯市场上同样不得志。作为华人圈子里最大的手机生产企业，明基拥有 100 多项专利技术，却因没有手机内销权，迟迟不能名正言顺地在中国内地销售打有 BENQ 标志的自有品牌手机。与谷雷的相识，对于不善于和中国内地公司打交道的黄汉洲来说，是一个绝佳的机会。一般来讲，读 EMBA 的人，都是各行各业里的顶尖人物，他们在所处领域往往都有传奇的故事。这群“武林高手”突然变成了学校里的一名学员，往往一下子放不下架子学习别人的东西，这就要求学员要抱着学习和开放的心态，既要不抱戒心地拿出自己的经验和别人分享，也要虚心吸取别人的经验。就这样，两人建立了相互信任的关系，又有两位 EMBA 同学的极力撮合，最终明基和中电携手走到一起，成立了明基中电通信科技有限公司，黄汉洲出任公司总经理。公司挂牌后，利用中电通信的 GSM、CDMA 两张手机牌照和明基电通的技术，共同进行手机产品的研发和设计。明基中电生产研发出来的手机，再以 CECT、BENQ 双品牌在中国内地行销。

这笔十几亿元的合作项目，成就了明基中电，也成为 EMBA 同学之间资源整合、共创事业的一大经典案例。通过同学之间的合作、互相帮助，我们在做事情时可以省时省力很多。从这个案例中我们可以看出学缘人脉对于整合资源的重要作用。两家公司分开的时候都没有什么竞争力，但是因为两家公司的负责人是同学，所以通过这个机会两家公司开始合作，整合两家公司的资源，使得两家公司都得到了巨大发展。由此我们可以看出关键时候多一位同学的帮助是很重要的，这就是学缘人脉的作用体现。

18.2.4 事缘人脉

因共同工作或处理事务而产生的人脉关系叫作事缘人脉。事缘人脉不仅仅局限于工作中的同事，一段短暂的共事经历也能形成良好的人脉关系。比如一个单位或多家单位为完成一项任务或项目，而临时抽调人员组成团队，任务完成之后各自归队，但共同工作与生活的友谊则会留在每一个人的心中。著名的“人脉管理大师”杨舜仁号称自己有 16 000 多张名片，对于名片管理有丰富的经验。杨舜仁平日就有把名片 e 化的习惯，2001 年因为网络泡沫离开新浪网时，他发出了 6 000 封电子邮件，告诉大家他已经离职以及新的联络方式，没想到收到 300 封邀请函，包括了 16 份全职工作。正是因为平时工作中积累了雄厚的事缘人脉网，杨舜仁才毫不费力地获得一份满意的工作。

18.2.5　客缘人脉

因工作中与各类客户打交道而形成的人脉关系叫作客缘人脉。比如厂家、供应商、零售商、加盟商、合作商、消费者等，在进行商务交易和往来的过程中，其实是互为顾客关系。俗话说“不打不成交”，这种真金白银的商业活动考验着每一个人的能力和品行。职业经理人在为顾客做好服务，为企业创造经济效益的同时，切莫忘了投入自己的诚信和情感，积累自己的人脉资源。比如辽宁省葫芦岛市的惠德商贸有限公司老总冷铁平的成功就是重视客缘人脉的一个典型例子。冷铁平凭借其从事酒水销售工作 15 年经验积累的庞大客缘人脉网，一举将其自己开办的公司推上成功的高台。2002 年冷铁平结束了帮别人打工的日子，自己办起了公司—惠德商贸有限公司。在多年的工作中，他与许多的代理、分销商之间都建立了亲密的联系，通过这些熟悉的人脉资源网，他的公司开办的红红火火，同时在葫芦岛市获得相当大的声誉。

18.2.6　随缘人脉

“有缘千里来相会”，人与人之间是有缘分的，也叫作随缘人脉。一次短暂的聚会，一次偶然的邂逅，这都是上天给我们安排的机会，只要我们抢抓机遇，善于表现自己，而又理解他人，“一见钟情”的缘分就会降临，你的人生或事业也可能从此就会与众不同。

人间充满着许许多多的因缘，每一个因缘都可能将自己推向另一个高峰，不要轻视任何一个人，也不要疏忽任何一个可能被帮助的机会，学习对每一个人热情相待；学习把每一件事都做到完善；学习对每一个机会都充满感激，这样，我们就是自己最重要的贵人。随机的缘分、机会是随机出现的，能不能把握就看自己了，因此，平时要注意自己的待人接物的方法，争取做到使大家都喜欢自己。

人脉资源根据重要程度的不同，可以分为：核心层人脉资源、紧密层人脉资源、松散备用层人脉资源。

核心层人脉资源：指对职业和事业生涯能起到核心、关键、重要、决定作用的人脉资源。这些资源根据个人目前所处的职业位置、职业阶段以及未来的发展方向不同而不同。比如一个营销部门经理的核心人脉资源，可能是他的顶头上司、公司老板、关键同事和下属、对公司业务和自身业绩有重大影响的重要客户以及其他可能影响职业与职业发展的重要人物等。

紧密层人脉资源：指在核心层人脉资源的基础上，适当地扩展，比如对一个营销经理而言，公司的董事会成员、其他的领导、其他部门同事、一般下属、次重点客户、对自己有影响的老师、同学、朋友等。

松散备用层人脉资源：指根据自己的职业与事业生涯规划，在将来可能对自己有重大或一定影响的人脉资源，比如公司未来可能的接班人、有发展潜力的同事、下属、客户、同学、朋友等。

第19章 人脉的意义

19.1　人脉是事业成功的黄金律

人脉是一种资源和资本，也是一种无形资产，是潜在的财富。人脉又是一种竞争力，谁拥有丰厚的人脉资源，谁将在职场获得广阔的发展空间。人脉源于社会实践的积累。博恩·思希是位社会学家，主要研究人脉学。他有一套著名的理论——1∶25裂变定律，即如果你认识一个人，那么通过他，你就有可能再认识25个人。这套理论曾被西方商界广泛采用。他们在营销过程中，推行微笑服务，让服务人员不要得罪任何一名顾客，因为在一位顾客的背后，潜藏着25个客户。后来，这一理论又被引入到成功学领域。更有人推波助澜，打出这样的公式："成功＝20%的知识＋80%的人脉"。总之，把人脉当成了事业成功的黄金律。由此可见人脉资源这一资本已经越来越被人们重视。

斯坦福研究中心曾经发表一份调查报告，结论指出"一个人赚的钱，

12.5%来自知识，87.5%来自关系”。这个数据是否令你震惊？在好莱坞，流行一句话：“一个人能否成功，不在于你知道什么（what you know），而是在与你认识谁（whom you know）。”卡纳基训练区负责人认为，这句话并不是叫人不要培养专业知识，而是强调人脉是一个人通往财富、成功的门票。这些都可以看出一个人要想成功是很受人脉及人脉资源的影响的，所以从人生的价值实现角度来讲，如何有效的积累、拓展、经营人脉及人脉资源是除了专业知识之外重要的技能。

19.2 人脉资源整合是最好的效率寻优行为

在华人社会，一谈到人脉，很多人都认为是“讲人情，走后门”的同义词。也因此，学校从小的教育就只注重专业技能，而忽略人际关系的培养。

人生存于社会之中，一切皆取之于社会，又用之于社会，增值于社会，又耗散于社会。从资源管理的角度来看，人与资源的关系是占有、利用的关系。但是，一个人的个人资源是非常有限的，在生存、生活和生产活动中不得不利用和分享公共资源和他人资源。从能力的角度看，个人能力也是非常有限的，为了种种目的，人们不得不结成协同关系，互相共享和借用各自的力量。而所有这些资源、能力的相互利用和共享都不会是无缘无故的，是种种“关系”之下的效率寻优行为。这种种关系，无论是制度规定的，还是自发的，归根结底是人与人之间的关系。

个人在社会中与他人结成各种各样的关系，就像一条条根须与他人沟通连接，形成错综复杂的脉络结构。这种沟通人与人的关联结构就是人脉。有人说，人脉是人的社会生命的支持系统，这话一点也不过分。常言道：“一个好汉三个帮，一个篱笆三个桩”。“人”字的结构就是互相支撑。

一个人要想成就事业、追求美好生活，就需要有做事业的人脉网络和人脉支持系统。在人脉系统中，人与人之间是互为资源和财富的。

一个人要想成功，要想有丰富多彩的人生必须好好经营自己的人脉资源，良好的人脉资源的支持能大大缩短我们到达成功的时间。

19.3　人脉资源植根于社会网络和社会关系之中

美国学者格拉诺沃特和林南在 20 世纪 70 年代提出并发展了个人的社会网络与其拥有的社会资源关系的理论，可以说是开了“社会资本”理论研究的先河，尽管他们当时用的是“社会资本”而不是“人脉资源”的概念，但是概念的内涵并没有太大的差异。

美国社会学家詹姆斯·科尔曼（James Coleman）在其巨著《社会理论的结构》一书中系统地阐述了自己的理论。在他看来，每个自然人从一出生就拥有了以下三种资本：其一是由遗传天赋形成的人力资本；其二是由物质性先天条件，如土地、货币等构成的物质资本；其三是自然人所处的社会环境所构成的社会资本。所谓人脉资源，就是个人拥有的，表现为社会结构资源的资本财产，它们由构成社会结构的要素组成，主要存在于人际关系和结构之中，并为结构内部的个人行动提供便利。所以人脉资源就是这社会资本的主要体现。

法国著名社会学家皮埃尔·布迪厄指出，社会资本作为一种资源是以社会关系网络的形式存在的，这种网络就是复杂的人脉网络，经由这些人脉网络形成的资源即人脉资源。这些人脉网络为网络中的成员获得利润或象征利润提供保证。布迪厄在社会资本的定义中强调了关系网络的体制化，他非常关注个体对社会资本的投资、利用和再生产，认为社会资本的形成和积累过程是个体通过参与群体活动不断增加收益以及为了创造这种资源而对社会能力进行建构的过程，这就是对人脉的构建、利用和开发，只有不断地与他人合作，利用人脉资源才能使得人脉资源不断发展壮大。

科尔曼在他的社会资本定义中也强调了社会网络、社会结构的重要性。社会资源理论的首倡者林南认为，人脉资源植根于社会网络和社会关系之中。社会资本具有嵌入性的特征，即有利于社会关系和资源镶嵌在具体的人际关系中。从这些学者的阐述中我们不难发现人脉网络具有以下特征：互惠交换、信任、价值内化与动态团结，正是这种由于受到理性驱动和文化驱动而形成的不同特征，为嵌入于关系网络的社会资本的形成奠定了基础。

从社会结构的角度看，人脉资源主要体现为一系列的关系网络，如非正式群体与正式组织。因此，在上述情况下，关系网络指的就是镶嵌于社会结构之中的人与人、团体与团体等之间的关系构成的复杂网络，即人脉网络。

人脉网络最初是指一群特定的个人之间独特的联系。处于人脉关系网络中的成员一般相互认同、有团结感，他们之间因为某些共同的目标、利益与期望而保持着一定的互动。很多人脉网络是在个人的一生中自然形成的，例如亲戚网络、邻居网络、校友网络等，也有一些网络是人们有意构建的，例如在职业领域有意发展的社会网络。

人脉网络已经超出个人间关系的范畴，一个网络行动者可以是个人行动者，也可以是集体行动者，如商业公司、甚至民族或国家。美国社会学家格拉诺维特认为，强弱关系在个人求职中发挥着不同的作用。强关系维持着群体、组织内部的关系，拥有强关系的社会成员之间拥有较强的互惠、信任关系，关系在群体、组织之间建立了纽带联系，拥有关系的社会成员可以获得丰富的信息。通过研究布迪厄的社会资本概念我们可以这样来说明人脉资源，即人脉资源就是强调了人与人之间的熟识和认可关系所产生的资本，它的资本概念有两个内容：第一，它是与群体的成员身份和社会网络联系起来的资源；第二，它是基于相互认识和认可的基础上形成的资源。

19.4　有时候，一通电话抵得上十份研究报告

在中国台湾证券投资界，杨耀宇是将人脉竞争力发挥到极致的个案。他曾是统一投资顾问的副总，退出职场后，为朋友担任财务顾问，并担任五家电子公司的董事。根据推算，他的身价应该有近亿元（台币）之高。为什么一个从中国台湾南部北上打拼的乡下小孩，能够快速积累财富？杨耀宇认为，有时候一通电话抵得上十份研究报告。

杨耀宇的人脉遍及各个领域，这众多的人脉就是他在平时工作中积累的松散备用层的人脉资源。虽然有些人脉不一定用得上，但注意将其积累起来以备不时之需却显得尤为重要。也许你在平时应酬中和人交换了名片，之后就没有认真地注意过这些，但是当你遇到困难时，翻开那些收藏的名片说不定从中就可以找到对你有帮助的“贵人”。这些都是松散备用层的人脉资源。

位于台北市内湖科学园区的益登科技，因为代理 NVIDIA（全球绘图芯片龙头厂商）的产品，从毫无名望迅速跻身为台湾地区第二大 IC 渠道商，而其总经理曾禹旖创造了在 6 年内赤手空拳打拼出一家市值逾 80 亿新台币公司的奇迹。

一位与曾禹旖相交 20 多年的老朋友认为，在同行业或同辈中，论聪明和能力，曾禹旖都不能算顶尖，但就是因为他愿意与别人分享利益，幸运之神才会眷顾他。从这个案例中我们看到了人脉资源对人生成功的直接影响。代理 NVIDIA 对于益登科技的发展来说起到决定作用，而正是因为善用核心层的人脉资源才使得他的职业生涯如此成功。

中国台湾地区凌航科技董事长许仁旭，也是靠人脉竞争力来打天下的。进入台积电是经过朋友介绍，因为在台积电工作时跟凌阳董事长建立了深厚感情，促使他成为凌阳集团业务的重要顾问。

19.5 “人和”也可以打下“半壁江山”

相信凡是看过三国演义的朋友，都会对这句话有着独特的理解。曹操“挟天子以令诸侯”，天时可谓备；孙权尽掌东吴，地利更是占尽；而刘备独凭“人和”之势，从一草草布衣，却能划天下为三而独占其一。可以说，在这三者中刘备是最成功的，刘备仅凭“人和”的优势，便能以一介布衣之轻撼动历经数世巩固的“魏”、“吴”之重，足见“人和”在这三种因素中的最不可小觑之处。

透过“三国争霸”的历史，我们完全可以得出这样一条真理：天时不如地利，地利不如人和。强者，就算“天时、地利”占尽，没有“人和”仍然可能功亏一篑；弱者，哪怕只具“人和”，仍然有一争的机会。

这对我们当下的现实生活具有极大的指导意义。你可能拥有“天时”，你运气很好，机会总是光顾你；你可能占据地利，你做的行业是当下最流行最火爆的行业；但是我要说的是这些都不如“人和”，唯有“人和”是成事的最得力助手。当你拥有了无数的得心应手的朋友，即便开始你貌不惊人、一文不值，你仍然可以鲤鱼跳龙门、麻雀上梧成凤凰。

有一句话说“友遍天下，走遍天下都不怕”，这便是“人和”的积极意义在现实生活中的真实写照。

然而，现实生活中更多的人却在无视甚至是蔑视“人和”的重要性，他们从不注重人脉的培养和维护，他们关闭了通向外界的窗子，虽然成功可能就在窗外，一步之遥，但这一步之遥却成了他们一生都无法逾越的屏障。

人和，对一个人事业的影响难以估算，所以凡是经历过生意场上的大波大浪、大风大雨的智者，都力劝后来的人们对“人和”的培养要花费心血。

所以，请千万不要再舍近求远，也不要再东张西望，财富就在你的人脉、你身边的朋友那里！不管现代社会的人际关系多么复杂，“人和”仍然是你要解决的首要问题。只要你把“人和”牢牢掌控，即使不能“一统江山”，生意场上的“半壁江山”仍然不会逃出你的手掌心！

第20章 人脉资源的重要性

我们中国人非常喜欢谈人脉，也许在很多人眼中建立有价值人脉的关键是寻求一种比较亲密的关系，比如“一起同过窗，一起扛过枪”，而社会学家们却恰恰不这么认为。

著名社会学家、斯坦福大学教授的 Mark Granovetter 先生，曾经在20世纪70年代专门研究了在波士顿近郊居住的专业人士、技术人员和经理人员是怎么找到工作的，并把研究结果作为他在哈佛大学的博士论文。Granovetter 找到282人，然后从中随机选取100人做面对面的访问。发现其中通过正式渠道申请，比如看广告、投简历获得工作的还不到一半。100人中有54人是通过推荐找到的工作。这是一个相当可观的数字，当很多人绞尽脑汁纠结于简历这么写好还是那么写好的时候，一半以上的工作机会已经被业内人士成功地推荐出去了。

20.1 注重身边的“弱联系”

所谓多个朋友多条路，那么这条路到底更有可能是什么样的朋友给的呢？Granovetter 发现，真正有用的关系不是亲朋好友这种经常见面的“强联系”，而是“弱联系”。在这些靠关系推荐工作的人中只有 16.7% 经常能见到他们的这个“关系”，也就是每周至少见两次面。而 55.6% 的人用到的关系人仅仅偶然能见到，意为每周见不到两次，但每年至少能见一次。另有 27.8% 的帮忙者则一年也见不到一次。也就是说大多数你真正用到的关系，是那些并不经常见面的人。这些人未必是什么大人物，他们可能是已经不怎么联系的老同学或同事，甚至可能是你根本就不怎么认识的人。他们的共同特点是都不在你当前的社交圈里。

Granovetter 对这个现象有一个解释。整天跟你混在一起的这群人，很可能干的事跟你差不多，想法必然也很接近，如果你不知道有一个这样的工作机会，他们又怎么会知道？只有“弱联系”才有可能告诉你一些你不知道的事情。Granovetter 把这个理论推广成一篇叫作《弱联系的强度》的论文，此文有可能是史上被引用次数最多的社会学论文，被引用次数大概超过了两万次。这个研究的数据如此简陋，思想如此简单，然而其影响却是深远的。现在“弱联系”这个概念已经进入励志领域，2010 年有人出了本书叫作《Superconnect：Harnessing the Power of Networks and the Strength of Weak Links》，其中大谈弱联系的用处。中文版说得更直接，叫《超级人脉》。

“弱联系”的真正意义是把不同社交圈子连接起来，从圈外给你提供有用的信息。根据弱联系理论，一个人在社会上获得机会的多少，与他的社交网络结构有很大关系。如果你只跟亲朋好友交往，或者认识的人都是与自己背景类似的人，那么你大概就不如那些三教九流什么人都认识的人机会多。人脉的关键不在于你融入了哪个圈子，而在于你能接触多少圈外的人。

20.2 分清信息来源

弱联系理论的本质不是“人脉”，而是信息的传递。亲朋好友很愿意跟我们交流，但是话说多了就没有新意了。最有效率的交流，也许是跟不太熟悉的对象进行的。那么，这个猜想怎么证实呢？

现在有了网络，研究人员可以更好地分析我们是通过什么联系得到新知识的。比如你在各种社交媒体上经常阅读和转发来自网友的各种推荐，那么是亲密好友的推荐更有用，还是弱联系的推荐更有用呢？Facebook 的数据团队 2012 年针对这个问题做了一项设计得非常巧妙的研究，研究者有个简单办法判断你跟各个网友之间的联系强弱，比如说如果你们之间经常互相评论对方发的状态，那么你们就是强联系的关系，否则就是弱联系。

这项研究统计人们在 Facebook 上分享的那些网页链接，如果你分享这个链接，你大概认为这个链接是有用的。这种分享有两种可能性，一种是你的朋友（不管是强联系还是弱联系）先发了这个链接，你看到以后转发。另一种是你自己独自发现这个链接。

结果发现以下几个问题：

第一，我们的转发行为是相当亲疏有别的，我们更乐意转发“强联系”分享给我们的信息。统计发现如果强联系发给我们一条信息，我们转发它的概率大约是弱联系发过来信息的两倍左右。这个理所当然，强联系之间本来就有类似的兴趣。有人据此甚至担心，社交媒体是否加剧了“物以类聚人以群分”这个局面？我们会不会因为总跟志趣相投的人待在一起而把社交圈变成一个个孤岛呢？

第二，“强联系”告诉你的有用信息，你自己本来也有可能发现，而弱联系告诉你的有用信息，他要没有告诉你你恐怕就发现不了。

第三，在考虑到人们接收到来自两种联系的信息总量，把它们用相应的分享概率加权平均之后，发现来自弱联系信息的影响力远远超过强联系。也就是说，虽然人们重视强联系，人们的大部分知识还是来自弱联系。

现在“弱联系”理论已经被推广到了任何新消息或者新想法，不管你是仅仅想学点东西、找工作，还是创业，你都应该避免成熟圈子中的“强联系”，而应该走出去追求“弱联系”。

20.3　谨慎和熟人合伙

已经有统计表明，从弱联系那里获得想法，乃至于与弱联系合伙创业，有利于提高一个公司的创新能力。社会学家 Martin Ruef 问卷调查了 766 个在美国西部某个大学获得 MBA 学位，然后又曾经至少尝试过自己创业的“企业家”，他想从中发现弱联系和创新的关系。Ruef 统计了这些“企业家”们所创办公司的人员构成和信息来源，并且使用各种办法评估这些公司的创新能力，比如考察是否推出了新产品或者新的销售手段，是否打入国际市场，有多少专利等。

关于是从哪来的想法直接刺激你创业的这个问题。Ruef 发现，这个创业想法来自于家人和朋友这些强联系讨论的，只占 38%，而来自于客户和供货商这类商业伙伴这些弱联系讨论的，则高达 52%，另有人则是受媒体或专家启发。可见好想法来自弱联系这个定律从创业之初就管用。

人们很难拒绝强联系的诱惑。比如在我们心目中从事风险投资这个行业的人应该是比较理性的人，或者至少应该是比较冷酷无情的人。但是就算是这些人也会犯追求强联系的错误，而这个错误使他们付出了相当巨大的代价。

2012 年 6 月，哈佛大学商学院的 Gompers、Mukharlyamov 和 Yuhai Xuan 发了一篇名为《友谊的代价》的论文。这篇论文考察了 3 510 个风险投资者，以及他们在 1975 到 2003 年间 11 895 个投资项目。有些人选择与自己能力相当的人合作，比如大家都是名校毕业，但更多的人选择与自己的“熟人”合作，比如是曾经的同学、同事，或者仅仅因为二人是亲戚关系。这个研究发现，按能力搭档可以增加投资的成功率，而找熟人搭档，则会极其显著地减少投资成功的可能性。

所有人都喜欢强联系，哪怕是风险投资者和斯坦福 MBA 专业毕业生也是如此。我们愿意跟他们在一起娱乐，我们愿意给他们打电话，我们愿意转发他们的微博。但是熟归熟，工作归工作。当我们考虑找人创业，找人合作，哪怕是找人了解什么信息的时候，“弱联系”才是最佳选择。现在社会学已经有了足够多的证据说明，对工作来说，同乡会和校友录不是扩展人脉的好地方。

第21章

移动互联时代的“一度人脉论”

21.1 扁平的世界

在我们这个时代，世界扁平得超乎你想象，真正适合移动互联时代的人脉理论应该是“一度人脉论”。简单来说，就是你和任何一个陌生人之间所间隔的人不会超过一个，也就是说，最多通过一个人你就能够认识任何一个陌生人。

在21世纪，我们明白，产生于60多年前的，局限于时代的六度人脉理论注定不能在互联网时代继续适用，因为在我们这个时代，人与人之间还有机器和网络。

Facebook、QQ、微信能成功的一个很大原因，就是它们创建了一个人们的关系网络，这个网络基于互联网，却又不同于互联网，这个网络被广泛称之为社交网络。

互联网出现以前的世界，人脉确实就是人与人之间的关系，这并没有更多可说的。但是，随着时代的发展，计算机、互联网、社交网络的出现，却在根本上颠覆了我们之前关于人脉的定义。

现在人与人之间，还要加入机器和互联网。我们的人脉关系看起来复杂了，因为人与人之间还有了别的东西，但实际上，机器和互联网的加入，将原本复杂的人与人之间的关系，无限拉平，拉到几乎每个人一样平。互联网去中心化，让每个人都不是中心，却又都是中心。人与人之间的关系变得简单、平等，六度人脉理论失去了作用。

互联网的出现，让每一个身处这个时代的人，成为时代的见证者和记录者。也许是互联网的基因决定了互联网的平等属性，在互联网诞生时，科学家们经过讨论，决定互联网建设采取分布式，让每一个连入的计算机个体都是中心，又都不是中心。

在互联网里，信息的传播没有绝对的中心，信息的传递是扁平的，每个人都可以传递，中心的数量也不是固定不变的，因此，受众数量也不可能固定。同时，信息的传播也没有了边界，信息并不在特定的组织内传播，其开放性注定了其传播组织可以不断扩张。

在互联网里，人人平等。互联网时代，将传统社会里存在的一切阶级全部忽略，只要你接入互联网，特别是社交网络，那么，不管你富有还是贫穷、高雅还是低俗，不管你是总统还是乞丐、教授还是文盲，互联网并不区分你是谁，在互联网的眼里，所有人都是一样的个体。

社交网络的创造，是人类进化史上一件非常重要的事情。基于互联网的社交网络，让原本冷冰冰的互联网变得十分有人情味，让人与人之间的距离变得前所未有的近。诞生于平等互联网的社交网络，将平等这一理念带到了社交关系中。在社交网络里，你结识别人的成本大大降低。

社交网络继承了互联网去中心化的精髓，它让每个个体都是社交网络的中心，让每个人都能无差别的与别人建立关系。社交网络的出现，完全颠覆了六度人脉理论，它从根本上动摇了六度人脉理论的基础，六度人脉理论假设人与人之间的关系是由人来维持的，而在社交网络时代，人与人之间的关系被机器和网络拉平了，人脉进入了扁平化时代。

21.2 事情没有想象的那样复杂

举这样一个例子：给你一个任务，让你和美国总统特朗普联系。在以前，你想方设法，请300个人给奥巴马写信，中间通过四五个人，也许最后能有一两封到他手上。在今天，事情哪有那么复杂？你在Twitter上申请一个账户，关注一下特朗普即可，然后你在他的账号下面评论“你长得好丑”，说不定他还会来跟你探讨一下人生。

互联网、社交网络时代，人与人之间的联系就那么简单，六度人脉理论注定过时。我们的时代，是一度人脉时代。

各国用户手机中平均安装了37个APP，其中社交类占比12.15%，由此我们可以大致计算出每个人日常使用的社交类APP为4个（数据来自《APUS全球移动应用分析报告》，2014年）。因为社交行为正日趋分化，人们登录不同的平台以满足不同方面的社交需求，而几乎每一个社交类APP都是一个社交网络。

尼尔森网联近日发布的《移动社交用户需求与行为调研报告》也显示，超过九成的移动社交用户几乎每天都会使用移动社交APP，且人均每天在社交媒体上所花费的平均时间为1.5小时，七成以上的用户会在空闲时间使用社交应用。

我们正处在一个社交时代！

最开始，人们甚至极端的认为互联网时代是零度人脉时代，后来觉得这个太极端了，毕竟现在世界上还有几十亿人没有连上互联网。所以，人们就保守地将这个社交时代定义为“一度人脉时代”，你和任何一个陌生人之间所间隔的人不会超过1个，也就是说，最多通过1个人你就能够认识任何一个陌生人。

如此多的社交网络，能够让你跟世界上任何人快速建立联系。那么，为什么保守地说这个时代是一度人脉时代？因为信息的传递必定是有损耗的，你想联系名人，也许他被骚扰得太烦了，就会聘请一个人专门为他管理社交网络，但这时你跟这个名人的间隔从原来的5个人变成了1个人，这是人脉世界的极大进步。当然了，最理想状态下，这个世界是零度人脉世界，我们正在朝着零度的世界前进！

无论是人际网络、万维网，还是通过超文本链接的网络、经济活动中商业联系的网络、生态系统中的食物链，甚至人脑神经元、细胞内的分子交互作用网络，均有着完全相似的组织结构。通过网络，使人人之间都可以构成弱纽带，当然，理想的状态是人人都置身在连接的世界中，这个目标在不断接近。社会中普遍存在的弱纽带，可以使人与人之间的距离变得非常近，并这在社会关系中发挥非常强大的作用。

人、社会、商业都有无数种排列组合的方式，如果没有信息手段聚合在一起，就很容易损耗掉。在互联网上聚合的弱纽带当然还是虚拟的，虚拟虽然是网络世界的一种优势，但是和商业社会所要求的实名、信用隔着一条鸿沟。通过熟人之间，“六度分隔”产生的聚合，将带动产生一个可信任的网络，这其中的潜能是无可估量的。

第 22 章

人脉是设计出来的

命运要靠自己的领悟和把握。当他人父母财富的积累是自己家庭的十倍、百倍时，承认差距的存在，才能够让一个人认识到自己的本事、自己的短项以及达到一生的具体目标需要哪些长项。这样，就是和自己比。自信不是一个兜里只有 10 元钱的孩子，一定要说自己比兜里有 100 元的孩子还要富有。自信是兜里只有 10 元的孩子，走出自己的自卑，强大内心，对自己的劣势进行填补。同时，也要学会用钱以外的东西，例如用智慧和勤奋来赚取自己想要的财富。

22.1　放下面子，有时会更有面子

实际上，一个人的面子有多重要呢？越是有成就的人往往越不在乎面子，而是尊重事实。

索罗斯是人们都不陌生的人物，人们总把索罗斯称为金融大鳄，那他是怎么看待错误的呢？在索罗斯看来，人的认识天生就不完美，获取的知

识并不足以指引其行动，这便是“易错性”，需要人们不断犯错，不断承认，不断修正。

我们是不是这样呢?

在工作和与人交往的过程中，“是不是错了”这个判断并不难，而我们错误地把一件事情复杂化，找客观的理由或借口来保全面子，只会让周围的人发现我们自身的局限和狭隘，会让犯错误的自己更没有面子，并斩断下一次通往正确的可能性。

即使一个人的经验再丰富，在判断和处理一件事情的时候也可能有失误，因为生活中总有一些你看不到的变量，可人们总是习惯于在自己的立场上，对获得的信息进行过滤，他们往往更倾向于自己希望获得的信息，来佐证自己的观点。

而索罗斯从不找借口，乐于承认错误，然后修改错误。

22.2 无法做到人人满意

你不是大熊猫，不会得到每个人的喜欢。有意思的是，大熊猫也无法做到让人人满意。我就接触过一类朋友，他们因为感觉大熊猫“胖”，而不喜欢它。况且，你我都是要在有限的资源当中求生存、谋发展的人。让别人喜欢自己，这不是我们活着的目标。很多事，别怕别人不高兴，当你对自己的性格坚持的时候，别人就会适应你而改变。

我有个朋友，性格异常火爆，即使在公司里发生了不顺心的事，不管周围有多少人，他照样大呼小叫。按理来说，这样一个人，大家都会对他敬而远之。

事实却恰恰相反，他和所有的同事关系处得都不错。一般人如果爆粗口，往往会引来对方的攻击，然而对于我这个朋友，大家最常说的一句话就是："这个人性格就是这么暴躁，反正也习惯了。"

在这里我们会看到，朋友的性格让别人学会了改变。

当然，尊严来自实力，不是来自于演技。朋友在业务上是毫不含糊，他做一件事情的时候，能够充分表现出思路的缜密和手法的老练。用"水鸭子"来形容他毫不过分：水鸭子在水中总是高高仰着头，一副骄傲的样子，这如同朋友本色的性格。然而，水鸭子会不会因此就停止发展了呢？实际上也没有，水鸭子的脚在水下拼命地划着，这是朋友处事的方法，就是抬头做人，低头做事。

反之，一些演别人的人就会把戏演砸了，明明内心很骄傲，还要表现得很谦虚，时间一久，人们一定会送他两个字"虚伪"。

人与人接触，保持真实很重要。不要改造别人，也不要轻易被别人改造。相对来说，一味地改变自己迎合别人，难度是不可预知的。因为不同的人，需求不同，越改越累，越改越气，只会把自己折磨得心浮气躁，反而不得人心。

在不失大格的情况下，对自己多一点坚持，大家会接受你的性格。

盛水的木桶是由许多块木板拼成的，盛水量也是由这些木板共同决定的。若其中一块木板很短，则此木桶的盛水量就会被短板所限制。这块短板就成了这个木桶盛水量的"限制因素"，这就叫作"短板效应"。

短板效应往往被人们误用。很多人以为自己性格中的短板必须补齐，才能拥有更好的人脉。例如内向的人，总是想补长内向这块板，外向的人又渴望自己内敛。

这是一种误会。如果你认为性格是短板的话，那么扔掉短板吧，没必要纠结在这么痛苦的改变上。对于工作来说，如果你因为自己的性格外向好动，不巧你又从事了一种每天只面对档案的工作，那么你可能要做的改变只是换一份工作，而不是拼命地想着去改变性格。

你用了几十年的时光来完成性格的建立，想用朝夕来改变，绝非容易的事情。

没有任何一种性格是完美的，对于人脉来说，也没有哪一种性格的人就注定经营不好人脉，只不过需要不同的方法而已。道理很简单，每一类人，都有适合自己的人群。

融洽的人际关系有时候并不是和人人都融洽。恰恰是和一些人的不融洽表示了你的成熟。你会明白，有一些人出现在你的核心圈子里，你可以信赖他们；有一些人稍微远一些，你愿意接触他们，与他们共事，但并没有打算把他们当朋友；更值得注意的是，还有一些人注定不是你的朋友。没有层次感，自己没有判断，就无法设计你的人脉。

22.3 算好一笔时间账

时间也是一种资源，对任何人来说，时间都是有限的，时间是比金钱还要宝贵的资源。

大家看看现在的口香糖和以前的有什么不同，有意思的是，现在的口香糖都是装在“药瓶”里的，它被摆在超市最明显的位置，顾客买了之后都不用撕掉包装，像吃药一样吃口香糖。好处是什么？节省了时间！

穷人往往不珍惜时间本身的价值，他们可以因买一斤白菜多花了几毛钱而气恼不已，却不为虚度一天而心痛，这就是典型的穷人对待时间的态度。

富人对时间的运用恰恰相反，富人所有的时间都是可塑的、有目的的，他们会让同样的一分钟创造出更有价值的事情。

有时候不得不承认的一点是，穷人的时间目的性过于单一，总是在节约金钱的过程中，穷困了一生。

时间和金钱是两种可以相互转化的资源，钱和时间成反比。从一个地方到另一个地方，要节约钱只能选择公共汽车甚至走路，要节约时间就必须付数几倍于公共汽车票价的钱去打的。

正如我们常常看到来自于娱乐圈的报道，总是有一些明星被爆出“耍大牌”的新闻，记者们感觉明星居高临下，回答问题时总是不耐烦，歌迷们要想耽误歌星几秒钟时间，讨一个签名或是握一握手，都非常困难。

而实际上，我们站在客观的角度想一想，时间的含金量对每一个人是不同的，例如比尔·盖茨之类的世界级富豪，每秒钟都有成千上万的钞票往账户上滚，所以即使是某些国家的总统想见他一次，可能都要预约。

如果你还不把时间当作你人生中最重要的资源，你就远离成功了。

你能算清你的时间是怎么用掉的吗？

很多时候，一天下来，你都不知道自己是怎么过来的。例如，你清楚地发现自己每个周六、周日的时间都在做同样的事情：洗衣服、收拾屋子、打扫卫生。

看到了这样的规律，你应该反思你的时间投入和产出比。例如，如果你一天的时间价值 300 元，而你总是用一天的时间来洗衣服，洗一天衣服的价值是 20 元，那么你就等于损失了 280 元，其实，你完全可以花 100 元钱把衣服送到洗衣店去，而把时间用在最能产生效益的地方。

把时间都投入到你能赚钱的事情上去，把所有不擅长的事情让别人去做，你用钱购买了时间，就等于延长了自己的生命。

22.4　所有言行就是你的品牌

如果你想买休闲服饰你会想到什么？如果想买车子，在拥有一定经济实力的基础上，你会选择什么车？

你所想到的，往往就是品牌的力量。品牌是给拥有者带来享受、产生增值的一种无形的资产，对于个人来说同样如此。个人品牌不用到处发广告，也不用自己评价，而是别人给你的。就如你的名字，属于你，但是却被别人使用。

个人品牌打造的微妙和力量使人们产生了一种错误观念，认为这只是社会上成功人士的事。这种想法是不对的，想想看，那些产业名人最初是怎样成名的呢？他们一定是在自己还默默无闻的时候就打造了自己的品牌。

如果没有品牌，在同行业中工作时间再久，也难以保证路越来越顺。每一次见客户、处理事情的时候，还是不被他人信任，做起事来还会很累，就难以形成职业上的持续性。如果你能花一点时间建立起自己的品牌，接下来只要你用心维持你的品牌，那么在一个行业发展下去，亮出自己的品牌，一切就会水到渠成。这就是为什么有些人的人脉会越来越宽广，在事业上越走越轻松的原因。有些人多年的时间和精力都不知道自己在忙什么，到头来竹篮打水一场空。

如同奔驰，这个品牌区别于宝马、沃尔沃等，它有自己的特点，就是该品牌给人的感觉是驾乘奔驰车的人，很有威望。因此，对这种“炫耀性消费”有需求的人，就会直接购买奔驰，而不必在多个品牌车行耽误时间。

人同样如此，在一个行业建立起好的口碑，会让以后的路越走越顺。个人品牌给人一种清晰的、强有力的正面形象，别人一想到你，这种正面的形象就会浮现在他们脑海中。它体现了你在别人心目中的价值、能力以及作用，是你职业生涯中的第二个自我，影响着别人对你的看法，把别人对你的看法变成机会。

当他人需要做某事的时候，第一个想到的人是你，那么，在某件事情上你具备绝对的优势，被大家强烈需要。如此一来，好人脉、好前途，还会远吗？

高速运转的社会下，人们越来越依靠符号，例如给一个人贴一个标签，便于我们快速理解和分析这个人。

如果用一句话来评价你自己，难不难？如果平时你就没想过这个问题，难度肯定是有的。换一个场景，如果今天你跳槽，猎头让你简单描述自己，你该如何表述呢？

可以想象大部分人的回答就是，我曾经在以往的工作中，具有主动积极、勤奋肯干的工作态度。

其实，这些都还不够，不属于一句话点透你作为一个商品的最大特色。

一个能够让他人迅速想到的，在职场和社会上有所成就的人，就一定要会善用这种“一句话定义”的力量。有无良好的公众形象，则完全是由你自己开始的。“一句话定义你自己”的力量何在呢？就在于它的简洁明了，越简单的东西，越容易被人记住，也越容易被人传播，当然杀伤力也就越大。

如果你想不到用什么最简洁的话能定义和概括自己，那么别人就会用别人的理解来概括你。例如，当同事看到你利用公司电话往家里打电话，他们就会认为你“不职业化”。

如果一个人总想让人记住他所有的优点：既宽容又有原则，既安静又活跃。对不起，人们的关注力有限，他在人们心目中会是一个模糊的背影。人们只能记住一个人大部分时间里给大家留下的印象。

把自己最好的东西拿出来作为安身立命的根本，选择最适合自己发展的领域，展现自己的价值，这在现代社会很难，正因为很难，所以更加宝贵。

人们要索取的太多，要展现的也太多，其实远不如专一的眼光更能成就自己。有这样一个名词叫作：专一化战略，也称集中化战略、目标集中战略等。指的是主攻某一特殊的客户群或某一产品线的细分区域、某一地区市场。它具有为某一特殊目标客户服务的特点。

我们也应该针对自己做好专一化战略。不必惧怕别人看不到你的优势，只要你持续强化自己的某一优势，有一天，它将坚不可摧。

22.5 不求更好，只要与众不同

大家对梅艳芳这个名字都不陌生，1982 年，19 岁的梅艳芳便以一首歌《风的季节》被惊为天人，后来录制的第一首歌曲《心债》，也有极佳口碑，并登上“香港电台中文金曲榜”冠军位置。但是，那时的她虽然音乐天赋得到认可，却没有突破的地方，直到个人专辑《赤色梅艳芳》推出，著名形象设计师刘培基精心打造的新造型给公众留下深刻印象，她才一举丢掉由于没有个人特色而顶了一年的“徐小凤第二”之名，此后更创出了自己独特的舞台形象，成为歌坛百变天后。

再给大家举个例子，在房地产界，潘石屹不是最有背景的人物，但他是一个最能利用市场化意义上社会资源的人。潘石屹的设计师在他的名片上设计了一个穿着唐装的漫画潘石屹，后来就成了 LOGO。他充分利用了市场战略中的差异化策略。物质产品的造型设计是最容易被模仿，有时也是最不具备核心竞争力的东西。于是潘石屹拍广告、拍电影、出书、做主持人，把自己建立为品牌，为商业铺路。从商业的角度来评价他，他极富天分和灵感，能够抓住稍纵即逝的市场机会进行另类出击。

那些成功的人，不在于比前面的人更好，因为起步已经晚了，想要超越就太难，而是要独辟蹊径，他们明白自己要走哪条路，而且明白要到达目的地就得在别人的印象中表现得与众不同。

建立自己的个人品牌，不必局限在要“比某个人更好”的思路上，只要与众不同，你就是一个新门类的老大。

瞬间认知、瞬间联想就是品牌，品牌一形成，就很难改变，因为世上最难的事就是改变别人的大脑。所以让大家一提到你的名字，就想到你的个人品牌！

22.6　可以没钱，不可以无趣

曾经有一个年轻人向我抱怨命运的不公平，他从事的是销售工作，他发现在工作中，美貌的女性总是占很大的优势，运气也总比他好。

我让他讲具体的情况，他说自己把事业当作亲密爱人，基本上除了睡觉，他把其他的时间和心思都放在了工作上，为了拜访客户，自己几乎从来没有休息日的概念。

可是，他的一个女同事就不这样了，这个同事平时的生活非常悠闲，业余生活也非常丰富，K歌、肚皮舞、高尔夫，她样样精通，每次谈业务，一切又进展得超级顺利。

有时候女性优势是很重要，因为女性善于表达、性格温和等特点，更加适合服务于客户。但是他不明白的一点是，任何一个人在签约的时候，都是由感性转变为理性的，他的女同事在业余方面很出彩，而她除此之外的亮点更加突出。

个人形象当然重要，爱美之心，人皆有之。但是还有这样一句话说得好“长得漂亮是优势，活得漂亮是本事”。一个人要想成功的话，最关键的因素应该还是个人素质。女性在同性中很容易被排斥，但是就在这种情况下，漂亮的女销售员仍然能够通过最巧妙的沟通，赢得了信任，排除困难完成任务。

那些埋头苦练的人，从不知抬头看路，琢磨一下客户除了听那些推销的辞令以外，还想听什么。有时候，知识准备得再好不如说得好。说得好的根源在于要挖掘生活的趣味。所以在平时就要丰富自己的业余生活，因为你总不知道天上哪块云彩会下雨。吃喝玩乐皆有它的学问。

很多工作都非常考验一个人与别人沟通和协调的能力。

诗人陆游在他逝世的前一年，给他的一个儿子传授写诗经验时，写了这么一句：“汝果欲学诗，功夫在诗外。”还讲到他初作诗时，只知道在用词、技巧、形式上下功夫，到中年才领悟到这种做法不对，诗应该注重内容、意境。陆翁在一首诗中写道，“纸上得来终觉浅，绝知此事要躬行。”可以看作上句的绝佳注脚。

工作中就是如此，很多事情看似是与他人交往中沟通出了问题，实际上还是自己准备不够，不是专业知识不够，是生活中储备的知识不够。正如曹雪芹所说：“世事洞明皆学问，人情练达皆文章。”

主持人蔡康永说得好，15 岁时觉得游泳难，放弃游泳，到 18 岁时遇到一个你喜欢的人约你去游泳，你只好说“我不会耶。”18 岁时觉得英文难，放弃英文，28 岁时出现一个很棒但要会英文的工作，你只好说“我不会耶。”人生前期越嫌麻烦，越懒得学，后期就越可能错过让你动心的人和事，错过美好的风景。

为了提高和别人的沟通，你的业余生活不应该是睡懒觉、泡酒吧或者是宅一整天而不动。应该花一点时间去修炼自己的艺术才能，这才称得上“内外兼修”。所以，请花一点时间去认认真真研究“趣味”这件事。

例如，在与重要的人一起就餐之前，可以先从美食书、网上搜寻适合的餐馆，通过对食物的精心选择，显示出自己的诚意。当然如果只注意这些，你就会把更重要的语言交流忽略了，那就完全是本末倒置，得不偿失了。

吃一小时的饭就要用足一小时的交流时间，吃两小时就该用足两小时的交流时间，因此你更需要准备足够多的信息来制造“愉快的话题”，这也更能使这顿会餐物超所值。

不要临时抱佛脚，给自己放个假，培养一两个业余爱好，多点趣味，不但你的心态会变好，事业也会有新惊喜。

样样会，就样样有机会。

软实力会为你的人际交往锦上添花。

拿出一定的时间修炼软实力是必要的，在现代社会如此忙碌的节奏下，周末一些看似与职场毫无关系的特长培训班，如舞蹈班、插花班、茶艺班、歌唱班等，都是学员爆满。

为什么会产生这样的现象呢？因为职场人越来越发现交际中若歌唱得好、舞跳得棒，公司活动时正好有了展示的机会，某种程度上也为个人创造了更多机会。

想想看，一名刚踏入工作岗位的新人，在工作经验上他显然是薄弱的，不能给别人提供价值，那么，他怎么能让别人关注自己，同时又不让人觉得他哗众取宠呢？

如果他懂个小魔术，利用午休时间，给大家变个魔术玩，一下子把大家的兴趣都调动起来了，进而与他人话题越来越多，距离越来越近，融入团队就不再是什么困难的事情了。

想拥有这种软实力，必须要前期投入时间。时间对于人们来说都非常宝贵，正因为如此，人们总是感觉没有时间。

拿出时间，感受你的兴趣，修炼你的人生趣味。每天面对忙不完的工作，面对复杂的人际关系时，压力会在无形中生成。人们也时常因为工作上的小事儿心生不满，影响工作的心情。

关注兴趣，修炼软实力，也就是对自己进行有效的压力缓解。当整个世界变成彩色的时候，就不要停留在黑白时代了，让有趣的人生扑面而来，让自己成为最亮的那一抹颜色吧。

22.7　随时推销自己，收获无意间到达

做人脉，不能坐等人脉。

当一个人开始主动的时候，所有的事情就会变得主动。例如，当你看

到冷漠的人时，不妨主动和他打招呼，一个招呼就说明我眼里有你。谁不喜欢自己被别人尊重和注意呢？你释放出善意，也会收获善意。如果你主动和公司的人打招呼持续一个月，你在公司的人气可能会迅速上升。

社交中也是如此，当你得到了一个人的联系方式，他也得到了你的联系方式时，他让你等电话。你会不会傻傻地等一天？如果你等了，电话总不响，就直接打过去吧，也许他真的没那么忙。所以，你更需要主动。

当你成功地推销了自己，人脉就像滚雪球那样越来越大的时候，你就尤其要注意合理使用。

人脉是活的资源。它对应的是人与人的互动，使用人脉的时候要密切关注他人的感受。

你有一个非常好的朋友，在你曾经需要钱的时候，朋友毫不犹豫地借给你一万元，后来，你还了钱，内心还有满满的感动。

有一天，这个朋友向你借钱，你当然毫不犹豫地借给他一万元。他带着钱走了，后来他又找你借一万元，你又借给他了。接着，不多久，他又找你借一万元，你还是借了。最后，朋友又一次来借钱，你还会借吗？

正常情况你不会借了，因为你感觉你的人情还完了。

人脉账户也正是如此，每个人回馈的次数都是有限的，如果你从一个重要的人物那里频繁地支取资源，超过了一定界限，等积累到某一次的时候，你就没有机会了。例如，你有一个特别有本领的亲戚，平时，杂七杂八的小事你都去麻烦他，那么，到了有大事需要他帮忙的时候，可能会被拒绝。

三类关系谨慎用。

第一类，个人成就极高。

这类人由于拥有丰富的社会资源，周围接触到的一切人对于他的身份和能力都是敏感的，这时，他也会敏感于自己的地位，会在和人的接触中对他人的利用保持敏感状态。

这类人也常常为人情所累，他们最盼望的就是享受自己能力带来的一切，又不必被声名所累，所以不能轻易打扰他们，即使他们是你的亲友。除非在自己非常必要的情况下，你提出合理要求，那时，他会顾念你从未提要求的良好秉性，在你为难的时候帮你一次。

第二类，在资源上，你不具备同等交换能力的人。

当别人给你一个西瓜，你只能回报一粒芝麻的时候，不要利用人脉。因为人都是期待同等价值回报的，尤其当不是你本人的需要，可能是你认识的一些人需要你去找这类人帮忙时，就需要相当谨慎，不要来盲目向这类人索取。

有人的性格属于外圆内方，当你打扰到他的时候，他表面不会表现出特别不耐烦，但是内心会产生反感，你让别人“勉为其难”的次数多了，可能在你遇到最需要他帮忙的时候，他会把不满一次性地体现出来。

第三，从来不麻烦别人的人。

从来不麻烦别人的人，这类人的内心渴望与他人的关系是有距离的，对于这样的人，距离就是安全，不到万不得已也不要去打破这类人的原则，如果你总是从他们那里索取，违背他们与人相处的准则，会引起极大的不满还会招致恶意。

所以，使用人脉要适度，当你的 A 朋友需要你的 B 朋友的时候，衡量 A 与 B 之间的交换是否平等，如果不平等，就向 A 表明自己的立场，请 A 自己想办法与 B 洽谈。

第23章 人脉资源整合创新实践

23.1 让别人了解你

王辉耀身兼教授、博士生导师、中国与全球化智库（CCG）咨询委员会理事长兼主任、国务院参事、欧美同学会副会长兼建言献策委员会主任、中国国际人才专业委员会会长、全球最大的国际猎头组织国际猎头协会国际顾问委员会委员、德国 IZA 研究所研究员、国际大都会（International Metropolis）的国际执委会委员、加拿大亚太基金会高级研究员、加拿大毅伟（Ivey）商学院亚洲顾问理事会成员等职务。

王辉耀在国际人才、中国企业国际化、华人华侨、中国海归群体与海归创业管理及智库研究等领域有广泛的著作和研究，出版有关著作 20 多部、有关专业文章 100 多篇，包括《新华商之路》《MBA 通才之道》《海归时代》《创业中国》《当代中国海归》《缤纷海归》《开放你的人生》《人才战争》《中国留学人才发展报告》《国家战略》《建言中国》《中国模式》

《人才竞争》《管理思想与实践》《中国海外发展》等一批有影响的著作。

王辉耀小时候过的一直是艰辛而颠沛的生活。艰苦的童年让王辉耀初尝了人世间的打击和辛酸，也将他打造成为一个坚韧的“钢铁娃娃”。他随时都准备迎接命运的狙击，并适时寻找出线的机会。

在国家终于恢复高考时，他成了第一批被录取的考生。离开成都去广州求学的时候，他没有想到，这一去竟是永远地走出了那片土地。

1982 年毕业后，他被分到经贸部工作。1984 年，他选择去读当时大多数中国人还不熟悉的 MBA，成了加拿大最早读 MBA 的中国内地留学生之一。

王辉耀没有像很多留学生那样去找类似餐馆服务员或送外卖之类的临时工的工作，他了解到加拿大公司非常重视个人的经历，他要在同样的时间内迅速积累个人的资历。

第一年的暑期来临之前，他在大学图书馆查阅了很多资料，发现加拿大帝国银行在中国有项目，而且银行的副总裁曾在中国香港工作过，王辉耀给这位副总裁寄去了自己的简历，并收到了录用通知书。

王辉耀始终保持着这种主动精神和敏感性，于是机会总能垂青于他。第二年的暑假之前，他在一次听讲座时，很偶然地听到加拿大城市联合会会长介绍，他们要组织去中国 14 个沿海城市的访加代表团。会长刚走下讲坛，王辉耀就迎了上去，表示祝贺，也表示有兴趣为这个项目工作。这成了他的第二份暑期工作。

王辉耀找到第三份暑期工作是有着四五千美元月薪、赴日本 EPSON 和 SEIKO 公司为其海外经理做培训的讲师工作，当时渴望获得职位的人很多，但西安大略大学工商管理博士生中只有他一人中选。

有了第三份暑期工作的经历，王辉耀到毕业时可谓资历不浅，他起步就进入了国际十大工程咨询公司之一的 SNC Lavalin 公司。

工作仅六个月，王辉耀就被提升为国际市场部经理，一年后升为董事经理，如此迅疾的上升速度在这种国际级的大公司中是少见的，尤其是对一位来自中国大陆的新移民而言。

王辉耀有什么独家秘籍吗？

王辉耀的工作当然是努力而卓有成效的。首先他先协助上司建立了公司内部沟通网络，公司的各种关系一下子变得脉络清楚了，此后他先后参与了长江三峡水电工程的可行性研究和香港维多利亚港口交通管理系统项目。前者是长江三峡工程中第一个介入的外国公司，也是迄今为止外国公司参与中国最大的一个项目；后者则是加拿大在中国香港目前最大的一个项目。

但是，仅凭这些业绩并不必然使王辉耀获得晋升机会，毕竟他还是一个年纪太轻（王辉耀被提为董事经理时才 29 岁）、资历不够深的外籍人。

但王辉耀不这么想，他也不想让外方老板固守这种成见。

他找到上司递交了一份工作业绩表和副总裁职位说明书。

公司虽然没有给他副总裁的位子，但他成了公司里升职最快的、最年轻的董事经理。

这份自信使王辉耀敢于面对诸多挑战。

1990 年，王辉耀离开 SNC Lavalin 公司，成了加拿大魁北克省驻香港地区及中国首席商务参赞，这是华人第一次出任这种外交官的职位。

1992 年参赞任职期满，正值邓小平视察南方之后中国全面掀起了经济改革的第二次浪潮，王辉耀仔细分析了自己的优势，成立了自己的公司——亚加国际集团有限公司，从事加拿大工程公司在亚洲尤其是在中国的投资咨询和项目代理，同时还兼营房地产、国际贸易、国际企业项目开发及策划等，涉猎范围相当广泛。

能够赢得信赖几乎就意味着能获得一张张生意订单，因为没有人会相信那张法律上生效的合同真的能保证你和一个奸诈的人合作而不受损。

王辉耀的聪慧与敏锐、自信和执着使他的合作伙伴信赖他的商业判断力和做事的稳定性，更重要的是，他赢得了合作伙伴对他为商品格的信赖。

他的所作所为坚持一定是要对别人有利才可能对自己有利。王辉耀在创建自己的公司前平均每两三年就换一个位置，但每一次变换，都是更接近他今日的目标，而且逐渐形成了他立世的风格。

王辉耀去应聘参赞时一个很重要的原因是他想或许他能从政府这方面作一些推动工作，推动加拿大在华投资。

当他应聘成功后，果然在这方面建树颇多。首先他促成了魁北克省部长级的官员访华，促成了魁省与湖北省结成姐妹省；其次他推动了加拿大的电力公司与中国合作，尤其是在三峡工程中的合作。此外香港和魁北克省的食品贸易也有了突破性的发展。在他任期将满时，中国政府与加拿大政府签署的五个合作项目中，其中四个是与魁北克省的公司签订的。

而他在成立了自己的咨询公司后，又促成了加拿大 AGRA 国际集团有限公司为三峡工程提供管理系统和加拿大政府为中国修建三峡水电站提供政府贷款，尤其这还是在中外对三峡工程存有颇多争议的背景下实施的。

王辉耀有条件把生意做大时，他却没有急于扩张。他认为活着不是为了工作，工作只是为了活着。

他该休假的时候休假，孩子们放假的时候，他会花很多时间在孩子们身上。他珍惜生活中的很多东西，工作是他生活中最重要的一部分，但只是一部分。王辉耀没有变成干巴巴的工作狂，而是一个有人情味，有生活情趣的人。

22.2　三峡工程获得的第一笔外国贷款

1992 年春，全国七届人大五次会议以三分之二的绝对多数通过了三峡工程上马的决定，三峡工程规模宏大，它由世界规模最大的水库移民工程、世界规模最大的拦河大坝、水力发电厂房、通航建筑物以及大规模的远距离输变电工程组成。这是一项极具挑战性的工程。

1994 年 12 月 14 日，长江三峡工程正式开工。可是前期资金却出现了短缺。因此首先需要解决的是如何从国外融资的问题。

一般而言，发展中国家的大型项目最常见的资金来源是国际金融机构的贷款，比如世界银行、亚洲开发银行等。由于三峡项目在国际上有争议，因此世界银行不准备对此项目予以贷款。而另一条常见的渠道，即由不同的国家对项目提供政府贷款，而很多国家考虑到同样的原因，导致中国政府陷入困境之中。

虽然加拿大政府曾在过去投入过 2 000 万加元的政府赠款进行三峡工程可行性研究，但由于国内的各种压力而不得不放弃对中国的贷款。

当时，王辉耀在 AGRA 公司任副总裁，该公司想与三峡总公司合作建立三峡工程管理系统。如果拿不到加拿大政府的贷款，两年多的工作将付诸东流。虽然情况不妙，但王辉耀坚韧的性格使他不到最后一刻，决不轻言放弃。

为了说服加拿大政府支持三峡工程，王辉耀代表 AGRA 公司多次安排国内的机构赴加拿大访问，建立了中加合作的桥梁。与此同时，AGRA 公司也不断地向加拿大外交部及其贷款部门提供三峡工程和三峡管理工程系统的正确信息，帮助他们更好地了解三峡，争取他们的支持。

经过王辉耀等人的不懈努力，事情开始朝好的方面转变。不久，传来加拿大总理克雷蒂安即将访华的消息，王辉耀立刻敦促三峡总公司尽快签署一个利用加拿大政府贷款共同建立三峡工程管理系统的备忘录，争取在加总理访华期间签署。另一方面，王辉耀又积极为加拿大总理访华准备三峡工程的有关资料，力陈政府对该项目贷款的重要性，敦促政府对加拿大公司给予支持。

1994 年 11 月，克雷蒂安和中方有关领导出席了中国三峡总公司和加拿大 AGRA 公司有关新建三峡工程管理系统备忘录的签字仪式，加拿大政府将提供 3 000 万美元贷款。

加拿大政府这一公开表态，使中国得到了第一笔外国政府贷款，并且还引发了一系列连锁反应，德国、法国、日本、瑞典、瑞士、挪威、俄罗斯等国纷纷表示愿为三峡工程提供政府贷款和出口信贷。

1997 年，三峡工程发电机组招标，7.4 亿美元的合同金额大部分都是利用国外政府贷款。

第24章

人脉资源整合创新艺术

24.1 强人法宝——刻苦

李亦非1964年生于北京，她的父亲是天文学家，母亲是数学老师，从小就被父亲灌输独立和坚强意识。1977年，只有13岁的李亦非已经获得了全国武术青少年组冠军，随后参加《神秘的大佛》和《火烧圆明园》等3部影片的拍摄。1985年，毕业于外交学院国际法专业，其后获得美国德克萨斯州维科市贝勒大学的国际关系硕士学位。1987年，进入了纽约联合国总部的公共信息部，负责制作电视广播节目《联合国呼唤亚洲》并担任主播。1990年，任职于纽约市专业律师事务所，负责开展中国业务，并代表其中国客户参与最惠国待遇和贸易政策的游说工作。1994年，任职美国博雅公关公司中国区董事总经理，开始为英国石油公司、英特尔公司和菲利普莫里斯公司等知名跨国企业设计在中国市场上的形象。1999年3月，任职美国维亚康姆公司，出任MTV音乐电视频道的中国区总裁。2009年8月，任全球最大的广告与传播公司之一阳狮集团大中华区主席。现任英仕曼中国区主席。

李亦非于2001年入选美国《财富》杂志25位全球商业领袖新生代，并成为当期《财富》杂志的封面人物。之后，又入选《财富》杂志年度50位国际商界女强人。2005年和2006年，李亦非连续两年当选《亚洲华尔街日报》亚洲最有影响力的十位商业女性。

李亦非曾回忆，年少时期高强度、高压力的训练，使得她在2008年得到了全球领先资产管理公司GLG（Gerson Lehrman Group）创始人马克·杰尔森抛出的橄榄枝，马克·杰尔森是特种兵出身，他们在午餐的时候，产生了高度的共鸣。这是李亦非可以翻查到的职业生涯中与金融行业相关的最早任职。而这之前，她从事的行业跟金融并无半点交集。

1985年毕业于外交学院国际法专业后，李亦非怀揣30美元赴美国闯荡。因为一个越洋电话会花掉一个月的生活费，她一年没有跟家里通过电话。据其回忆，在纽约实习时，只有23岁的她要打四份工维持生计，白天在联合国实习，晚上去武术馆，周六、日教外国移民英文，晚上还在餐馆打工，而她在美国仅租住在一间15平方米的阁楼里。

成名后的李亦非曾将自己的成功归结为：刻苦。在这股劲的推动下，李亦非的人生沸点不断升高。

24.2　政府公关成功实践

作为跨国公司的中国总裁，最重要的能力是什么？“游说”肯定排名十分靠前，当然也有人称之为“政府关系”或“公共关系”，总之，就是面对政府或处于垄断地位的甲方的游说能力。李亦非是其中公认的高手。中国政府对于涉及意识形态类的产业控制严格，国外资本进入的门槛甚高。但李亦非担任中国区首席代表的维亚康姆却取得了骄人的业绩。

2003年4月，维亚康姆旗下的MTV全球音乐电视台正式通过广东省有线电视网进入广东的100万户家庭，广东人可以在增补39频道看到24小时播出的MTV音乐电视频道，MTV全球音乐电视台也成为第一个在中国获得落地权的国际媒体品牌；2004年3月，维亚康姆董事长雷石东访问中国，宣布与上海文广集团成立合资制作公司，这是中国第一家中外合资的影视制作公司；2005年4月，MTV电视网与中国移动签署阶段性合作协议，共同开拓手机音乐市场；2005年5月，MTV电视网下属的尼克罗迪恩儿童频道与上海文广传媒集团联合成立了上海哈哈尼克电视制作有限责任公司。维亚康姆还积极抢占中国户外广告市场。其旗下的维亚康姆户外公司于2005年9月收购摩奇创意公司70%的股份达成协议，并表示可选择在5年后收购其余30%的股份。这是维亚康姆户外公司在中国的第一项收购交易。2005年12月，维亚康姆户外传媒广告（北京）有限公司成立。该公司拥有北京巴士股份公司全部约5 000辆公交车的广告发布权。

对于工作，李亦非认为自己其实做的是“媒婆”的工作，即寻找到中国强势的传媒机构并使之成为维亚康姆的合作者。这个“媒婆”肯定不容易当，要促成中移动、央视等垄断巨头同意与一家美国公司合作，既需要政策破冰，也需要合作者求同存异。李亦非必须拥有足够的韧性。她曾对自己的工作比喻就像是夫妻两个人吵架，各说各话，然后丈夫和妻子分别跑到你面前哭诉。听完双方的理由，你觉得其实这事很简单，没有不可调和的矛盾，说合一下就行了。但是，当你在说合的过程中发现，无论是跟丈夫还是跟妻子说，两人都不接受。于是一遍、两遍、三遍，如果两个人合好了，你会有一种成就感，如果两个人最后还是分手了，你会有一种浓重的挫败感。耐心和韧性，对于李亦非的“媒婆”工作帮助最大。维亚康姆的主要竞争对手新闻集团与青海卫视的合作被叫停后，新闻集团董事长鲁珀特·默多克公开承认，新闻集团在中国发展业务的尝试“碰壁”。而李亦非则有足够的耐心让中国政府、运营商和维亚康姆的董事们互相了解、理解，李亦非应该是个擅长化解误会、消弭冲突的人。她曾表示，在维亚康姆的中国策略推进过程中，美国老板也会提出质疑、怀疑，对她的市场战略发展有意见，但老板的方式是以提问的方式进行。他不会说你应该这么办，他说你觉得应该怎么办？

李亦非认为，这时作为女性高管，自己的责任是向老板提供真实的方案，跟自己有不同的想法可以说服他，如果在最后说服过程中没有达到目标，必须接受他的决策。这是专业和职业素养的问题。求同存异的基础是李亦非对于自己的清醒定位。李亦非小时候的理想是做外交官，实际上，她已经做到了。在驾驶维亚康姆在中国蓝海游弋的同时，她把中西文化间的大使角色做得游刃有余。

1999 年，维亚康姆中国公司只是位于北京中粮广场一间房里的小办事处，员工仅 6 人。李亦非第一次去看到的景象是：过期的报纸在办公桌上堆积如山，垃圾桶无人倒，没有负责人，没有制作部门，没有发行部门，没有广告部门，一切几乎从零开始。但她在 1999 年 4 月来 MTV 后，一个月后就拿到了 CCTV－MTV 音乐盛典的批文，MTV 的品牌能和中央电视台联系在一起，这对品牌影响力的提升是显而易见的。当李亦非打电话汇报工作时，亚太区的总裁从电话那边传来了一连十几声表示极度兴奋的感叹词。在此之后，维亚康姆连续 4 年成功地与中央电视台联合举办了 CCTV－MTV 音乐盛典。李亦非认为 MTV 是一个通过音乐进行国际文化交流的平台，她称自己是一个兼职的“文化参赞”。2003 年 2 月，她组织中国民族交响乐团在美国进行了四场世界级水平的演出，并且维亚康姆公司帮助中央 9 套在美国洛杉矶、拉斯维加斯、底特律、纽约、华盛顿等十大城市高档商业酒店实现了落地，这是一个向美国商业、政治、娱乐圈的具有影响力的决策者去介绍中国的一个方法。而从 2003 年 4 月 26 日开始，24 小时全天候播出的 MTV 音乐电视频道也正式通过广东有线电视网进入广东的 100 万户家庭。2003 年 6 月 5 日，李亦非接到了提升的通知：由于策划并促成了 4 月份 MTV 广东 24 小时音乐频道的落地和播出，她被提升为 MTV 全球音乐电视网亚洲部资深副总裁。

第25章

人脉艺术伴随联想成长

当万科股权之争的风波愈演愈烈之际，人们可能忽视了联想这么多年的平稳。从国企变为股份制企业，从中国企业到跨国企业，其中的企业变革不可谓不复杂，涉及政府、中科院、企业内部、中国香港股市、中国内地股市、海外并购、外国政府及其法律等诸多方面，柳传志任凭风浪起，稳坐钓鱼船，像一位迎波踏浪的舵手，驾驶着联想这艘巨轮扬帆远航。

25.1 一个企业决策者人脉资源整合创新的典范

要走到河对岸去是企业的目标，这是人人看清的事情。难的是如何搭桥，如何造船或者学会游泳。在根本不会游泳的情况下奋不顾身地跳入水中，除了泛起一阵波浪和带来滑稽的悲壮以外，什么结果也没有。联想不要这个，联想要做能成事的英雄。

人在所有智慧要素中，应当说最精妙也最具深意的东西就是“妥协”。

在顽强地改变那些自己能够改变的东西的同时，也有足够的胸怀去包容那些不能改变的东西，然而还有最重要的，就是有足够的智慧去分清什么是自己能够改变的，什么是自己不能改变的。这样的管理者绝对是智者。

柳传志就是一位讲求“中和性”领导风格的人。一方面要学会“妥协”，做事不要走极端，要适可而止；另一方面，要有包容的心态，做事不要有固定的模式，无可无不可，只要合理就行。

25.1.1 追求共同的信念和目标

在追求远大理想和目标上，柳传志立足于满足共同的愿望和利益，而不是追求属于自己的利益和目标，并因此激励自己和自己的同事，引导大家认识共同的利益，并为实现共同的利益而奋斗。他没有像其他创业者那样渴望成为“资本家”，而是从内心里想要为更多的人带来财富和希望。事实上，柳传志在联想拥有的股份也非常少。

在 1993 年的时候，柳传志就策划把联想的资产分割出一部分来，归属到企业的开创者以及后来进入到联想的员工身上。1995 年修订后的《联想集团公司章程》首次写入“投资比例为中科院计算所占 45%，中科院占 20%，职工持股占 35%”。

1997 年，在多方做工作的情况下，财政部同意联想公司出让国有股权部分的 35%，但联想公司的职工必须以现金购买。柳传志在 5 年前就埋下了伏笔，35% 的分红权，让大多数联想员工累积了一笔不小的资金。15 位特殊贡献者占有其中的 35%；100 位有历史贡献者占有其中的 20%，其余的 45% 归属公司后来的员工，让员工在一夜之间变成了企业的所有者，也让许多人成为百万富翁，甚至千万富翁。

柳传志真正把联想建成了大家的联想，这也是他眼光远大的一个方面。正是在这种坚定的信念鼓舞下，在大家的共同努力下，才有了今天的联想和成功。柳传志说，所有联想的管理者，都要倾向于中和型管理。在追求信念和目标方面，要关注他人利益，关注下属的个人收益，给联想员工带来更多的实惠。

柳传志说，员工的年终奖金是不能少的，这是一个企业诚信问题，不能失信于员工。他曾冒着税收政策处罚的风险，用支票套取现金给员工发奖金。而且还利用“企业有支配福利基金的权力”将福利基金分割划归到员工名下。每到年底，联想员工获得的奖励是一个非常吸引人的一个数目，柳传志希望所有员工都从中受益。

20 世纪 80 年代柳传志一家 7 口人住在 12 平方米房子里，却首先为倪光南和陈大有解决了三室一厅的住房。1992 年，联想又以贷款购房的方式为 72 名年轻人解决了住房问题，这在当时的北京引起了不小的轰动。当时年仅 36 岁的李晓枫就用联想的福利买了一套三居室。

25.1.2 挖潜他人的优势和影响

调动和挖潜他人各方面的积极性是柳传志的第二个显著特征。他不是仅仅突出自己，也不是单纯地依赖他人，而是注重发挥每个人潜在的能力和作用，发挥团体的积极性和力量。他心里清楚仅仅靠自己个人的力量是不可能成大事的，必须紧紧依靠各方面的力量，发挥和挖潜他人的长处。

在挖潜他人的优势和影响方面，柳传志也充分地体现了超级的实用主义倾向。假如有一个人本分老实但没有能力，另外一个人很有能力但不大老实，他愿意用后面一个。他表示宁愿再找一个人来看着这个人，也要让这个人发挥才干。在一个强调“以德为本”的国度里，他的观点是比较激进的。这说明在当时的情况下，他对人才的渴望使得他敢于打破传统观念的束缚。

柳传志注重对各方面领军人物和接班人的培养。李勤是他第一个招募的管理人才。李勤的加盟让这个温文尔雅的公司有了强悍之风，而且多了几分攻击性。李勤 一进入公司就挖掘了第一桶金。经过他的“软磨硬泡”

为联想公司赢得了为中国科学院500台进口微机的验收、组装、培训和维修服务的业务。仅这一笔业务让公司赚了100多万元，占联想公司1985年全年收入的三分之一。从此以后李勤作为柳传志的得力助手，让柳传志有了更多的时间应对外部的挑战。

柳传志挖掘的第一个技术人才是倪光南。倪光南研发的“联想汉卡”为联想以后的发展提供了资金和技术上的支撑。联想汉卡给联想带来了前所未有的发展，它开启了联想发展的新纪元。从1985年到1996年，联想汉卡8个型号，共销售了16万套。联想汉卡在公司成立的前3年里，销售额占整个公司营业额的38%，利润占了45.6%。由此我们可以看出，倪光南为联想的发展做出了重大的贡献。

柳传志还吸引和培养了一大批的年轻人。像孙宏斌、朱立南、郭为、杨元庆等都是他一手培养起来的人才。朱立南、郭为、杨元庆已成为他实际的接班人。特别是杨元庆不仅为联想也为中国的计算机产业的发展做出了重要的贡献。他挽救了国产微机的颓势，反败为胜。如果没有杨元庆在1994年、1995年和1996年的努力，也许中国的个人计算机市场真的要被外国品牌垄断了。

25.1.3　建立广泛的人际关系

不论是在企业，还是在政府，柳传志都有良好而广泛的人脉关系。如果细观联想的发展，可以看出这是他领导联想走向成功的一个非常关键的因素。

柳传志十分重视搞好企业内外的人际关系，调动方方面面的力量来为企业服务。在建立人际关系方面他绝不为了眼前的一时之利，而是着眼于长远，着眼于共同的发展和利益。他非常注意与他的上级领导，以及各层次特别是高层次政府官员建立良好的关系，并获得了来自他们的大力支持。

有一次柳传志接受美国《财富》杂志的访问，他自己承认在企业管理上只用了30%的精力，其余70%要处理外边的一些事情。当时，美国记者非常的不理解。柳传志认为这样做是为了和环境之间多些润滑，多乘顺风，使企业在已经够激烈残酷的市场竞争之外不再另添麻烦。

由于良好的人际关系，使他为企业的经营创造了良好的环境。也正是这种良好的人际关系使柳传志在多次面临危机的情况下能够转危为安。

25.1.4 适应并采取现实的策略

适应现实的环境并采取实用主义的态度是柳传志的第三个显著特征。他清楚在什么样的情境下应当采取什么样的策略和方法，他不会轻易地让自己陷入危险的境地，同时他又不会轻易地放弃冒险的机会。在这一点上，他的表现既像是一个防御型的领导，应“低头”处则“低头”。同时又像是一个进攻型领导，在处理危机问题上，敢于该“出手”时则“出手”。

在适应环境方面，柳传志具有很强的实用主义倾向。他认为既要做成事，又要保护好自己。并以此来告诫自己和自己的下属，要认识和适应现实的环境。这方面很像一个防御型的领导，并表现出防御领导“妥协”的一面。

柳传志承认在实现的环境下，他并不刻意把自己当作一个完美道德的化身。为了化解危机，溜须拍马这样的事情他也都干过。每次的危机，最终都被他化解了，他并没有因此而受到任何的连累，这是柳传志让人叹服的地方。以今天的观点来看，柳传志的有些做法是不能被接受的，即使是在当时，如果换另外一个人像他这样做恐怕也早就“倒下去”好几次了。但他却硬是做了，而且做成功了，这就非常值得我们去思考。

柳传志有柔弱的一面，但也有强硬的一面。我们可以从柳传志在处理与倪光南的冲突问题上发现，在对待大是大非问题上，在处理你死我活的问题上，他更像是一个进攻型的领导，并表现出进攻型领导“固执”、“强硬”的一面。我们也可以从他处理“孙宏斌问题”上的一系列做法感受到这一点。

柳传志在处理孙宏斌的问题上曾引发了许多的争议。管理专家王育琨曾经撰文说柳传志在处理孙宏斌的问题上采取了“欲擒故纵”的手段诱使天真的孙宏斌上钩，最终将孙宏斌送进了监狱。不管怎么说，在处理孙宏斌的问题上，柳传志表现出了果断、强硬的一面，丝毫不手软。在柳传志的心中，维护联想的统一，维护自己的权威是最重要的，任何对这方面的挑战都必须予以坚决的反击。

在柳传志的心里，妥协和退让是有条件的。大的方向和原则是不允许改变和受到挑战的，是需要采取强硬的手段来进行捍卫的。这一点很像进攻型领导，是防御型领导做不到的。

我们从柳传志的身上可以看到，一个优秀的领导者，主要表现在以下三个方面：一是能够站得高，看得远，能够为他人指明前进的方向，提出正确的目标和思路；二是能够挖掘和发挥他人的潜力，满足他人的愿望，让他人得到好处，充分调动大家的积极性，让大家心甘情愿地跟自己走、跟自己干；三是能够适应现实的需要，一方面坚持自己的最高原则，另一方面采取灵活的方法，以保证自己目标的实现。

25.2　柳传志与杨元庆的故事

这么多年，人们像欣赏名人情书一样，传阅着柳传志1994年写给杨元庆的一封信。

从企业发展的角度，这是关系到联想接班人的一封信；从处理人际关系的角度，更是柳传志人脉艺术的体现。柳传志在信中用亲切随意的口吻写了他心目中年轻领导的样子，并引导性地告诉杨元庆如何登上更高一层台阶，也正是这封信为杨元庆未来的道路埋下了伏笔。

熟悉联想的人都知道。柳传志对杨元庆多次批评，甚至让杨元庆哭过几次。作为企业老板，如何处理好与高层管理者的关系，不仅需要管理艺术，也需要人脉关系的处理艺术。对于企业“领头羊”需要具备的素质，柳传志提出，一个企业的领导人、一把手永远是企业成败的最关键因素，其中，一是要有不停往上奔的要求和劲头，二是要有坚韧不拔的意志，“咬定青山不放松”，三是要有较强的学习能力。

当以上条件与现阶段的联想集团以及现任董事长杨元庆联系到一起，柳传志认为，杨元庆第一条没什么问题，第二条是杨元庆的强项。至于学习能力，柳传志仍旧看好杨元庆，觉得杨元庆学习能力很强。

当联想在2009年初爆出2008/2009财年巨亏2.26亿美元消息并进行管理层大换班时，创始人柳传志复出出任董事长、杨元庆则由董事长转任CEO。对此，我们从柳传志的解释中同样看出他对与杨元庆关系上的人脉艺术。

多年来，联想领导班子“在妥协中推进”的中国式智慧、“拐大弯”的乾坤大挪移，简直成了联想能够穿越岁月而不倒的某种核心竞争力。对这中间的反复，本性刚硬的杨元庆无论在性格上还是能力上都修炼出了极大的弹性。从1989年到2015年，杨元庆已经在自己的第一个工作岗位上持续工作了25年。职业为这个人带来的所有兴奋、成就、压力和刺激都是在同一家企业完成的。到了如今这个地步，很难说到底是杨元庆更需要联想，还是联想更需要杨元庆。他必定明白，假使一开始这只是一份工作，那么现在这已经是和他的生命联系在一起的一份终生使命。

杨元庆走到今天，与20多年前柳传志的那封信是分不开的，与柳传志高超的人脉资源整合创新艺术是分不开的。对此，杨元庆也深有感触。

25.3　柳传志与倪光南的故事

“柳倪之争”是联想企业发展中最被关注的事件之一。这里既有柳传志整合人脉资源的创新艺术，也有柳传志处理人际关系的基本原则。

联想成立之初，在1984年深秋的一个夜晚，联想的创始人王树和、柳传志、张祖祥三人一筹莫展，不知刚创办一个月的计算机公司该何去何从？第二天清晨，三人模仿三国孔明、周瑜、鲁肃，在手心的纸条上写上各自思考的应对之策。三张纸条同时打开，分别是倪光南！倪光南！倪光南！对柳传志来说，事业上一个最重要的成果是，在1985年的春天他说服了中科院出名的计算机专家倪光南加盟他的公司，担任总工程师的职务，倪光南是中国汉字信息处理的开路者，跟热情外向的柳传志不同，他神情专注，不修边幅，拥有科学家的天赋，柳传志在和人聊天的时候总是海阔天空，而倪光南则喜欢用技术性很强的难题来考问对方。20世纪80年代以来，个人计算机的市场已经日渐苏醒，当时进入中国的昂贵的计算机无法识别汉字和操作中文系统，于是，开发适合中国市场的“汉字系统”便成了当务之急的科研项目。当时，倪光南发明的“联想功能”汉卡利用中国文字中词组和同音字的特性，建立起自己的汉字识别体系，与其他汉卡技术相比，它把两字词组的重复率降低50%，三字词组降低98%，四字以上的词组几乎没有重复，这对于计算机的汉字输入技术来说，无疑是一个划时代的进步。1985年初，倪光南已经完成了这项技术的所有研究，并将之命名为“联想式汉字系统”。柳传志也正是听说了这个消息，才迫不及待地找上了倪光南。在当时，中科院的另一家名声更大的公司信通也瞄上了倪光南，不过，最终还是被柳传志捷足先登了。柳传志说服倪光南的理由只有一条，保证把他的一切研究成果都变成产品。对于一位充满济世情怀的科学家来说，大概是最直指内心的一个诱惑了。

倪光南的加盟彻底改变了公司的航向，他的联想 I 型汉卡当年就销售了 300 万元，“联想”最终还成为这家公司的新的名称。

然而，后来两个人因为公司发展项目上的分歧，上升为个人之间对抗性的矛盾，不得不分道扬镳。期间恩恩怨怨颇为复杂。

1994 年春天发生了联想历史上的最令人悲伤的事，就是倪光南和柳传志彼此失去了信任。很多人都会奇怪：柳传志能够那么宽容地对待给他带来极大麻烦的孙宏斌，倪光南也是忠厚长者，可是这两个人竟会为了一些小事如此剑拔弩张。这是因为那些人不能理解，信任乃是人与人之间最重要的纽带，它包含着巨大的情感也包含着坚定的信念，一旦失去，任何一个细小的嫌隙都有可能变成难以逾越的鸿沟。

第六篇
行业协会、商会资源整合创新

第 26 章

行业协会资源整合功能的理论分析

26.1 行业协会的内涵

26.1.1 行业协会的概念

外国众多学者和中国学者对什么叫行业协会，已经做了多方面的论述。如清华大学副教授贾西津、沈恒超、胡文安等所著《转型时期的行业协会——角色、功能与管理体制》中曾这样定义：行业协会，是发达市场经济国家普遍存在的一种旨在促进行业发展、示范行业秩序的社会经济组织形式。

我国对行业协会、商会的最终、最严谨的定义需要全国人大（或常委会）通过的法律或者国务院通过的相关条例正式界定。但应该说这些定义的基本内容不会相差很多，专家学者分别提出的行业协会的定义大都强调的是自己感受最深的一方面或者几方面。

行业协会是指介于政府、企业之间，商品生产者与经营者之间，并为其服务、咨询、沟通、监督、公正、自律、协调的社会中介组织。行业协会是一种民间性组织，它不属于政府的管理机构系列，而是政府与企业的桥梁和纽带。行业协会属于中国《民法》规定的社团法人，是中国民间组织社会团体的一种，国际上统称的非政府机构（又称 NGO），属于非营利性机构。

商会，是商品经济的必然产物。一般是指商人依法组建的、以维护会员合法权益、促进工商业繁荣为宗旨的社会团体法人。商会法律特征：互益性、民间性、自律性、法人性。商会是商人组织有序化的过程。

商会是市场经济条件下实现资源优化配置不可或缺的重要环节，是实现政府与商人、商人与商人、商人与社会之间相互联系的重要纽带。

26.1.2 行业协会的特征

从行业协会的定义中，我们不难发现行业协会具有以下特征：

（1）非营利性。非营利性即是不以追求利润最大化为目的，其成立和运作的目的在于为其成员提供一些公共性服务，不以营利为目的。但值得指出的是，行业协会的非营利性并不意味着行业协会其活动不产生收入。从当前西方对行业协会主要活动的描述中，我们不难看出，其中很多项活动是有可能产生利润收入的，但是，法律非营利性的规定则要求行业协会不得将其利润进行分配，即所谓的分配限制条款，也正因为行业协会的非营利性特征，故各国税法对行业协会的收入大多的有税收优惠的规定。

（2）中介性。中介性是指行业协会是国家与企业之间的联结，其在一定程度上担负着促进角色，便是在各部门协会与公司、政府机构之间达成有效联系，正是因为行业协会的中介性，故行业协会从其本质上应属于非政府组织。

（3）目的性。行业协会的目的是对一种特殊普遍利益的保护；政府的目的是在促进公共利益；企业的目的在于促进个体利益最大化。行业协会的宗旨主要在于促进本行业的集体利益或共同性利益。

黑格尔在其《法哲学原理》中明确指出，行业协会的普遍目的是完全又而具体的，其范围不超过相关产业和它独特的业务与利益所含有的目的，在实践中，绝大多数行业协会都明确地在其章程中宣布其宗旨在于促进本行业协会成员的共同利益，1876 年成立的美国银行家协会声称其组织目的在于促进银行和银行机构的普遍福利。

（4）成员具有单一性和竞争性。行业协会其成员都与某种产品相关，而且彼此间具有程度不一的竞争关系。由于行业协会成员之间彼此竞争，因而我们在对行业协会进行研判时，一方面必须考虑集体行动理论的诸多问题，如“囚徒困境”等，另一方面也要将行业协会与其他因兴趣、智力而构建的协会，如音乐家协会，旅游协会等相区分。行业协会是由提供某种服务的，拥有某方面知识和经验的专家个体所构成的协会，经常地，协会的成员仅局限于获得某种职业资格认证的人。职业协会与行业协会的不同在于这类组织是以个体所拥有的职业为基础，如生物、心理学、法律和历史等相关职业。职业协会的共同利益是智力而非经济。

26.2 行业资源整合的现实条件

26.2.1 行业资源整合的内涵

“行业”是一个相当模糊的概念。在英文中，“产业”“工业”“行业”等都可以称“Industry”。实践中对于不同目的的研究，“行业”都有着特定的意义。广义上来说，“行业”是指具有某类共同特性的企业的集合。

产业经济学对企业的“某类共同特性”的选择一般服从于以下经济分析的需要。其一是服从于企业市场关系的分析需要，是为了分析同一产业市场上企业之间的垄断与竞争态势。在这种情况下，“行业”应指生产同类或者有密切替代关系的产品、服务的企业集合。其二是服从于社会再生产过程中，大类部门之间、各工业行业之间，以及行业内各中间产品之间均衡状态的分析需要。在这里“行业”是指具有使用相同原材料、相同工艺技术或生产相同用途产品企业的集合。以上两种定义正是本书进行产业整合分析的两种角度。

整合就是指按一定标准对产业进行划分的前提下，对产业内部和产业间包括横向和纵向存在缺陷的部分进行重新拆分、捏合、流程再造。任何一个行为和概念都不是孤立的，行业资源整合也是如此。通过对国外有关产业整合的资料的搜集和整理，我们可以看到市场经济发达的国家基于其制度原因，其产业整合理论多是基于微观企业或企业集团操作性、技术性的研究，在某种程度上来说等同于联盟、并购的概念。对我国的产业整合的定义和研究一定要在我国的社会主义市场经济体制的大前提下进行。对我国的产业整合理论的系统化研究，就是要通过对我国产业状况进行系统的分析的前提下，借鉴西方市场经济发达的国家的经验，探索出一条具有中国特色的产业整合之路，达到宏观、中观、微观相协调，国家资源配置最优化的路径。

广义上讲，行业资源整合是指为了在长远的竞争中具有优势，按行业发展规律，以企业为整合对象，跨空间、地域、行业和所有制重新配置生产要素，调整和构筑新的资本组织，从而形成以大企业和企业集团为核心的优势主导产业和相应产业结构的过程。在此定义中，产业的外延更为宽泛，指产业链上从上游原材料到中间产品的生产，再到下游最终产品销售的所有环节。

狭义上讲，行业资源整合是指产业内的优势企业，在判断产业未来发展变迁趋势的基础上，合理权衡、配置自身资源，控制产业关键控制点，有效组织产业内的生产要素，以获得长期竞争优势的行为。就其本质而言，应当理解为纵整而横合，即不仅要盯住同行业生产同种产品，适时横向并购扩张，谋求规模经济；同时又必须很好地洞察纵向产业链条上的价值移动，及早控制产业的关键点。

26.2.2　行业资源整合的必要性

国内产业集中度低的产业，一方面具有迫切整合的需求，另一方面很容易被整合。同时，在经济全球化和中国改革开放的政策大环境下，中国经济正在逐渐融入国际经济体系，国外经济的影响必然促使中国产业有所调整。产业生命周期和整合规律显示，依据集中度进行划分，一个产业从其产生到规模化、到集聚、到平衡几乎是一条铁律。自 20 世纪 80 年代后期中国通过市场化培育产业到今天，大量产业已经由规模化阶段快速进入集聚化阶段。因此，从实践的角度来说，对我国产业整合行为进行研究是十分必要的。

从我国目前实际情况来看，我国产业整合可以与国有资产的处置结合起来，行业协会资源整合功能研究无须再重新投资建厂，就能迅速取得规模经济，实现低成本扩张。同时低效的国有资产通过产业整合的金融机制和治理结构能够替代僵化、落后的旧机制，使存量资产得到盘活。另外，地方政府也可以甩掉亏损包袱，获取就业、税收等综合社会经济效益，在新的科学发展观的层次上有所作为。而目前我国的产业整合正是在这个意义上系统性和战略性的重塑。

总之，实践的发展要求相应的理论指导和支持。而国内从中观层面对产业整合的研究还存在着很大的不足，所以对我国产业整合进行系统的研究，具有十分重要的理论和现实意义。

26.2.3 行业资源整合的可能性

我国产业横向整合方兴未艾，纵向产业链整合也悄然兴起。由于我国社会主义市场经济面临着知识经济、信息时代、全球经济一体化的大背景，后发优势将为我们的产业整合提供有力的选择途径，并且实现迅速的整合。

目前，民间资本已经成为我国产业整合的一支生力军，而且也即将成为中国产业整合良性发展的不可或缺的条件之一。以并购为主的产业整合正在成为中国资本市场上的一个新热点。国内的产业整合仍然可分为政府主导方面和企业主导方面。

第一，我国政府管理部门以产业结构调整为出发点对我国产业进行战略性规划整合。而且，加入 WTO 后，中国全面开放原先设置壁垒的大量领域，不仅国内企业会调整自己的产业边界，国际企业也会借机调整自己的产业链条。要进行产业布局和产业结构的调整，就必然离不开产业整合这条途径。同时，按博弈论的推断，完全的非合作博弈所造成的结果往往不是最优的。完全的市场调节对我国产业的发展以及对我国总体经济的发展会产生负面效应，我们寻找完全市场化和完全计划之间的解决办法，就只能是通过产业整合来实现。正是基于以上种种现实原因，我国各级政府纷纷规划对全国各地区、各个产业进行产业布局和产业结构调整。各地纷纷出台有关文件，国家计划委员会颁发了专业性的行业产业政策如《汽车工业产业政策》；1994 年 4 月国务院颁布了《90 年代国家产业政策纲要》；在国家总体产业政策的指导下，1995 年 6 月颁布了《指导外商投资方向暂行规定》和《外商投资产业指导目录》；1997 年 12 月又颁布了《当前国家重点鼓励发展的产业、产品和技术目录》《钢铁产业发展政策》《工商领域制止重复建设目录》《淘汰落后生产能力、工艺、产品的目录》《汽车工业产业政策》等，其中都体现了对我国产业进行整合的思想。

第二，我国企业产业整合之路。实际上我国产业整合开始于我国实业界。特别是在中国加入 WTO 以来，中国企业界在产业整合方面出现了很多新的动向和趋势，一方面逐渐形成了以复星、斯威特等民营企业为代表的通过对整个行业的整合来推动企业不断增长的新的发展模式。另一方面国有大型企业也根据中央总体规划和市场经济规律，开始了并购重组等提升核心竞争力的产业整合行为。从理论上分析，这种战略性并购能够使相关企业实现互补性整合，资源上的优势叠加和运作上的战略协同。通过行业整合可以提高中国行业的进入壁垒，同时降低生产成本，营造一个有序竞争的氛围，有利于中国全球竞争力的提升。当然以资本运作为基础的产业整合实质是通过少量的初始资本控制巨量的产业资本，这种操作模式背后埋藏着很深的财务风险，因为这种产业整合必须以源源不断的现金流为支持，如果新整合的产业不能迅速实现现金流的正常运转，只好依赖银行或其他贷款，最后的结果只能是贷款越来越多。一旦产业整合不利，银行贷款紧缩，就会产生极大的风险。上海复星高科技集团有限公司则把现金流控制作为产业整合的关键，把集团定位为“以投资银行业务为中心的金融产业平台”，在一定程度上能够避免资本整合模式的缺陷。

我国大型国有企业整合的重点内容向主导产业及其核心竞争点集中。所谓主导产业，是指对国民经济发展具有拉动效应的产业或部门。我国当前正处于工业化的发展中期，石化、电子、汽车等主导产业具有明显的产业拉动效应，以石化、电子、汽车等主导产业为主的产业重组和产业整合，可以更好地发挥主导产业的联动效应。

总的来看，我国产业整合的范围相当宽泛，我们从国内产业的整合趋势看，主要有四方面的内容：一是大型国有集团的战略调整整体上市、私有化；二是大型并购的估值对现有行业估值的影响，尤其是大型并购的价格成为重估行业投资价值的诱发因素；三是产业政策推动下的整合，在行业准入、淘汰标准、金融支持等多方面形成鼓励和抑制，促进行业结构发生较大变化；四是由于激烈的市场竞争，行业自发形成的产业整合。

目前，第一类整合主要集中在石化、铝业等行业；第二类型大型并购诱发行业估值提高的方面表现比较突出的是银行，行业估值的行业是零售、饮料、机械、水泥、钢铁；因为产业整合效应而提升行业估值的是煤炭、电解铝；第三类整合是市场意义上的产业整合，主要发生在市场化程度较高的领域，行业整合效应需要一个较长的整合阶段才能显现。因此，虽然产业政策干预型的整合是较长时期内的重点，但从目前的进度看，煤炭行业在淘汰落后产能、加大产业集中度两方面进展都比较明显；电解铝行业中龙头企业加快了整合速度，行业集中度迅速提高，但在淘汰落后产能方面困难较大；钢铁行业在淘汰落后产能和龙头企业整合两方面的推进难度都相当大。

26.3 商会应用互联网思维跨界整合资源

各民主党派、工商联及各商会组织，应该运用互联网思维跨界整合，将各平台碎片化的信息资源整合，一起抱团发展，实现更大突破。

例如 2014 年 8 月，成都广州商会主动与成都企业文化建设商会、成都春熙商会、成都旅游协会、成都市蜀绣产业商会、成都市服装流通商会等携手联合举办了四川首届文化产业项目交易会。

此次交易会项目推介会达到 33 场，参观人数达 1.3 万人，项目意向成交额 2.6 亿元，而最大的亮点就在于为文化产业的跨界融合搭建了平台，进一步促进文化产业与旅游、地产、金融、农业等行业的大发展。通过联合举办大型活动，让各大商会联系更加紧密，打破了以前各自单打独斗的情况。在新常态下，资源共享是关键，抱团发展是良策。

以三创精神打造全球商会集团，“战略创造、组织创新、合伙创业”的“三创”理念是新型商会的灵魂，“跨区域、跨国家、跨企业”是新型商会的颠覆性打法，以“共赢主义”为核心理念，从满足会员企业“需求”到满足“追求”的快速发展，以及商会全球发展的愿景，都要求商会突破常规做法。

围绕“一带一路”机遇发挥商会作用。新常态下，我国发展仍处于重要战略机遇期，商会要增强信心，从当前我国经济发展的阶段性特征出发，适应新常态，保持战略上的平常心态。在战术上要高度重视和防范各种风险，早作谋划，未雨绸缪，及时采取应对措施，尽可能减少负面影响。既要做好迎接调整阵痛的准备，又要做好抓住新机遇的准备。

在互联网的背景下，商会最重要的工作就是“织网”，用信息、情感、信用、战略、文化来编织资源网络。随着政府改革的日益深入，行业协会兼并将大量出现，商会权力不断回归，商会将会像雨后春笋纷纷出现，竞争将像春秋战国时期一样。有很多商会会高歌猛进，但也有不少会在三五年内因缺乏竞争力而灰飞烟灭，取而代之的是能提供更多有特色公共服务的商会。

商会必须共舟共济，必须谈战略、谈计划、谈规则！商会存在的价值是“聚弱成强”，通过资源整合、跨界营销、资本运作找到竞合的方向以及聚核的未来！

商会工作的“三财之道”与“四力之基”。“三财之道”，生财——投资之道；聚财——融资之道；理财——增值之道。“四力之基”，治力——遵规守法前提之基；奋力——练好内功根本之基；活力——开拓创新关键之基；借力——借山攻玉腾飞之基。

商会营运模式的创新是七大平台三个中心。七大平台：信息化管理平台、培训教育平台、交流合作平台、金融投资服务平台、公共服务平台、企业家健康管理平台、法律服务平台。三个中心：创新创业服务中心、商贸合作服务中心、公共服务中心。

26.4　协会、商会，整合就是力量和财富

26.4.1　建立协会或商会联盟

一个协会或商会的服务功能强不强，不是看账上的钱多不多，而是在于这个协会或商会的社会资源整合能力有多强。整合资源是建设强大现代协会和商会的重要措施。

要整合资源，首先是实现联盟。商协会的联盟体现在两大方面：一个是城市联盟，另一个是组织产业联盟。城市联盟即是商协会在每个省选择两到三个地级市作为其重点经贸合作城市，在商协会与当地市政府签订战略合作协议后，城市对商协会会员采取“最惠待遇”。根据战略合作协议，当地政府会对会员企业的合法权益予以保障。同时，合作城市可以派人到商协会来挂职。因此，联盟城市的建立将为商协会会员的对外合作提供有力的支持。另一方面是组织产业联盟，即同一产业的企业，形成一种战略联盟的关系，在市场投资与贸易方面，制定一定的规则，一致对外。一个企业的老板，兼任协会或商会的会长，他代表一个企业出去和代表的是几万个企业出去，那种感觉绝对不同，人家对他的态度也绝对不同，所以这个联盟要大力推进。

26.4.2　资源整合能力是新型财富

例如广东商协会，目前商协会的直接会员有 1 300 个，间接会员有 5.7 万个。涵盖了国民经济 54 个部门，分布在全国 25 个省市、全省 21 个地级

市，而且66个副会长拥有的资产超过1.5万亿元。其实，资源的整合能力是一种新型的财富。传统的财富观是实物加货币，新型的财富观包括实物、货币、证券、无形资产、公共关系。创新的财富观是把上面讲的这些加以合并。比如在提高会员维权的水平上，更加需要整合所有力量。要做到会员无论在全国甚至是全世界任何地方受到不公正待遇时，协会、商会都能帮他维护合法权益。当然，商协会要单独组织一批维权队伍，不是那么简单的事情。但如果将100多个协会统统整合起来，那就有100多个过硬的关系。

现代商协会的每个会长和秘书长都已树立资源整合的观念，认清整合不是“谁吃掉谁”，而是把大家的资源按一定的规则聚合在一起，发挥聚合效应，产生“1+1>2”的效果。

26.4.3 实现资源整合的三大措施

如何实现商会、协会间有效地整合呢？可以采取三大措施：

第一，建立信息共享平台对商协会的团体会员开展会员资源和会员需求的调查。

第二，建立会员内部信息发布制度，定期发布会员的需求。

第三，在商协会和团体会员之间，团体会员和非团体会员之间，抓住一些关键的项目，开展多种形式的合作。

商协会大力树立“团结就是力量，整合就是力量，整合就是财富”的观点，通过各个方式的整合将商协会包括各个团体会员的商协会建设得更大更好，以建成一个现代化、强大的商协会联盟。

第 27 章

行业协会、商会资源整合创新的抱团发展

27.1　行业协会、商会的抱团发展

27.1.1　适时组建“同业协会”推进同行抱团发展

商会对于不同行业的资源优势互补、业务合作具有很便利的条件，然而对于在商会中的同行业交流合作方面，目前还有很大的提升空间。如商会中口腔保健、建筑装饰装潢的企业众多，他们之间还缺乏同行紧密合作的机制，同行甚至出现了诋毁对方的情况。这都是有违商会抱团发展的宗旨。同行不但不应该是“冤家”，反而应该加强交流合作，形成合力，通过技术交流、价格策略、宣传推广、品牌联姻乃至更高层次的参股控股等多种形式的合作，壮大商会中不同行业的整体实力。基于各行各业竞争激

烈的现状，我们不但要着眼于本省、本市、本区的市场，更应着眼于较大的区域市场乃至全国市场，这就需要商会内部的同行加强交流合作，通过抱团提升整体实力，从而增强市场竞争的能力。

27.1.2　组建商（协）会投资控股平台，实现更高层次的抱团发展

如今是一个“资本为王”的时代，资本对于加快企业之间的并购重组，跨行业的产业并购，正在发挥着越来越重要的作用。在世界的每个角落，资本市场中都有足以让行业为之震撼的并购案例，如滴滴与快的的合并，优酷与土豆的联姻，美团与大众点评的牵手等这都说明强强联合的时代已经到来，而在这当中都离不开资本这一核心的要素。工商联、协会、商会组织相关的跨区域考察交流，可以互相认识更多的企业家，并得以近距离了解到在各地商会、协会抱团发展的成功做法和经验。例如海南省江苏商会的核心成员以市场化手段发起成立了海南苏商投资控股有限公司，并在此基础上成立了多家关联公司，有力地推进了海南苏商在海南的发展。各地协会、商会不妨参照和借鉴成功经验和做法，因地制宜，组建属于行业自己的投资控股平台，实现更高层次的抱团发展。如果这一平台得以成立，将对商会中乃至商会外有很好的发展潜力、有巨大成长空间的企业进行参股乃至控股，同时通过金融的手段实现被投企业的跨越式发展。

27.1.3　加强对外宣传，提升商会外部资源整合能力

一个协会、商会成立后，大多开通了官方网站以及微信公众号等平台，有的还出版了行业杂志，所有这些都成为外界了解商会的一扇窗口。广大商会会员在平时也加强了对商会的宣传，有效地提升了商会在社会各界中的认知度和美誉度。在此基础上，可以进一步提升协会、商会的对外

宣传水平，将现有的平台做得更好。在协会、商会内部还有许多企业会员在自媒体方面有着相当的影响力，对于自媒体推广运营有着很多成功的经验。协会、商会可以通过媒体联盟提升会员以及商协会的自媒体运营水平，在一些重大的商会活动中大家一起宣传，在宣传上形成“同频共振”的效应，整体上提升协会、商会的影响力，从而加强与外部组织的联系，提升商会外部资源的整合能力。

各行业协会、商会在非公有制经济加快发展的新时期，扮演着日益重要的角色，对推动“资源整合、抱团发展”必将大有作为。通过有益的探索和一系列的举措，一定可以让协会、商会的广大会员有更多的获得感，从而打造商会与广大会员的共赢局面。

27.2 浙江商会整合资源创新发展、抱团发展的实践

27.2.1 成立浙商总会

浙江成立商会以后，汇总在整个浙江层面上成立的浙江浙商总会，这也是日后号令全国浙商从血脉上、经济上、政策获取上，统和全国乃至全球浙商的一个母神经网络、一个大本营，也是所有浙商的利益最终得以保障的一个大的交易平台。除了浙商总会以外，各省的一些佼佼者，到其他各省去做得比较好的一些浙商，也纷纷利用浙商总会这么一个名头，在当地开始成立省级商会，比如说浙商湖北商会、浙商安徽商会等省级商会，甚至还成立了一些市级的商会，芜湖商会、合肥商会、武汉商会等。在这时候就体现了成立地区商会的重要性。因为成立地区商会以后，往往很多

商会的成员到外地去，是以地区商会，比如以宁波商会，乃至于以整个浙商商会的名义出行。

27.2.2　二次组合

不管是用地区商会本身的名义，还是用浙江总商会的名义，很多浙商到当地以后，刚开始是用集体的力量杀出来，但是在当地，杀到一定程度了以后，又进行了二次组合，这次二次组合，是非常有意义的。一些企业到外地去了以后，刚开始是斗群胆，而不是斗孤，因为这时候风险很低。但是把当地的生意做起来以后，就有一个大浪淘沙的过程，并不是整个商会都能在当地成功，而是商会里面有几个企业在当地成功，有几个企业可能没那么成功，但这里面仍然有一个二次利益分配的问题。但总的来讲，这时候就有一个英雄重新排座次的问题，包括这个省份，这个地方也并不总是宁波商会或温州商会在这里混得比较好，还有一些外地商会也混得比较好，那么这时候，就有一个当地二次的浙商商会的成立，这个二次浙商商会的成立，就是一次市场化的淘汰的过程，是一次优质资源再组合的过程。在当地混得比较成功的一些企业家，成立当地的商会。这个当地商会把一些比较优秀的企业连接在一起，使他们之间形成一个较好的互动，大家坐在一起，可以商量很多事情，可以探讨很多问题。

那么连接在一起以后，这些优秀企业在当地开始成立某省的浙商商会，或某市的浙商商会，这时候这些商会里面的理事长单位，或者核心企业，已远远不再是在本地的那个座次，他们排名已经发生颠覆了。这些浙商商会的核心企业，往往是闯劲非常足，在当地扎根扎得非常好，对当地资源利用得非常好的一些优秀企业。当地已经成功了的企业组成的商会和当初地区的一些自然成功的关联企业之间形成的商会，已不可同日而语。如果说之前是散兵游勇汇聚的话，那么这次就是优秀成功企业的再次整合，这次整合就是令全国都非常敬畏的浙江企业的资源攫取现象。

27.2.3 整合资源拿大项目

浙商口气大，决心大，不惧风险，给政府承诺的时候，许诺的数字往往数目很大。而浙商他们为什么敢这么承诺呢？道理也很简单，如果本省的浙商商会拿不下来，就动员本省哪怕不是浙商商会的成员，也来参与到这个项目里面来，反正是浙江人，可以交朋友。甚至极端情况下，如果本省的浙商们不能把这个项目拿下，或者并不都是那么感兴趣的话，那么动员临近省份的浙商商会进来，乃至于动员杭州的浙商总商会进来，看看大家感不感兴趣。更有甚者，一些浙商干脆把这个项目推荐出去，给几个他们所知道的大佬和牛人去做，拿项目交朋友。这是只有我们这样拥有较长的文明史的国家的人，才会具备的算大账的思考，这绝对不是移民国家、移民省份、移民城市的人可以产生的一种思考，必须要求这个地方的人同宗同族、同文化，共同生活较长时间，才能产生这么多的商道，产生这么大的认识，可以说浙商的大认识，在客观上使得各省的浙商商会的运作长袖善舞。

27.3 商帮文化奠定商会发展基础

27.3.1 广东商会成为商帮文化发展的代表

大批商会如雨后春笋般在广州出现，成为近期广州经济领域最活跃的群体之一。高潮时期，仅一天之内，经广东省民政厅批准成立和筹备成立的商会就多达5个。随着不少异地商会的建立，以前流行的同乡会也逐渐被商会所取代，广东也成为各地商会最为密集的地区。

在企业面临转型升级和世界经济衰退的双重压力下，商会逐渐成为凝聚各地人气和财气的联盟。现在的商会，不只是要收钱，更要提供人脉和商机，直接促成项目的投资。

商会运作，首先有一个宣传与发动阶段。以地域为界限的商会，涵盖的商人、行业极多。由于行业不同，许多商人原本并不相识，在此基础之上，要想建立一个涵盖各行业、众多老板的地区商会极其不易。在商会成立的初期，政府搭台服务，必不可少。

会长是商会最重要的人选，在广泛征求企业主、广大会员和各有关部门意见的基础上，反复酝酿，认真考察后，会形成一份拟任商会的领导班子名单提交会员大会进行选举。

做会长就是一种奉献。商会的存在，不是搞关系，变成另一种饭局。商会成员共同弘扬一种价值观，在这个世界上，最终影响人的决定力量，不是钱，而是文化、价值观与对社会的贡献。自从商会成立后，广东省每年一次的大型同乡会联谊活动就被商会的活动取代了，活动的商业味也更浓了。

省级商会是广东众多商会中规模最大的商会组织之一。众多异地省级商会纷纷在广州成立，其中包括广东安徽商会、广东浙江商会、广东湖北商会等。大批商会在广州出现，首先得益于广东一系列的管理体制改革。2006 年广东省率先在全国开展行业协会管理体制改革。2009 年，《广东省民政厅关于异地商会登记管理的暂行办法》出台，这意味着异地商会管理体制改革已开始启动。

广州市民间组织管理局制定并实施了《广州市异地商会登记管理试行办法》，进一步放宽了异地商会登记管理范围，除之前可以登记地市级异地商会外，省级、县级异地商会均可申请成立登记。这些优惠政策是广州异地商会兴起的推力。

27.3.2 商会要以商聚商，以商养商

商会是一个很好的展示企业形象的平台。广东众多的商会运作模式不尽相同。有的商会办得有声有色，成为一个独立运作的实体，经常组织会员到异地考察商机，通过办会刊，还有一定收入。

商会的运作，应是以商聚商，以商养商。乡情是一种简单的纽带，不能断，但如果商会纯粹靠乡情来维系，显然不可能长久，也不可能具有团队力。未来广东省商会的运作必须通过公司化的方式进行，例如成立徽商投资集团等，让团队成员共同参与、共同获利。

每个商会的管理模式都不一样。例如广州的湖北京山商会的模式很有独创性，商会会长只能当一届，更多人有机会当会长。另外，商会开会讨论问题、搞活动，费用全部 AA 制。大家自己出饭钱。这样会让参加者有一种心理认同。

商会要想有生命力，就要为企业做事，不能光收会费，收了钱要做事。第一，要倡导商业文化，为大家培训，提供知识。第二，创造一些机会，让企业多交流。现代社会，赚钱首先靠的不是金钱资本，而是人脉，这是社会资本。第三，要组织一些项目洽谈，创造一些投融资的机会。

前一段时间在东莞召开了世界莞商大会，在广州召开了苏商大会。任何一个商帮都有文化背景。商会地域不同，文化也不同。晋商文化中最崇拜的人是关公，在山西到处都是关公像，当地最优秀的人才都去经商。安徽商人主要崇拜朱熹，所以徽商最有文化底蕴，当地人把最好的年轻人送去读书，而后经商。粤商比较务实，“敏于行”就是广东人的特点。在经济全球化情况下，几次世界性的经济危机，很大程度波及中国。这个时候企业要转型，一定要把商会文化做好，在世界经济的低潮中找出路。

27.3.3　中国商帮文化的重塑

中国商帮文化须重塑，商人文化需要转型。从克服地域文化的局限性做起；建立适应市场经济的规则，推进法治经济。例如广东有大大小小数百个商会，既有地域商会，也有行业商会。许多外地商会都有上百家企业。商会本身就是企业家的联合体，商会之间也应该合作。

近些年来，随着我国市场经济体制的逐渐成熟，商帮文化研究成为一个热门领域。传统的商帮，如徽商、晋商的商业文化传统被重新挖掘并赋予现代价值，除了历史渊源的追溯和商业理念的研究外，很多文学艺术作品也积极表现商帮文化，如《胡雪岩》《乔家大院》等作品都产生了广泛的影响。在现实商业活动中，浙江温商卓然崛起，起初在小商品市场崭露头角，然后一步步进军大商贸、制造业、房地产业、金融业，大军团式地从国内发展到海外，成为中国当代最具有代表性的商帮之一。

第28章

大数据时代商会的资源整合创新

“海量、开放、连接”是大数据的根本，大数据是一种公共资源，谁都不可能“占有”公共资源，只能去“使用”它。在大数据时代里，以前所谓的“数据分析”、“精准营销”对数据的使用程度，无异于在大西洋里洗个澡而已，大西洋肯定不只是可以干这个。没有连接的数据是死的，连接赋予数据以生命。

在商会圈为什么有的风生水起、生气勃勃，有的毫无活力，沉闷封闭，更有甚者，风光一时之后就销声匿迹了？这一切，皆因对于手中资源的掌握和使用有差异罢了。商会本身是一个资源整合的机构平台，商会及秘书处的开放、对接、包容、创新、整合等综合能力决定着一个商会的发展速度与影响力。

下面的几家商会，他们已经尝试着在大数据时代用好手中的海量资源，将平台作用发挥到极致，在此基础上对接、创新、整合，让“大西洋”发挥真正的效力。

28.1　深圳市茂名商会：大平台上共享资源

当改革开放的号角在深圳这片热土吹响时，茂名人捷足先登，加入了千百万来深建设大军的洪流。活跃在不同领域的茂名人，从最初的摆地摊、开小店、贩肉菜、收废旧、办作坊，白天当老板，晚上睡地板的小商贩，发展到现在涉及房地产、建筑、制造、酒店、商贸、物流、化工、家电、高科技等诸多行业的法人企业几千家，资产总量几千亿元的民营企业群体。这个民营企业群体组织成立的深圳市茂名商会历经十几载春秋，以商会的文化影响力和凝聚力，引领广大会员在全面建成小康社会时代的进程中整合平台资源，抱团发展。

2003 年 1 月 5 日，深圳市茂名商会的前身——深圳市茂名科技经济促进会成立，成为在深圳特区率先建立的异地商人组成的民间社团。从此，在深圳的茂名人在特区这片沃土上拥有了自己的大家庭。促进会围绕“沟通乡情、增进友谊、广交朋友、互通信息、整合资源、共谋发展”的宗旨，解放思想，大胆探索，以坚韧不拔的意志一步一个脚印走了过来。

28.1.1　搭建桥梁，凝聚乡情，广交朋友，拓展资源——商会大平台春华秋实

自深圳市茂名商会成立以来，努力践行“协调、支持、沟通、交流、服务”的工作方针，充分发挥桥梁和纽带作用，先后组织发动 500 多个茂名籍深圳企业家加入了商会，成为商会的正、副会长、常务理事和理事单位，发展会员单位 2 500 多个，商会在册的会员有 3 000 多人。其中在党政机关行政事业单位任副处以上的干部就有 500 多人，企业老板 2 500 多人。

这是一群茂名籍在深圳的群体标兵，他们勇于创造、乐于奉献、情系桑梓，敢于承担社会责任，创造了无数不负家乡父老厚望的奇迹，组成了深圳市茂名商会坚实的班底，直接影响和带动了茂名市属各县（市、区）在深圳创业的企业家们的凝聚力和团结。深圳市电白县乡亲联谊会，深圳市高州商会，深圳市橘乡文化交流中心，深圳市信宜商会先后成立。

同一片蓝天下，同一方热土上，茂名人风雨同舟，携手前行，形成了商会庞大的人脉基础和交流平台，开展了一系列卓有成效的工作。

十年来，深圳市茂名商会组织企业家出国访问新、马、泰同乡会，走访港澳同乡会、惠州粤西商会、珠海茂名商会、中山茂名商会、广东客家商会、广州茂名商会、北京茂名商会、南宁茂名商会、昆明茂名商会、海南茂名商会等，开展纵横交流十几场次，出席访问、参观、交流的企业家以及商会秘书处人员达200多人次，充分开阔了大家的视野，学习了别人先进的创业史和办会经验，为商会的发展积累了丰富的经验。

十几年来，深圳市茂名商会组织本会企业家参加吉林、辽宁、黑龙江、湖北、河南、山东、广西、贵州、湖南、江苏等地以及本省韶关、河源、清远、肇庆、茂名等地来深举办的招商推介会，项目招商会达20多场次，出席活动的企业家和商会工作人员达500多人次，达成的合作意向和投资金额近200亿元。为会员企业产业转移、产业升级和向外拓展投资渠道产生了强大的助推作用。

十几年来，深圳市茂名商会秘书处通过开展走访会员乡亲企业，组织片区企业家和乡贤召开座谈会、联谊会、开展企业互学互访等活动达50多场次，1 500多人次出席了活动，取得了联络乡亲、凝聚乡情、发展会员、结交朋友、创新载体的巨大成效。

28.1.2 培训骨干，整合资源，服务会员，援助乡亲——发挥商会的职能作用

十几年来，深圳市茂名商会坚持以培训讲座、参观交流、企业考察、

座谈指导等作为服务会员企业，提升会员企业素质的一项长期任务来抓，先后推荐会员企业派代表参加深圳市和各区工商联与相关学院举办的管理人才培训、财务人才培训、技术骨干培训等，有130多人次参与其中。商会通过整合各方资源，为会员企业举办法律维权、税务策划、企业管理、投资理财、人力资源、企业家二代承传等培训和讲座30多期，受教育和训练人员达1 500多人次。

十几年来，深圳市茂名商会通过发挥商会法律顾问团的职能作用，先后为会员企业和乡亲弱势群体400多人次提供法律援助，协助办理各类经济纠纷、土地纠纷、理赔纠纷、财产纠纷等方面的个案1 000多宗，挽回经济损失8 000多万元。协助会员企业维权诉讼50多起，胜诉金额6 000多万元。

在金融服务方面，十几年来商会先后与6家金融机构建立起战略合作伙伴关系，引荐银行向会员企业授信300多亿元；协助会员企业向银行成功融资5亿多元；帮助小微企业成功向银行贷款3亿多元；引荐小微企业和创业乡亲向各类小额贷款公司短期拆借资金达3 000多万元。

2012年初，深圳市茂名商会被招商银行授予“金智囊奖”。

28.1.3　艰苦创业，情系桑梓，回报社会，建设家乡——商会众会员成绩斐然

十几年来的实践，深圳市茂名商会积极引导广大会员企业，把自身的发展与国家的发展结合起来，把企业的成功与改变家乡面貌结合起来，把遵循市场法则与发扬社会主义道德结合起来。一方面大力倡导和推动光彩事业活动，响应省委省府“扶贫日”活动，弘扬中华民族扶危济困的传统美德。另一方面积极宣传发动广大会员企业和众乡贤努力践行“回归工程”“反哺工程”。利用会刊、网站和各种大小会议反复宣传扩大影响，激励广大会员企业回报社会，建设家乡。据不完全统计，十几年来深圳市茂

名商会会员企业回报家乡善举达 3 000 多宗，捐资、捐建、捐物折合金额超 3 亿元，捐建敬老院 8 所，捐建希望小学 12 所，捐建文体设施场馆 40 余处，捐款慈善基金和奖教奖学基金 5 000 多万元。

2010 年 9 月 21 日，高州、信宜部分山区乡镇突发了千年一遇的特大暴雨，山洪与泥石流给灾区人民生命财产造成了重大损失。信宜商会、高州商会在灾情发生第二天便组织十多台卡车将大米、面条、食油、棉被、矿泉水等生活物资送达灾区发给灾民。紧接着茂名商会和各县商会第一时间纷纷举行了募捐活动。在商会各位正副会长的带领下，深圳众多会员企业和乡贤共捐慈善款 1 500 多万元，有力地支持了家乡抗洪救灾和灾后重建工作的开展。

据不完全统计，十几年来，深圳市茂名商会企业家致富不忘家乡建设，通过产业转移、回乡投资、引商（厂）回乡等办法，回到茂名地区投资建厂、开公司、办实业，投资领域涉及化工、电力、建材、矿产、教育、农产品加工、旅游文化、商贸物流等，投资金额累计超 300 亿元，有力地促进了家乡人民就业和社会经济的建设，为家乡尽早建成小康社会做出了贡献。

28.1.4 强化服务，真抓实干，夯实基础，力创品牌——商会影响力崭露头角

深圳市茂名商会秘书处工作机制的创新，为商会的运行带来蓬勃生机。秘书处不辞劳苦，走访会员企业，倾听会员心声和诉求，为企业的发展出谋划策。他们积极参与深圳市政府部门对会员企业的帮扶和对高科技企业的培养、认定及政策扶持资金的申报工作；他们积极引导金融机构与会员企业对接，发挥好融资的媒介作用；他们积极拓展横向联系，与深圳市社团总会以及外省市驻深圳商会、外省市茂名兄弟商会积极联系，互通信息，友好往来，有效地提升了本协会的社会地位和影响力；他们积极与

茂名市委、市政府联系和汇报，不断争取到家乡市委、市政府的重视和支持；他们积极为会员企业推介家乡的招商政策和招商项目，为“回归工程”、“反哺工程”牵线搭桥。他们积极打造深圳市茂名商会的特色文化，一步一个脚印：从《商会简讯》起步，到《携手合作，共创辉煌》大型画册的问世，“商会网站”的开通以及不断改版、升级和扩容，大型纪实性文献《茂名俊贤在深圳》的出版发行，《深茂之声》会刊的定期出版，《茂名籍人士商业黄页》的编撰发行，再到与广东省《茂商》杂志社结成长期战略合作伙伴等。所有这些都是商会强劲的宣传工具和阵地，扩大了商会品牌的宣传效应，维系了会员乡亲与家乡各级政府部门的情感联络、信息交流，也更有效地扩大了商会在社会各界的知名度和影响力。

茂名商会贯彻“沟通乡情、增进友谊、广交朋友、互通信息、整合资源、共谋发展”的办会宗旨，树立“创新发展”的观念，以服务会员、促进商会发展为中心，广泛整合资源，不断强化商会服务功能。

在经济全球化的大背景下，市场竞争日益激烈，而市场竞争的一个焦点，就是资源的分配和竞争。而作为商会最大的优势就是整合资源。茂名商会在整合资源中服务企业，在服务企业中谋求发展，重点整合了以下资源：

一是整合政府的政策资源。围绕深圳市政府“总部经济”“会展经济”“深港合作”“文化产业经济”和茂名市政府“滨海新区发展”“工业园区经济建设”“培优扶强工业政策”“反哺工程政策”等多方面的激励政策，引导会员企业从中发现和寻找新的商机和突破口，为企业服务，在服务中发展自身。

二是整合“总部企业”资源。根据资料显示，深圳总部企业大约500家以上，本土企业占64%。其中，经政府认定的已达180多家，深圳总部经济的发展能力，仅次于北京、上海，位居全国第三位。深圳的创投产业活跃，全国有三分之一的创投企业总部设在深圳，其中还有17家基金公司总部。茂名商会从“总部经济”中寻找商机，同时也寻找经验、寻找适合自己拓展的渠道。

三是整合各地商会资源。深圳是一个移民城市，各种商会、协会、联谊会、同乡会数以百计，而每个会内更是有成百上千个会员企业。茂名人在本省其他城市就成立有多个商会，在外省成立的茂名商会更近十个。所有这些资源都是茂名商会着力开发、联谊、交流、整合的强大资源，要将他们变成为会员企业，并提供具有优势的平台服务。

四是整合家乡茂名的产业园区资源。随着深圳市产业升级和新一轮发展战略的调整，这几年不少生产企业、制造行业已陆续外移，茂名商会通过整合家乡茂名的产业园区资源，一方面为会员企业自身需要转移产业提供服务，另一方面可以向会外其他有需求的企业推介、引荐，为家乡经济建设提供服务。

五是整合会员企业的资源。茂名商会在会员企业的资源互动互享上下功夫，创造条件和机会抱团发展。同时，利用商会搭建的金融、法律、财务等现代服务业资源，为会员企业的融资活动、法律维权活动、财税筹划活动提供灵活的个性化服务，发挥商会对“企业与政府、企业与企业、企业与市场”的桥梁纽带作用。

28.2　北京广西企业商会：不只盯着商会内部那些事

作为一个曾经“先天不足，后天缺钙”的小商会，能够在众多兄弟商会中脱颖而出，使桂商品牌形象深入人心，得益于商会率先提出的“打造桂商品牌，建设桂商文明”的群体使命感与时代意识。自 2006 年商会成立以来，北京广西企业商会硕果累累，期间好评如潮，最具影响力的，当属 2011 年北京市民政局授予 5A 级社团、全国工商联 2012 年度“十佳服务商会”等众多褒奖，以及被中国社科院中国企业公民报告蓝皮书在2013年作为年度唯一商会典型案例进行专门介绍。

在“打造桂商品牌，建设桂商文明”方面，北京广西企业商会的做法是，不只盯着商会内部那些事，以开放的心态与众多商会“连接”。北京广西企业商会与近三十个省市自治区以及东盟、欧美国家近一百多家在京商协会结成友好联盟并建立了交流互动机制，实现信息与资源共享、全球化的视野和拥有更为广泛的话语权，让北京广西企业商会不仅有了引领新兴行业和产业组织的跨界合作意识，也让他们建立了跨越地区甚至是国际的协作平台。

2012年3月，北京广西企业商会率先发起并组织了全世界广西商会举办首届全球桂商发展论坛，众多领导以及以李宁等企业为代表的近八百位全球桂商代表出席；2014年3月，商会再次成功组织了第二届全球桂商发展论坛，海内外四十个国家和地区广西商会代表出席，并在论坛上成立了“世界桂商会长联席会”，北京广西企业商会会长任会长。

作为一个必将载入“振兴桂商文明”和中国异地商会发展史册的里程碑，“世界桂商会长联席会”的成立，标志着两届全球桂商发展论坛凝聚起来的群体共识，转化为确保桂商在全球范围内协同行动的高效组织机制；标志着通过一系列重点项目，促进全球桂商群体横向联系与资源共享走向深入；标志着以企业家平等协商理念、高效执行意识，对“仁义和谐、兼容并蓄”这个核心桂商精神的体系化、规范化与可持续践行。而这些，都是与大数据的根本属性是一脉相承的，也使北京广西企业商会从一个小商会发展为拥有全球化视野和广泛话语权商会的核心。

28.3 北京福建茶业商会：不是占有资源，而是利用资源

与一些商会将秘书处设在会长企业不同，北京福建茶业商会的办公地

点在马连道的一个住宅小区里，这里汇聚了全国茶行业的精英，企业分布于茶生产、加工、销售、电商、衍生品等细分产业领域。

为了让商会真正做到普及所有会员，北京福建茶业商会提出了“建设一流行业商会”的目标。此外，会长还要求执行团队职业化，即商会工作人员要有能力、勇气去做事，同时还要为结果负责。因此，在秘书处的监督下，商会工作人员不仅需要对商会的执行层面负责，同时还要成为整个商会运作层面的枢纽。

北京福建茶业商会在先试先行中不断探索，先后在商会金融、商务拓展、商会艺术、商会宣传、会员服务等方面摸索出了适合商会的模式、思路和经验，不仅提升了商会的品牌价值，同时吸引了政府、企业、金融、媒体等越来越多的关注及后续合作。

其中，茶界最具影响力的斗茶赛事——马连道全国斗茶大赛是商会承办的全国性茶事活动。在北京市西城区政府和中国茶叶流通协会的共同支持下，商会已经连续承办了三届。还把斗茶大赛升级为“文化节”，期间举办了以斗茶为主的多场茶事活动，比如“茶业电商论坛”“茶业金融资本论坛”“茶文化专题讲座”“最美茶园摄影大赛”等，后续还将配套安排“获奖茶叶品鉴会”“原产地寻茶之旅”等活动。

在全球经济放缓的大背景下，作为茶行业的优秀社团组织，北京福建茶业商会借助承办斗茶文化节的契机，主动“走出去”，连接更多茶商和消费者，将茶文化带到行业外，播种于不同领域，为茶行业与消费者之间的信息沟通搭建了良好的平台，也促进了茶行业的发展。

北京福建茶业商会通过举办与茶业相关的活动，一方面服务团结会员，树立商会的威信与美誉度，同时又凝聚全国乃至世界的关注目光，打造商会的品牌价值，向商会设定的目标迈进。这一路径恰好也符合大数据时代，不占有公共资源，而是使用好它，这样才能让大数据焕发出新的生命力。在这一点上，北京福建茶业商会用历届成功举办的活动做出了有益的探索。

28.4　北京市木业商会：创新发展，与国际标准接轨

商会的发展不仅需要国际化的视野，还需要发挥行业商会的凝聚力，团结会员力量，在国际贸易中才有话语权。北京市木业商会用案例充分印证了这一点：只有团结、凝聚、做到更加专业才能有话语权，商会也才能发挥它的价值。

北京市木业商会全称北京市工商业联合会木业商会，是经北京市工商联批准后，于2010年11月28日在北京福建木业家具商会的基础上正式挂牌成立的。目前，两个商会名称不同，实行一套机构，两块牌子，合署办公，对外统称北京市木业商会。

商会成立六年多，会员从当初一百多家发展到一千多家，会员企业年营业额一千多亿元，创造税收二十多亿元，从业人员达二十多万人。会员构成几乎涵盖了所有在京从事木材贸易、古典名贵红木家具、木制品龙头企业。北京市木业商会已被北京市工商联作为行业商会创新发展的典型向同业推介。

一个团结聚力的商会，才能及时应对潜在的挑战。面对国际贸易争端，木业商会组织会员企业与美国家具生产商联盟过招，共同应对不合理的国际贸易政策。

2011年，美国商务部再次对中国输美木制家具发起反倾销行政复审调查，对中国木制家具出口商及生产商进行行政复审调查，共涉及包括中国出口商及生产商在内的198家企业，其中来自广东省、福建省的木制家具企业最多，北京市木业商会部分会员企业也因此受到了一定的冲击和影响。

面对美国家具生产商联盟持续发起的反倾销调查给中国木制家具造成的出口困境，北京市木业商会第一时间组织会员企业积极参与应诉，配合政府部门参与举证、取证工作，尽可能提供我国木制家具企业参与国际贸易的翔实资料，按照国际贸易中的规则捍卫自身合法权益。经过长达三个多月的应诉工作，北京市木业商会组织的中方企业最终在反倾销诉讼案中胜诉。

试想，如果在此次贸易争端中北京市木业商会未能及时参与应诉，或者倾销指控一旦成立，那么商会会员将面临高额的反倾销税，就相当于把木制家具非常重要的美国市场拱手相让。如果其他国外出口市场都来效仿，后果会更加严重。北京市木业商会用自己的行动证明：只有让自己变得强大，才能保护好自己的利益。

互联网时代，全球经济成为一体，单打独斗越来越不能对抗风险与不合理条款。商会作为整合资源的平台，只有开放合作，聚集会员的力量，连接全球资源，才能在国际大舞台中演好自己的角色。

在大数据时代，资讯暴增，信息量异常丰富，在拥有海量开放数据的同时，只要愿意探索，一切都会变得越来越得心应手。就如上述五个商会案例一样，他们之所以有品牌、有影响、有号召，与大数据的属性需求如出一辙，说明只有海量、开放、连接，才能为会员带来更多的服务与价值，商会才能发展得越来越好。

第29章

商会资源整合创新案例解析

29.1　重庆市潮汕商会创新资源整合平台案例解析

重庆市潮汕商会与重庆市政府、原籍地政府、各友好商会开展广泛交流合作，构成以政府为主导，商会为桥梁，企业为主体的商会资源整合平台。

29.1.1　建设荣昌潮汕工业园

重庆市潮汕商会与荣昌区政府合作建立了荣昌潮汕工业园，工业园作为重点投资项目在第十八届渝洽会上正式签约。2015年12月16日，随着揭阳市大立模具厂有限公司正式签约入驻园区，园区已入驻8家潮汕籍企业，面积达1 110余亩，投资金额约40亿元。重庆市委、市政府领导多次视察园区，为园区发展提供了建设性意见，重庆市潮汕商会与荣昌工业园引进更多潮汕籍企业入园，将荣昌潮汕工业园打造成3平方公里的潮汕籍企业家西部投资的首选之地。

29.1.2 建立模具产业园

2015年8月重庆市潮汕商会促成荣昌考察团赴揭阳、潮州、珠海考察之行，实地考察多家潮汕籍企业；2015年10月，揭阳籍14名企业家组成的考察团，来渝开展“凤还巢”招商引资活动。通过两次互动考察，荣昌与揭阳达成合作意向，建立模具产业园，投资金额2亿元，目前园内的部分模具厂已经正式投产。

29.1.3 举办招商引资大会

重庆市潮汕商会举办重庆潮人海外联谊会十周年庆典暨潮联会第三届、潮商会第二届理事会就职典礼暨“一带一路”招商引资大会，来自中央、重庆市、潮汕四市的领导，190名海内外潮汕人社团代表，两会会员等1 200多人出席了庆典仪式。招商引资活动既是海内外潮商促进经贸交流合作的重要平台，也是重庆对外推介投资环境、招商引资的大会。荣昌、涪陵、垫江的相关部门在大会上进行投资推介并与重庆市潮汕商会签订了长期的战略合作协议，向全世界潮汕人代表展示了重庆的发展机遇。投资推介会促成重庆市潮汕商会执行会长单位——重庆科宝电缆股份有限公司与涪陵新区管委会合作建立售电公司等。

29.1.4 抱团发展

2015年，经重庆市潮汕商会第二届第二次理事会议讨论决定成立重庆潮商集团有限公司，公司是由重庆市潮汕商会会长、副会长单位作为主要发起人，其他会员共同投入商会核心实体企业，公司主要投资方向是金融、基础设施建设、现代零售、跨境电子商务、文化产业、商业土地开发、生物医药、健康养老、节能环保、新能源、信息技术、互联网、贵金属进出口加工、电子元器件进出口加工等。公司的第一个项目，洋展购跨境商品直购体验中心，已成为西南片区规模最大、品类最全、商品最丰富的跨境商品直购体验中心，2015 年洋展购销量额达 8 亿元，得到了市领导和相关部门的高度重视。重庆市、重庆两江新区党政领导已先后前往考察。重庆市外经贸委表示下一步将以“洋展购”为龙头建设欧洲进口商品城，依托渝新欧国际班列，进口欧洲生活快消品、轻奢类产品、电子产品、打造“实体店 + 电商”线上线下、内外贸一体、服务重庆辐射周边的区域性进口商品城，实现“欧洲商品重庆买”。

29.1.5 建立高校人才孵化基地

商会以每年的潮汕高校篮球赛为契机，整合高校资源，构建大学生创业基地，开展以大学生创业基地为基础建立的“一帮一”暑期教学活动。重庆市潮汕商会与潮商集团旗下的“洋展购”合作成立了第一个潮汕大学生实习基地。

29.2 常州市异地商会案例解析

29.2.1 重视异地商会在区域经济中发挥积极作用

目前我国的商会大致分为两类：一类是行业性商会，一类是地域性商会。地域性商会又分为本地和异地两类。异地商会是社会主义市场经济发展的必然产物，改革开放以来，随着社会主义市场经济的不断发展，一些沿海发达地区和战略开发地区的资源优势和区位优势越来越被看好，许多企业家和务工人员大量涌入这些地区发展，通过多年的打拼和积累，一些具有一定经济实力的异地企业为提升社会地位、维护自身利益、发挥整体优势，顺应经济发展需要，充分挖掘软性战略资源，做大做强在外同籍非公经济人士产业，异地商会这一新生事物应运而生。异地商会建设是新时期统战工作的一个重要抓手。

异地商会既具有其他基层商会相同的功能，也具备其区别于其他商会功能的地方，归纳起来异地商会大概具有以下功能：

（1）交流功能。异地商会在经济信息交流、整合各类资源、规范经营行为、维持市场秩序、促进统一市场的形成和开展国际市场及对外合作方面，都能够发挥政府或个体商户所不能发挥的作用。一方面通过平时经常性的活动和聚会，会员们在信息上可互通有无，联系沟通乡情，交流发展思路，促进自身生产；另一方面可发展与政府的桥梁纽带功能，了解家乡发展方向及投资环境，推动返乡创业。

（2）维权功能。异地商会通过积极建言献策、反映企业诉求、建立与政府的沟通渠道、推荐优秀分子进入立法和议事机关等，发挥政治改革和政治文明建设的助推器作用。通过商会组织和商会中的法律顾问，有关领导及工作人员，对于会员中发生的困难和问题，帮助协调或妥善解决，以维护企业自身的合法权益。同时，商会本身就是一个民主样本，在培育公民民主意识及民主机制建设中可以起到示范和培训作用。

（3）抱团功能。异地商会是文化建设的促进者，是和谐社会的建设者，通过挖掘和继承故乡地商帮文化，融入所在地优秀文化过程中，弘扬并建设企业文化。对内，商会能够通过强化共同理念和目标，化解纠纷，平衡利益，增进团结，起到“润滑剂”作用；对外，商会通过下情上传、上情下达、协调关系、保障权益、救危扶困、实现公民自治等措施和方式，在解决社会矛盾、维护社会稳定方面起到“缓冲器”作用，而且应该能够有大作为。通过文化抱团企业力量倍增。

（4）互助功能。通过异地商会使相同地域的在外人员加强联系，大家彼此加深感情，熟悉了解和信任对方，相互帮助，助推发展。既包括会员与会员之间的合作，也包括为自身所在商会的建设和发展做出贡献，更可为回报故乡人民做贡献。商会可以通过一定的渠道和形式，积极动员和组织全体会员参与社会公益，增强社会责任感，树立商会和商帮的良好社会形象。

29.2.2　在常州异地商会的现状

常州是一座有着2 500多年文字记载历史的文化古城，同时又是一座充满现代气息、经济较发达的新兴工业城市。常州处于美丽富饶的长江三角地区，与上海、南京两大都市等距相望，与苏州、无锡联袂成片，构成了苏锡常都市圈。常州现辖金坛、溧阳两个县级市和武进、新北、天宁、钟楼、戚墅堰五个行政区，全市总面积4 375平方公里，全市总人口343.24万人，其中农业人口157.82万人。

常州现有潮汕、安徽、福建、南安、温州、河南、河北、四川、江西、浙江、上海等异地商会15家，据不完全统计凝聚了近3 000家企业。这些商会的老板中最早来常州的至今已近30年。他们为常州的投资发展做出了贡献，也取得了可喜的成绩。

常州商会的老板们不仅加大在常州的投资，还返乡发展。据不完全统计，浙江商会会长许斌所属中国美吉特集团在常州投资15亿元，在昆山、九江、广东清远等地投资超过30亿元；浙商成员富邦公司在常州投资9亿元、在山东投资1亿元；浙商成员德嘉美公司在四川投资6亿元；浙商成员五洲国际在璜土投资10亿元；浙商成员万洋国际公司在河南三门峡、周口投资超过20亿元。安徽、河南、河北籍的老板在自己故乡反哺投资的不下30家。

注重文化建设。各商会在加强硬件建设的同时，也十分注重商会文化建设，提高软实力。许多商会开展了论坛、讲堂、沙龙、联谊、文体活动等具有鲜明湘商特色的文化活动。大部分异地商会创办了网站和刊物。积极参与常州的文化建设，福建商会特意筹资3 000万元修复历史文保点——常州妈祖庙；上海商会长辛长宝个人投资近15亿元，建设了占地3 000亩的中华宝盛园，这是一所含有盆景艺术、书画雕塑、科普自然、茶艺禅道等5个博物馆的大型综合文化旅游景区，第七届世界盆栽大会就在此隆重举行。

在常州的各异地商会积极参与助学、帮困、助残的公益事业，异地商会及其会员积极投入公益慈善项目。近几年来，15家异地商会累计对社会的各项捐款达5 000万元人民币。广东汕头市遭灾，会长李焕明专程前往受灾地区，看望慰问受灾群众，并向潮南区慈善总会捐款150多万元，用于重新修建公路，李焕明会长荣登2013年胡润慈善榜排行榜第11位。常州市美吉特集团为青龙小学建一所体育馆，支持200万元，为常州自闭症儿童就读的常州天爱学校捐款200万。

建立党支部，落实商会自律制度。目前常州有5个异地商会建立了党组织，他们通过设立党员示范岗、开展党员亮身份等活动，引导党员做诚信经商的带头人。此外，他们以党建带动商会发展，每年组织党员赴渣滓洞、白公馆、井冈山等地，开展红色之旅教育活动，倡导党员积极为慈善公益事业服务。异地商会党建工作的加强，对于扩大党的群众基础，更好地团结和凝聚各方面力量具有重要的意义。同时，也有利于发挥异地商会增强社会组织自我服务和管理能力。

29.2.3 常州工商联、总商会加强对异地商会指导工作的做法

常州市工商联、总商会为了加强对异地商会工作的指导，调整充实人

员，创新设立了专门机构“异地商会指导处”。几年来，他们的工作重点和具体做法是：

（1）抓基础，强调领导团队的建设。在异地商会组建中发挥了重要的引导作用。在异地商会组建的筹备阶段，工商联主席、副主席都要率队亲自参与调研考察。异地商会组建要具备一定的条件，本着“成熟一个，组建一个”的原则，在商会筹建前做好调查摸底和宣传引导工作，广泛听取各方面意见建议，查看成立商会的基础和条件，深入调研、增进共识。在筹建过程中，引导在当地创业有影响、在老乡中有威信、热衷于公益事业的成功人士成立异地商会筹备委员会，具体指导组建方案，选好领导班子团队成员；精心指导筹备小组制定具体工作方案，明确职责任务，帮助开展筹建各项准备工作和办理有关手续，直至首届会员代表大会圆满召开为止。不论哪个异地商会召开成立大会，市委、市政府、统战部、工商联都会派相关领导参加会议并做重要讲话。

（2）抓规范，增强商会组织活力。在各异地商会中开展有针对性地思想教育，坚持入会自愿、经费自筹和会务自理的原则，实行自我管理、自我协调和自我服务的活动方针。健全制度，规范运作，引导异地商会制订各项制度，包括思想、组织、服务、形象、班子建设等各个方面，搞好商会自身建设，全面提升商会规范化建设水平。通过制定会长办公会议制度、会费收缴管理使用制度、商会与政府沟通联系制度及实施《加强异地商会规范化建设实施意见》等各项规章制度，使异地商会工作日趋规范化、制度化。

通过考察推荐部分异地商会会员担任市县（区）两级人大代表、政协委员，激发异地商会中的优秀创业人士参政议政的积极性和主动性，让他们把收集到的意见建议通过人大、政府、政协进行直接有序反映，为政府主导社会经济建设提供有益参考。

（3）抓引导，重视商会文化建设。各商会在加强硬件建设的同时，也十分注重商会文化建设，提高软实力。许多商会开展了论坛、讲堂、沙龙、联谊、文体活动等具有鲜明特色的文化活动。大部分异地商会创办了网站和刊物，传承各地商帮的区域文化、融合常州当地文化，把重视商会思想文化建设作为基础工作来抓。常州工商联、总商会多次组织非公有制经济人士理想信念教育活动，把非公有制经济人士思想统一到党的十八大精神上来，促进非公有制经济健康发展和非公有制企业的健康成长。

这几年工商联总商会在引导和服务会员企业适应需求，提高管理能力，提升竞争力，每年免费组织30场各类培训课程。同时总商会聘请了资深律师作为法律顾问团，进行法制教育，充分发挥商会法律顾问作用。

常州工商联、总商会还开展多种有益的文化活动，提高文化修养，鼓舞、凝聚人心。常州市工商联、总商会发动大家组织和参与了《商会之歌》大型演出；河南商会邀请河南省豫剧二团来常州演出大型原创历史剧《苏武牧羊》；浙江商会、上海商会邀请上海艺术家演出现代剧《挑山女人》，这些活动对各商会成员激励斗志，克难求进有着积极的促进作用。

（4）抓协调，协同相关部门为商会服务。工商联、总商会建立了各异地商会的秘书长工作会议制度，定期召开会议、组织活动、交流办会经验、传递商贸信息。常州工商联、总商会还和民政局、国税局、地税局、质量技术监督局等政府部门建立合作机制，共同为异地商会提供针对性服务，运行有序，成效明显。

（5）抓典型，树立样板积极推广。常州工商联、总商会在日常工作中注重发现和培养典型，用身边的样板引导推广。几年来，他们推广了“安徽商会”制度创新的做法，适应商会实际，不断改进、完善和创立新的咨询、议事、决策和执行、监督、激励和约束制度，保证商会管理和运行的有序有效。

推广了“福建商会”服务内容创新。根据会员企业不断提出的新要求，积极拓宽服务领域，增加服务内容，增强服务功能。在遵守商会非营利性的前提下，积极探讨开辟商会新的收入途径，不断壮大商会实力，更好履行商会职责。为提升会员企业抓机遇抱团发展，常州工商联、总商会组织秘书长去深圳常州商会的项目、浙江商会在三门峡的项目实地考察。

29.2.4　常州市异地商会资源整合创新管理的几点思考

第一，必须让每一个会员认识商会，理解商会，更好地融入商会。要增强包容性、要凝聚故乡情、要着眼发展性。商会的一个重要作用就是为了给商人取得一定的经济效益，如果商会不朝前发展，没有发展目标，没有发展精神，那么这个商会存在恐怕也不会长久。商会通过服务平台，吸引更多的会员企业加入，然后通过项目的合作，更好地整合资源，取得共赢。同时要求商会领导必须有科学经营商会的意识和理念，并且要在商会的发展过程中懂得创新，了解政府的政策，紧跟时代发展的潮流。

第二，必须注重商会文化建设，要产、学、媒融合发展。商会的理念就是要服务会员，如果商会本身就不注重文化、不注重教育，何谈服务会员，应该将中国的传统经典文化融合到商会发展战略，融合到会员企业，以此提升商会的品质。同时，不要局限于商会内部刊物，要与公共媒体合作，全方位宣传商会、营销商会，提高商会的影响力和知名度。

第三，要发挥好异地商会秘书长联席会的作用，同时探索建立异地商会会长联谊会平台。这既是各商会会员企业寻找好项目投资，发展壮大自身实力的需求，也是联系政府、商会乃至企业间的桥梁和纽带，可以发挥非常重要而独特的积极作用，积极整合资源，把单个资本整合化、技术集成化、信息集约化，形成合力，支持、服务、重大项目的投资和各地经济的发展。也可充分利用联谊会跨地区、跨领域的优势，调动各异地商会资源，发挥好跨区域依法维权、优质服务、促进交流合作的作用。

29.3 北京福建企业总商会的故事

2009 年 6 月，北京福建企业总商会成立。目前，会员企业已超过 16 000家，下设 10 个地市区分会、10 个行业分会和 27 个团体会员单位。北京福建企业总商会创造性地提出了“大商会”发展战略。

2010 年 5 月起，北京福建企业总商会成为北京地区第一家与银行建立战略合作关系，实行 3 家或 3 家以上会员企业“联保联贷”业务的商会，努力创新破解中小会员企业融资难题。

2010 年 11 月，北京福建企业总商会牵头成立了北京京华公益事业基金会，是北京地区第一家由商会牵头成立的公募基金会，近年共募集资金近亿元。

北京福建企业总商会是北京地区第一家成立党委（党总支）的异地商会。

2012 年 1 月，经北京市民政局委托专业评估机构综合评定，北京市社会组织评估委员会审核，北京福建企业总商会成绩位列北京市 1 700 多家商协会之首，被北京市民政局确认为“5A 级社会组织”，同时被授予北京市社会组织示范基地。

从 2003 年底到今天，北京福建企业总商会十余年的快速发展，充分验证了大商会战略的前瞻性和专业性。商会提出了“大商会、大融合、大平台”的指导思路，围绕这一中心，商会团结在北京的福建地市级商会。由于对行业的细分，让北京福建企业总商会能够更好地整合会员力量，提升商会的凝聚力，也因此吸引了政府、金融、传媒、艺术、文化等领域的关注与合作，为会员打造更大的交流平台，为对外合作架起了更坚固的桥梁。

北京福建企业总商会的经验可以总结为两点：

一是大平台上不断发展企业联合体，资源共享、各司其职。北京福建企业总商会在处理总会与分会的关系中，明确了“总会活动，分会参与；总会资源，分会共享；分会工作，总会支持”的工作方针和工作原则。在整个关系框架内，总会体现为各分会共同参与、共同享有的商会资源大平台，而各分会则是一个个在财务上独立核算、管理和运营上各司其职的活跃成员。

二是立足多方利益需求，通过实体机构，凝聚专业资源。北京福建企业总商会立足于党建、政府核心工作、企业会员等各方核心需求，将商会资源区分为人脉资源、资金资源、公益资源等专业类别，并落实到对应的实体机构。

北京福建企业总商会的成功运作，刚好符合大数据三个基本属性：海量、开放、连接。作为一个拥有 16 000 多家会员企业的超级商会，他们将手中的海量资源整合并与各分会共享，以开放的心态做商会，而连接的做法又将手中的资源赋予了新的生命，这是北京福建企业总商会在大数据时代制胜的关键。

29. 3. 1 发展会员的妙招

企业家办会，必须遵从“自愿入会”原则发展会员。当时商会秘书处只有三四个人，一个财务部会计，一个会员部档案管理员，其他人跟着秘书长天天在外面跑业务。当他们上门发展会员时，时常会遇到一个问题：加入商会有会费，而商会能提供什么？

陈文育意识到仅靠秘书处几个人天天跑出去动员人家是行不通的，商会必须有自己的服务。

2004 年初，一张用铜版纸印刷的小报《会员之友》诞生了。

随后，秘书处启动了“打造学习型商会”的培训工程。每个季度，来自清华、北大、中央党校、国务院发展研究中心以及国台办等方方面面的专家、教授被邀请过来给企业家开讲座。从企业管理、台海趋势、商务社交礼仪到周易等企业家感兴趣的课程，商会主办的培训活动在当时颇为吸引眼球。

商会组织一场课成本可能是一万元或者五千元，而一百人、二百人、三百人成本基本没有变化。当时商会做到不管是不是会员，只要是有人介绍来的，有意愿听的都可以来听课。

企业家慢慢看到了商会的价值：商会组织的开放式培训课，能学东西，也能结识更多朋友。

为了发展更多会员，陈文育想到的第二个办法是印制会员通讯录。在会员通讯录中，秘书处“像打广告一样”回答了“会员加入商会后，能得到什么好处。”

除了加强宣传工作，陈文育还借力驻京办系统等多种渠道和网络发展会员，陈文育准备了两份文件。一份发给福建省及各地市驻京办，邀请每个驻京办给商会推荐一位副秘书长，条件是人比较活跃，在北京时间长，在接待和联络方面有综合优势。副秘书长的主要职责，一是为商会联络发展会员，二是开大会时协助商会搞接待，这样秘书处工作人员就可以在协作中更多地学习他们的专业经验。

第二份文件，是关于“一推二或者一推三”的，就是邀请已入会的会员介绍二个或三个新企业加入商会。文件中有专门为新会员设计的表格、通知、回执。

通过这两份文件一下子整合了全省的渠道资源，而且有了驻京办系统的兼职副秘书长加入以后，商会遇到一些解决不了的问题，他们也义不容辞、积极协调解决。

兼职的副秘书长不拿商会的工资，积极帮助商会发展和联络会员，商会只是给予一些电话补助，另外到年终时根据发展会员的数量给予一些比较实用的礼品表示谢意。陈文育相信驻京办系统和商会的共同目标是一致的，都是为京闽两地合作与交流服务，大家都想为在京闽籍企业家做点事情。

通过这一系列筹划，商会的会员发展实现了由“让我参加”到“我要参加”的逐步转变，自2004年起，商会会员人数连年翻番。十年后，从创会初期只有40多名会员，发展到13 600多名会员。

29.3.2 聘请顾问的窍门

陈文育认为，商会搞好日常服务，能够帮助会员解决实际问题，企业才愿意入会。要提高商会的日常服务能力，整合各方面社会资源就成为秘书处的“第一个核心业务”，而整合资源的一个重要举措就是为商会聘请顾问。

起初，商会主要是邀请福建籍在京领导、专家和学者来担任顾问。后来有一次陈文育参加福建省政府在京举办的一个座谈会，从福建省驻京办提供的通讯录里发现，省政府聘请的专家顾问，并不局限于福建籍人士。

只要关心、关注、支持闽籍企业的社会知名人士都可以请。

此次座谈会上的意外发现，确实打开了秘书处的思路。

聘请顾问，首先要找到相关人士的详细资料，全面了解是否适合担任商会的顾问以及担任哪个层级的顾问。

第一招自然是乡情牌。陈文育安排秘书处的工作人员分别登录北京市各个区政府官方网站，无论是区委、区政府、人大还是政协，只要是福建籍或者曾经在福建长期学习工作过的领导都要求找出来。然后，从中仔细筛选适合担任商会顾问的人名单。

第二招，秘书处工作人员外出参加活动和会议交换回来的名片也是珍贵的信息库。因为名片上既有这些领导、专家们的工作单位和职务，也有详细的通联方式。

其次，由秘书处统一把商会的资料寄出去。

这份经过精心准备的资料包括：一张小报《会员之友》，商会的营业执照复印件，一份正式的邀请函。

陈文育经常给秘书处的同事们讲，单凭一张邀请函不管用，我们推销我们的产品就是推销我们自己，要做到让人家放心地，高高兴兴地做我们的顾问。

寄出十封信，只要有一封回来，陈文育就会带着同事们登门拜访，送正式的聘书过去，同时汇报一下商会的工作，请顾问们出主意，给出指导意见。

就这样，一个，两个，发展到一百多个，北京福建企业总商会成为当时聘请顾问最多的商会。

据陈文育介绍，如今北京福建企业总商会的顾问团队分得很细，按层级有首席顾问、资深高级顾问、高级顾问、顾问，按专业和界别有经济顾问、法律顾问、艺术顾问、医疗保健顾问等。

因为会员企业通常会有各种各样的诉求，可能是要找家医院，找个专家，安排个床位，也可能是企业在发展中遇到了战略与决策方面的困惑，只有商会帮助会员及时解决了这些日常工作与生活中的困难，才能吸引更多会员入会，才能得到会员企业的积极支持。

这其中，也有出于种种原因不便担任商会顾问的，对方通常会委婉地回一封信，说明原因，并且表示商会有什么困难也可以去找他。

陈文育认识到只有多结识人，才能帮助企业解决问题。只要会员企业有事找到商会来，商会能帮助协调和解决，会员就会认可商会了。

29.3.3 研究会员需求

当陈文育反复强调做好会员的日常服务是商会核心工作之一时，实际上表达了两层意思：

其一，会员如同商会的“客户”，又不同于一般行业中的客户关系，因为双方还有乡缘、地缘等情谊在其中，因此秘书处团队在服务会员过程中需要有更多主动性，并承担一种长期责任。某种意义上可以理解为这种服务是无限期、无止境，也不没有明确服务内容界定的。

其二，服务会员是“企业家办会”宗旨与精神的落实，商会是全体会员共有的商会，商会所有资源和成果应为全体会员所分享。

在北京福建企业总商会，会员与商会最初建立关系的过程是一件严肃的事情，要经过一个严谨而规范的流程。

会员入会，先要填一个很全面的会员登记表。在这张表格中，除了必填的会员个人信息，还要提交会员本人照片和企业营业执照复印件，由会员个人签字并加盖单位公章。

这些来自会员本人及企业的基础信息是至关重要的。接下来，商会秘书处的工作人员会利用一切与会员交往的机会，全面了解会员本人的兴趣爱好、创业历程，所从事的行业以及在北京等地区的业务开展情况。

陈文育介绍认为，秘书处的工作并不仅限于八小时以内，一起吃饭聊天，出访考察或者平时的聚会，都是深入研究会员的好机会。

通过长期跟踪调查和研究，秘书处把会员的个性需求分为两大类型。一类是与会员企业日常经营相关的，比如缺乏人才、信息、项目、资金，或者是企业遇到了法律和维权方面的困难。另一类是与会员本人或者家庭成员生活相关的，诸如小孩上学，看病需要找专家和床位等。

对于第一类需求，无论企业规模大小，秘书处均要做到一视同仁，及时响应。

企业需要找人的，从司机、秘书到企业高管，都可以通过商会与各种专业机构合作建立的人才招聘管道来解决。

需要信息的，商会通过跟国家机构以及第三方智囊机构的合作管道，为会员企业提供各个方面的政策信息参考。

需要项目的，商会跟北京市各个区县以及全国各个地区建立战略合作，整合了方方面面的项目库供会员企业选择。同时，还不定期组织企业家到国内外考察，为会员企业寻找理想的投资项目。

陈文育认为商会的核心业务是整合资源。

这样，商会在整合国内外多方资源的基础上，将不仅致力于为会员企业提供“全方位保姆式服务”，而且商会所凝聚的企业家资源，也可以为各大战略合作机构提供优质客户资源，衍生出更多互利共赢的合作模式。

第30章

高校校友会的资源整合创新

大学校友是一个信息丰富、知识密集、与母校有着特殊感情联系的群体，是蕴藏在校外的重要资源。丰富性、潜在性、持续性、多元性是校友资源的基本特征。校友会是适应大学发展需要，联络和服务广大校友的社会团体，促进校友资源有效开发是高校校友会的重要职能，采取有力措施，强化校友会效能建设，将有助于校友资源的开发和利用。

校友资源是高等学校办学资源的一个组成部分，是高等学校的一笔宝贵财富。近年来，校友资源的综合开发和利用已成为高等教育研究的热点，并越来越受到高校和社会的重视和关注。大学校友会的出现是历史发展的必然产物，凡有大学就会产生校友会。

30.1　校友资源的内涵和特征

30.1.1　校友资源的含义

关于校友的概念和范畴，目前有多种不同的表述，一般认为，校友有广义和狭义之分。广义的校友是指曾经在学校学习过的各种层次和各种类别的学生，以及在学校工作过的教授、兼职教授和教职员工等人员。狭义的校友是指曾经在同一所学校接受过系统教育的学生。其实，校友的范围还可以包括那些对某所高校的发展起过积极作用的人士，只要他认同，他便可以成为该高校的校友或荣誉校友。本书所述的校友主要是指广义的校友。

校友对母校有一种天然学缘联系，有特别强烈的认同感。事实上，对一个人一生影响最大的应该就是母校，母校对每一个人的德、智、体、美的全面发展具有深远的影响。校友在学校生活和成长的历程一般都会使校友对母校产生深厚的感情。基于这种关系，校友自然会产生一种关心和支持母校发展，以及“校兴我荣，校衰我耻”的母校意识。正是这种母校意识的存在、传承和不断积累，使蕴藏在广大校友中的资源能够转化为现实的为母校发展所用的宝贵财富。校友观念、母校意识，并非今日始，古已有之。而把广大校友自身拥有的价值作为校友资源提出，并不断得到高校和社会的普遍认可和重视，是我国实施科教兴国战略以来高等教育蓬勃发展的必然结果。所谓校友资源是指校友自身作为人才资源的价值，以及校友所拥有的财力、物力、信息、文化和社会影响力等资源的总和。加强对校友资源主要类型和基本特征的探讨与研究，充分发展校友资源的巨大作用，必然对学校的发展产生重大的推进作用。

30.1.2 校友资源的主要类型

大学校友作为一个接受过高等教育的知识群体，是一个信息丰富、知识密集，与母校有着特殊感情联系的群体，是潜藏在母校之外为其独有的重要资源。校友资源既包括物质资源即有形的资源，也包括精神资源即无形的资源。校友资源的具体类型有：

（1）公共关系资源。校友既是高校公共关系的客体，也是高校公共关系的重要资源。高校公共关系，是高校为树立良好的“品牌形象”，通过公关活动，在学校和社会公众中，形成便利于完成和实现学校工作奋斗目标的影响力，是促进学校发展的一种社会公关。高校校友是高校公共关系中的重要外部公众，他们既是学校的“人才产品”，也是学校的“品牌形象”，是学校公共关系的宝贵资源。校友的人格魅力、工作业绩与社会贡献，标志着学校的教育质量，校友在社会上赢得的荣誉，代表着母校的形象，校友的社会赞誉度越高，母校的社会知名度也就越高。同时，校友队伍又是学校拓宽公共关系的重要媒介。

校友的帮助，将有利于学校更广泛地宣传其建设和发展成就，扩大学校的社会影响，提高学校的社会声誉；使各级政府、社会各界理解学校发展规划和面临的困难，争取政府良好的发展政策和社会对学校办学的支持，能够更好地拓展学校发展的空间。学校要转变观念，增强校友是公共关系资源的意识，加强与校友的联系与沟通，充分开发和利用校友公共关系资源，达到互惠互利的目的。

（2）信息资源。在信息社会，信息就是财富。分布在各行各业、各个地区，包括在海外的校友，组成了母校在海内外的庞大的信息网。在科技、教育、产业和人才引进等方面，他们能够及时提供各种构成学校决策重要依据的信息，重视校友信息资源的收集、组织、开发和利用等管理工作，不仅要从社会中挖掘校友信息资源、开拓渠道、建立信息库、促进交流，而且还要对已有的校友信息进行重新整理加工，对有价值的信息加以利用，使校友信息产生更大的价值。

（3）智力资源。广大校友活跃在科技、教育和文化界，很多校友在一定领域中卓有成就。这些校友以真知灼见创造新理论、新技术、新方法，为科学技术发展和社会进步做出重要贡献。他们是母校发展壮大所需要的宝贵的智力资源。例如，广西大学建校近 80 年来，培养了 19 万余名毕业生。他们在科技、教育和文化界的各自岗位上建功立业，涌现出一批出类拔萃的优秀人才，其中有不少知名学者和优秀专家。他们曾对母校的学科建设、科学研究、人才培训和引进等方面给予过很大的帮助和支持。

（4）育人资源。广大校友以对社会的贡献为母校增添光彩，他们的业绩、思想品格和人生经历构成育人资源。在校大学生由于缺乏社会经历，很容易受到社会不良思潮的影响，面对未来人生道路如何选择，往往带有片面性的认识。校友的社会阅历、创业历程与人生体验，在如何做人、如何做事上，既是在校大学生的极好教材，又是他们学习的好榜样。近年来，广西大学校友总会通过举办《校友论坛》，邀请许多在科技、教育和文化界的优秀校友回校给在校大学生做报告，收到了很好的效果。

（5）物质资源。是指潜藏在广大校友中的财力和物力资源。在高等教育竞争越来越激烈的今天，除了政府的教育投入外，如何更多地筹集到学校发展的资金和争取外界更多的财力支持，是各高校面临的一道难题。在从事经济、科技、产业、贸易等方面工作的校友中，不乏具有相当雄厚经济实力的知名企业家和实业家，也有不少校友与海内外有实力的企业家、金融家有着良好的联系。这种校友自身拥有的财力和物力资源，可以通过合理有效地开发成为学校拓宽办学经费的渠道、增加资金来源的重要组成部分。

30.1.3 校友资源的特征

校友资源是一所大学得天独厚的宝贵资源，与其他办学资源相比，具有以下几方面的特点：

（1）丰富性。校友资源的丰富性，主要源于校友这个特殊群体具有层次性、分散性和多变性。任何一所大学都有成千上万的毕业生，办学历史越长校友数量越多，是个庞大的知识群体。校友的年龄、地域、职业等方面分布广泛。从地域上看：他们分布在祖国的四面八方，甚至海外；从行业上看：他们遍及党、政、军、农、工、商以及文化和教育等社会各界。

这种地域与行业的广泛性很容易促使各类人才的出现，并且是一个层出不穷、连续涌现的过程，校友资源会越来越丰富。

（2）潜在性。校友资源的潜在性，是校友资源未被有效开发前具有的一种基本特征。校友中有治国栋梁、学术大师、兴业之才，有丰功伟绩者，更有在祖国四面八方的平凡岗位上无私奉献、默默耕耘者。校友资源永远是国家、社会的宝贵资源。但是校友资源对一个学校来说只是一种"潜在资源"，如果不重视校友工作，不重视校友会建设，不重视与校友的联络，校友资源就得不到有效地开发和利用，应该说这是一种极大的浪费。

（3）可持续性。校友资源的可持续性，首先体现在校友与母校之间存在着真挚的感情联系，关心教育、关心母校，这是广大校友内心深处绵延不断的情结；其次，校友人数与年俱增，永不枯竭，而且永远充满生机和活力。因此，校友与母校之间无时不在的精神和物质交往是永存的，校友资源随着经济社会发展不但不会消失，而且将会越来越壮大，能够为学校建设发展长久地发挥作用。

（4）多元性。校友资源的多元性是指校友群体拥有资源的价值作用不是唯一性的，校友资源的作用在国家、学校、个人的社会关系中应该是多元的。校友资源既是国家建设、社会发展的宝贵资源，也是母校建设发展的宝贵资源，还是校友促进自身事业发展的宝贵资源。校友资源在上述"三个发展"中的作用是相互联系的、相互统一的。学校重视、关心、支持鼓励校友成长，校友能够为国家建设和发展做出更多贡献，本身就是为学校争光，为学校添彩。校友支持母校建设发展事业，母校能够培养出更多人才和科研成果，也就是为国家做出更大的贡献。学校与校友、校友与校友之间相互联系、互通信息，事业发展互相支持和帮助，所产生的效益是多元的，是互利共赢的局面。

30.2 高校校友会的性质和职能

大学校友会的出现与成长是高等教育事业发展的必然产物。大学自建校开始就源源不断地向社会输送各类高级人才，逐渐形成一个校友群体。在学校发展和校友自身发展的双向需求的推动下，校友会组织就由此诞生。校友会为校友与母校之间的联系与合作提供了舞台，起到了纽带与桥梁的作用。特别是在知识经济时代和信息社会尤为明显的今天，校友会的职能得到了更好地发挥。事实上，国内许多大学都比较重视校友会工作，各个大学已相继建立起大学校友会组织，并且程度不同地发挥着校友会的积极作用。与此同时，关于高校校友会的建设与实践却甚少有人研究，在这点上远远滞后于发达国家。下面将对校友会的性质及其职能进行简要的分析。

30.2.1 高校校友会的性质

高校校友会是一个在大学领导下的群众性、非营利性联谊组织，是以联系校友、服务校友、宣传母校、服务母校为宗旨，既适应大学发展需要，又满足广大校友自身发展需求的社会团体。在目前的社团组织和法规体制下，我国大学校友会要作为独立社团法人存在，需要制订校友会章程，落实机构、人员、场地和经费，经过民政部门批准，这样的校友会才有合法地位和合法权益。校友会是由于校友的存在与需求而存在和发展的，如果校友会只考虑满足于学校的需要，忽视校友这个服务对象，那么校友会不会是一个充满激情和创造力的社团，那样就仅仅成了大学的行政附属机构，校友会将失去凝聚力。但同时，校友会也是由于学校的需要和支持而存在和发展的。

如果校友会不依附于大学作为完全独立的社团组织，则很难获得学校的支持。从某种意义上说，大学对校友会工作关注越多，表示大学对校友会的工作的重视程度越高，也更有利于调动全校师生的积极性去做好校友会的工作。有学者建议，大学校友会在不触及其与大学关系现状的前提下，能够将零散的校友凝聚起来，成为校友群体的黏合剂。校友会应该在“服从大学”和“沟通、服务校友”之间适度发展，校友会必须要有自主生存的空间，充分发挥组织的积极性与能动性，实现大学、校友会、校友三者之间和谐与融合地发展。

30.2.2　高校校友会的职能

校友会既然作为一个在大学领导下的社会团体组织，就必须具备能够联络校友、服务校友、服务母校的相应职能。大学校友会主要包括以下几个方面的职能：

（1）组织协调职能。根据大学的需要和校友的需求以及校友会章程赋予的职能，校友会应具有开展校友工作、开发校友资源、进行校友活动的组织和协调能力。校友会应能为做好全校性校友工作提供决策依据，做好参谋，并指导校内外的校友更好地开展工作。

（2）联络沟通职能。一个大学，校友人数多、分布面广，校友与母校、校友与校友之间要取得联系，就需要校友会搭建一个具备联络沟通职能的平台。校友会要有专职人员、专门的载体、专门的网络，以保持联络的畅通。

（3）咨询服务职能。校友关心母校发展，为母校出谋献策，提供智力、财力和物力帮助；母校为了帮助广大校友进步，创造条件为校友提供培训、教育、交流。校友会作为双向服务的载体，能够提供各种咨询服务是其基本的职责和义务。提高咨询服务能力必须从抓好硬件和软件方面入手，在服务设施、技术手段、服务态度等方面提高服务质量和服务水平。

（4）宣传教育职能。要提高大学的知名度和提高在校大学生的校友意识，必须加强宣传知名校友典型事迹和创业精神，这也是校友会的基本职能。为此，大学校友会要有能力设立校友网站、办校友会刊、举办校友论坛，通过校友研讨会、交流会、报告会、参观考察等各种形式，教育在校大学生，发挥优秀校友的教育示范作用。

（5）开发校友资源职能。校友资源对于国家、大学、校友个人发展来说都是十分宝贵的资源。开发和利用好这一特殊的办学资源是大学校友会的一个重要职能，也是一项长期的任务。国内大学应该充分利用自身优势以及借鉴国外大学的成功经验，不断增强校友会开发校友资源的能力。开发和利用校友资源是一个复杂的、综合的、系统的工作，大学校友会要依靠学校支持和广大师生参与，有计划、有措施、有步骤地推进此项工作。

（6）开拓招生、就业市场的职能。随着我国高等教育事业蓬勃发展，高校规模不断扩张，招生规模不断扩大，大学毕业生就业压力成为社会、家庭和高校面临的一道难题。按照这种发展趋势，一个大学的毕业生就业水平将决定着该大学今后的生存和发展前景。大学生校友会凭借着与校友的广泛联系和掌握丰富的信息资源的优势，将能够帮助学校在开拓招生、就业市场上有一番作为。学校方面应支持校友会与有关部门一起共同整合就业方面的资源，促进本校毕业生的就业。

30.3 国外高校校友会与校友资源的开发利用

30.3.1 校友群体是发达国家高校办学的财力资源

世界各国高校，特别是一些发达国家的世界一流大学，都很重视校友工作，视校友这个庞大的群体为学校宝贵的公共资源和财力资源。剑桥大学校长认为，剑桥大学几百年来一直站在学术和先进教育的最前沿，这是由剑桥人本身的品质以及剑桥众多拥护者的慷慨共同达成的，剑桥的未来就在他们的支持当中。美国、加拿大、韩国、澳大利亚等发达国家高等教育经费主要来源于三个方面：一是政府财政拨款；二是学生交费；三是社会捐助。从发展趋势看，大多数发达国家在不断削减政府对教育的财政拨款，而给教育机构更多的自主权，让其自我完善和发展，筹措办学经费中有可挖掘潜力的大部分是来自社会募捐，面向校友募捐是高校自筹资金中一条很重要的渠道。哈佛大学是美国的王牌高校，尼尔·鲁登斯坦担任哈佛大学校长6年内向17.5万人募到26亿美元，平均每天100万，突破了美国高校教育史上的记录，而捐赠者、支持者多数是哈佛的校友。而斯坦福大学也一样，得到社会捐助大部分是来自校友。斯坦福大学1997年公布的校友捐款数额，见表1。

表1　　斯坦福大学1997年所发表的校友捐款数额

年度	捐款数额（美元）	年度	捐款数额（美元）
1971	29	1993	200
1981	79	1994	500
1991	181	1995	900
1992	185	1996	300

在发达国家，高度重视和成功开发利用校友资源，是高等学校的历史传统，也具有一定的社会特性。从世界范围来看，大学作为一个具有特殊使命和功能的社会组织，是人类历史上最古老而伟大的组织之一，而她在传统上一直保留至今的“非营利”组织特征，决定了她在生存和发展资源上具有外部依赖性，从这个角度而言，一部大学的历史，也是大学接受外部支持和馈赠的历史。而校友“支持母校”的行为贯穿了大学发展的历史，校友对母校的支持包含着“回馈”和“反哺”的意义，“反哺”虽是一种生物现象，在人类理解中，这是一种美好的道德品质和情感表达。

30.3.2 开发校友资源是国外高校校友会的重要职能

国外高校在学校自主发展、提高效益的办学道路上，在开发校友资源、挖掘校友潜力方面积累了许多成功经验。其中之一，是大学重视校友会的建设，把研究与开发校友资源的职能赋予校友会。据资料介绍，美国大学建立有规范的校友组织机构和完善的校友网络，校友会拥有庞大的专职和兼职的校友工作队伍。部分美国大学校友会专、兼职工作人员数，见表2。

表2　　美国部分大学校友会工作人员数目表

序号	大学校友会	专职人员（人）	兼职人员（人）
1	哈佛大学校友会	270	大量
2	霍普金斯大学校友会	174	169
3	哥伦比亚大学校友会	200多	大量
4	斯坦福大学校友会	149	大量
5	加丹帕克利大学校友会	80多	大量
6	戴堪斯大学校友会	15	近千

在发达国家，许多大学校长亲任校友会会长，主动出击找校友捐赠、筹措经费，其例子不胜枚举。一些大学的校友会还拥有校友捐赠活动中所得资金的控制权，校友会不会忘记给为母校做出贡献的企业和个人授予荣誉，那些关心教育、回报母校的企业和个人总会得到扬名和赞誉，使校友对大学的关注度越来越高。许多大学在实验室、教学楼、图书馆、陈列室等标志性建筑物上刻录着捐献者的名字，让校友的美德代代承传。

30.4 高校校友会在促进校友资源有效开发中的作用

大学校友会是一个经当地政府批准成立的，依附于大学体制的社团组织，是联系大学与校友的纽带和桥梁。它在促进校友资源综合开发中具有其他职能部门不可替代的作用。其重要作用主要体现在以下方面。

30.4.1 规范管理的作用

在目前高校管理体制下，许多高校通过不同方式赋予校友会科学管理校友工作的职能，统一负责全校校友工作的组织、联系、协调等管理工作。校友会则把开发和利用校友资源纳入其工作职能的范畴，并建立一套符合本校实际的开发校友资源的工作运行机制和管理办法。校友会专职工作人员比较熟悉我国社团组织的管理法规，在处理校友工作上具有较高水平。因此，大学校友会在促进校友资源开发中起到组织管理、规范管理的作用，同时能够保证开发和利用校友资源的合法性、可行性和稳定性，避免片面开发、盲目开发和过度开发的恶性现象发生。

30.4.2 信息化服务作用

大学对校友会工作信息化，投入和赋予其信息服务的职能，拥有丰富的大学校友的信息资源，这是校友资源开发利用的基础条件。大学校友会建立校友网站、校友信息库，并且有收集、检索、选择有价值的校友信息的能力，因此，校友会在促进校友资源开发中提供的信息化服务可能是最准确、最及时、最有效的校友信息。例如，中山大学、厦门大学的大部分校友捐赠都是通过其校友会提供的信息。

30.4.3 公关作用

大学校友会与各地校友会共同构建校友网络，长期保持与广大校友的沟通和联系，拥有丰富的校友资源。大学校友会本身在履行公关职能的过程中，形成了很强的公关能力，能够在促进校友资源的开发中发挥重要作用。例如，国内某大学校友会在得知一位海外校友在上海期间得了重病，就建议校领导去看望这位校友，并安排最好的医院给他治疗，这位校友病愈后为感谢母校关怀，捐赠100多万美元给母校。

30.4.4 调研反馈的作用

调研反馈能够使大学、校友会、校友三者之间处在一个良性的互动循环之中，这是有效开发校友资源的基础条件之一。校友对母校怀有深厚的感情，广大校友在取得成功的时候，总是难以忘记母校的培养和教育，他们会用不同方式“回馈”母校、支持母校建设。但一些大学在开发和利用校友资源时，有时会因为没有认真做事前和事后工作，致使一些曾经为母校做了贡献的校友心生反感，产生一些负面影响。作为校友之家的校友会应该在促进校友资源开发和利用的过程中认真做好事前的调研，以及事后的追踪和意见反馈工作，为加强与有关校友的联系沟通，采取适当措施，友好和谐地解决好合作中出现的各种问题。

30.5 加强校友会的效能建设，促进校友资源有效开发的措施

随着社会主义市场经济体制的逐步确立、完善和教育体制改革的不断深入，我国高等教育日益社会化和国际化，许多高校都把校友视为重要的办学资源，把加强校友会建设、开发校友资源、促进学校与校友共同发展，作为学校的一项重要工作。如北京大学、清华大学、复旦大学、厦门大学、南京大学、浙江大学、中山大学等高校的校友会已较早注册为独立

的社会团体，在各地建立起完善的校友工作网络，校友工作已实现信息化、常态化，校友资源的开发与利用成绩斐然。

目前，国内重点大学校友年度捐赠都超过 1 000 万元。但部分高校不重视校友会建设，更没有把校友资源的开发纳入学校工作的议程中，只是在校庆期间临时想到校友，让校友为校庆捐款。为了有效地开发和利用校友资源，更好地为国家、高校、校友发展服务，应当提高有效开发和利用校友资源重要性的认识，加大投入力度，强化校友会的效能建设，创新校友工作机制。

30.5.1　开发校友资源的渠道

以促进“三个发展”（校友个人事业发展、高校自身发展、地方经济社会发展）为宗旨，明确有效开发校友资源是校友会的一项重要职能。

不同的大学在不同的发展时期，赋予校友会的使命和任务会有所不同，但是，校友会始终要以促进三个发展服务为宗旨，即努力为促进校友个人事业发展服务，为促进高校自身的发展服务，为促进地方经济社会发展服务。在提倡“以人为本”，建立和谐社会的新形势下，校友会既要适应大学发展需要，又必须为满足校友个体事业发展需求服务，这两点已经成为校友会生存发展的外部动因。过去的功利主义对校友单向索取和利用的做法，已无法促进校友资源方面的有效开发和校友会的持续发展。因此，有效开发和利用校友资源的根本目的和出发点是，既要为大学发展服务，更要为促进校友个人事业发展服务。在实践中，高校要重视发挥校友会在开发和利用校友资源方面的积极作用，赋予校友会开发和利用校友资源的重要职能，通过校友会加强学校同各地校友之间的联系；弘扬学校的优良传统；增进友谊与合作；开发教育、教研、学术等多项文化交流活动；鼓励和帮助海内外校友在各自的事业中开拓创新；为母校和校友的共同发展和祖国的富强与进步贡献力量。

30.5.2 加大投入力度，强化校友会效能建设，夯实有效开发校友资源的基础

有效开发利用校友资源，为促进三个发展服务是大学校友会的宗旨和任务所决定的，但是，校友会是否具备有效开发利用校友资源的能力是需要构建和培育的。一般而言，校友会效能与校友资源的开发效应成正比关系，校友会效能越强大，与校友的联系越紧密，凝聚力越强，社会影响力越大，开发校友资源潜力也就越大。因此，采取积极措施、强化校友会效能建设、提高校友资源有效开发和利用的能力是大学和校友会需要面对的问题。目前，影响校友会效能强度的因素大致有四个方面。

一是校友会的合法性。只有获得法律承认的校友会才会有号召力。

二是大学的投入。只有在人力、物力和财力有一定投入的校友会才能正常组织开展校友活动、公关活动。

三是校友的关注度。如果校友会缺乏校友的关注度，失去校友的支持就失去了校友会工作的主要对象，就谈不上有效开发和利用校友资源。

四是校友会的创造力。一个缺乏激情和创造力的校友会是无法吸引和凝聚广大校友的力量进行有效的开发和利用校友资源的。大学要加大校友工作的投入力度，关心和支持校友会的效能建设；校友会则要完善各项校友工作制度，提高工作人员素质和增强创新能力；为有效开发和利用校友资源夯实基础。

30.5.3 创新校友会的运行机制，拓宽有效开发校友资源的渠道

目前我国大学校友会等同校内的行政部门，其运作基本上是为了适应大学本身的要求，直接服务对象是大学，而不是其校友。这种以满足大学

需要为主要目的运行模式和工作机制，只是考虑到大学的利益，而忽视了校友的利益。校友根据自身事业的发展需要，希望能得到母校的支持和帮助，会在一定程度上消费大学的教育资源，如图书、资料、信息以及图书馆、阅览室、实验室等。但按照现有的大学体制和校友会的条件，校友很难分享到上述的大学资源。因此，大学校友会必须改变自己的服务和运作模式，探索有效开发校友资源的途径。例如，中山大学校友会设立校友基金会，成立校友企业家联谊会；深圳大学校友会筹建校友大厦等，为校友继续教育和校友联谊活动解决所需的资金和场所，拓宽了向校友和社会各界募集资金的渠道。

30.5.4 建立和完善校友工作网络，凝聚有效开发校友资源的力量

一个大学，其校友人数多，分布面广，要开发校友资源，单凭校友会有限的专职工作人员的力量是难以做到的。因此，建立和完善校友工作网络，依托各地校友会和广大在校师生的共同努力，才能动员和凝聚广大校友和社会各方力量参与到有效开发利用校友资源之中，为促进三个发展服务。下面介绍一下广西大学校友会的经验。

一是在大学内部建立健全二级学院校友会，负责联系和沟通本学院的广大校友。

二是在广西地区建立健全各市校友会，负责联系和沟通本市的广大校友。

三是在省外校友较集中的城市建立健全校友会，负责联络和沟通本地区的校友。

四是在海外校友集中的地区建立和健全校友会，负责联系和沟通该地区的校友。

大学校友总会与各地校友会不是上下级的领导关系，而是互相联系、

共同合作的关系，共同为促进三个发展服务。

工作网络的构建能够充分调动广大在校师生参与校友工作的积极性；能够有效地把分散在四面八方的校友凝聚起来，形成稳定的组织结构和信息渠道，无疑会给有效开发和利用校友资源带来丰硕的成果。

30.6 清华大学校友会：重视和盘活校友资源

当今世界，大学的建设与发展离不开三大资源：一是政府资源，二是社会资源，三是校友资源。其中，校友是学校发展最具亲和力、最具潜力的优质资源，是最为可靠的支持力量。大家知道，学校的历史和辉煌是由学校和她培养的学生共同创造的，一个学校的价值与地位是由她培养的学生对社会的贡献所确立的。

目前，国内外大学都十分重视校友会的建设，并把加强大学与广大校友的联系、促进母校与校友之间的互动往来，作为学校一项基础性、长期性和战略性的工作。统观国内各大学校友会的发展情况，清华大学校友会卓然超群、成绩斐然。

30.6.1 清华精神：自强不息，厚德载物

自1911年清华学堂建立至今，百载春秋的发展历程，形成了清华大学独特的魅力和深厚的文化底蕴。“自强不息、厚德载物”的校训、“行胜于言”的校风和“严谨、勤奋、求实、创新”的学风构成了清华精神的核心内涵，也激励和鼓舞着一代代清华人为了中华民族的崛起与腾飞做出不懈的努力。

清华大学校友总会的前身是清华学校留美同学会和清华同学会。从清

华学校留美同学会1913年夏天发起成立，以振作校风，联络情谊为宗旨，在总会执行部下分为美国东部和中西部两支会，到1920年回国的同学逐渐增多，在国内设立上海支会、北京支会。它们的主要工作是编制同学录、联络会员、募集捐款、赞助母校，将校中情况时常报告诸同学等。1927年由华北支会发起，募捐购屋，于骑河楼39号，创办北京清华同学会会所。清华同学会总会于1933年10月29日在北平骑河楼清华同学会会所成立。校长梅贻琦为会长兼总干事。总会以增进母校利益、联络会员友谊、提倡互助精神为宗旨。清华校友总会于1981年七十周年校庆日产生，在国家民政部完成注册登记。总会宗旨是服务广大校友，加强国内外校友之间、校友与母校之间的联系和团结，发扬清华的优良传统，为中华民族的富强和祖国的统一，为母校的发展做出贡献。清华大学校友总会和国内114个地方校友组织，国外40多个国家、地区的校友建立了密切的联系。

30.6.2　服务是永远的宗旨——清华ABCD服务法

所有大学校友会都会把服务作为校友会的工作宗旨。有的学校侧重于对学校工作的服务，有的侧重于对校友发展的服务，有的两者兼而有之。清华大学校友会在前期的发展定位也主要是为学校发展服务，2003年对校友会章程进行修改时增加了一句话：服务广大校友。这就使清华校友会的服务变成双向的，而不是单向的只为学校服务，同时不仅强调要为老校友服务，还促使服务工作下移，更多的关注年轻校友的发展情况。

在实际工作中，清华大学校友会摸索出A、B、C、D四大有效的服务形式。A（Anniversary）是值年活动，指毕业5年或10年一次的校友节日活动，其实每年都要有很多的值年活动，这是非常重要的活动形式。B（Bridge）是桥梁，校友会不仅要成为学校联系校友、开发校友的渠道，还要成为校友之间相互联系、共同成长的渠道。C（Connection）是联系，要有三个层面的联系：以年级为纽带的校友活动，以地方为纽带的校友组织，以行业为纽带的校友联谊。D（Donation）是捐赠，既要追求捐款额，特别是一些大型捐助项目，更要追求捐款的人数覆盖面，还应该根据实际情况设立长期稳定的助学项目，清华大学在2006年就开始设立完善的“励学金”资助体系。

一般来说，学校应该通过ABCD四个方面来客观地评价校友会的工作情况，但很多学校都比较急功近利，最好就是直接做校庆，然后就募集捐款，也即只做A、D两项工作，而B、C的基础工作却很少花气力去耕耘。清华校友会却一直围绕着服务校友的方方面面，在服务项目上每年都有创新。从原有的《清华校友通讯》到2000年《清华人》出版以及校友网站、电子刊物；从大量采访清华校友到邀请杰出校友回校演讲；从2002年开始融入学校人才培养到现在广泛推广校友信用卡等。

30.6.3 有明确的努力方向——清华“8341”工作目标

大学校友会要达到服务校友发展和服务学校建设的服务宗旨，必须有明确的努力方向，可持续的发展计划，而不是时断时续、或有或无的工作目标。清华大学曾在几年前专门去美国哈佛大学、MIT等名校考察校友会的工作情况，其后明确提出这些年的努力方向和工作目标——“8341计划”。首先，在2011年清华大学建校百年时，校友捐赠率要达到30%，要实现这个世界一流大学的一项重要考核指标，就必须做到校友联系率达到80%。其次，要实现年度实际校友捐赠资金达到1亿元以上，为此，校友总会的专职人员团队要稳定在40人以上。这几个发展目标就简称为“8341计划”。目前，正在努力实现中。

在美国，一个人的成功与学校能否发起并搭建巨大的校友网络有很大关系，这种校友网络包括学校持续不断地提供职位信息，由学校牵头鼓励搭建的各类校友会平台最大范围的扩大校友网络、校友之间的信任、互助和提携等。而反过来讲，校友的成长、成才和成功，同样促使了学校的成功。有人统计，美国高校开支平均40%来自于校友捐赠，有一些私立大学，如哈佛大学、耶鲁大学等的校友捐赠率和捐赠额都非常高。而中国高校的校友捐赠率平均还达不到5%，差距如此之大，并不是中国大学的校友中没有富翁，也不是那些成功人士不愿意出钱，而是这些有能力捐赠的校友没有感受到母校的关爱，以至于自己并没有形成持久的对母校的认同。

原芝加哥大学校长哈钦斯在其著作《大学的责任》中指出，大学除了提供高等教育、进行学术研究之外，还应该为社会提供各种形式的服务。这种服务自然包括对校友持续不断的联络和关爱。可见，一个大学的成就不仅仅在于生源的优劣，也不仅仅取决于在校生、当职教授有多大成就，更取决于校友能有多大成就，以及校友对自己学校的认可程度，而后者很大程度上要靠学校日积月累的校友工作。西方国家的大学非常重视这项工作，而对于中国大学来说，校友工作还有很大的提升空间。

30.6.4 要有奉献精神，要做无名英雄

无论在哪个国家、哪所学校，校友会都是典型的非营利性组织机构，校友会的所有工作都是以学校利益最大化为目标，而不是校友会的利益最大化，更不是校友会内部工作人员的利益最大化，这就对各级校友会工作人员提出了非常高的要求，特别是对于校友总会的专职工作人员来说。另外，在中国，非营利组织机构还是新生事物，如何运营、管理非营利组织，如何招募、选拔、使用非营利组织的工作人员等都是崭新的课题，需要在实践中不断探索和完善。

回顾、总结清华大学校友总会几十年来走过的快速发展之路，成功的最重要因素就是有一个非常优秀的工作团队。现在，清华大学校友总会工作人员已达到40人，50%都有清华的学历，绝大部分都是中青年人，所有人都充满着激情和活力。

对于大部分国内高校校友会来说，都常常是人、财、物不足，工作开展起来捉襟见肘，很少建立起长效机制。而拥有40人的清华校友总会是国

内最大、最优秀的校友会。在团队建设过程中，首先需要管理机制创新。现在清华校友总会 40 个人中只有 5 个正式学校编制，4 个返聘的，其他都是校友会独立聘用的。这种创新的用人模式也引起学校其他部门的高度关注和积极效仿。其次需要培养有精神追求、有牺牲奉献精神，甘做幕后无名英雄的员工。校友会工作非常辛苦，休息时间很少，大部分活动都安排在周末和休息时间，而其他时间也要为各地校友提供及时的各项服务。

30.6.5 研究人才成长规律，融入学校人才培养

2002 年，清华校友总会开始全面融入学校的人才培养工作，这是清华校友会发展过程中一个重要的转折点。清华校友会关注的不再仅仅是已经毕业的校友，而也开始关注在校生的成长情况，从入学阶段就进行一系列的校友成长文化教育，包括学生入校导入教育、职业生涯发展规划教育、就业指导教育、杰出校友成长规律研究教育等，特别是 2006 年由清华校友和社会各界发起设立的“清华校友励学金”，现已成为清华学生资助体系中的重要资金来源，目前已达 200 多项。这种“助困励学、爱校育人”的理念使家庭经济困难的学生在获得资金支持的同时，深切感受到校友和社会各界给予的精神激励，能够很好地支持他们修完学业，顺利踏入社会，做对社会有贡献的新清华人。像 1934 年考入清华大学土木工程系的李伟学长，生前十分关心清华，对母校的感情十分深厚。李伟学长在 2005 年逝世后，夫人郑建新老人按李伟的意愿，从退休金中拿出 5 万元，建立了“清华校友——李伟励学基金”，旨在帮助那些贫困的清华在校学生，后来每年继续捐赠 1 万 ~2 万元，帮助贫困生树立高远志向，继承清华优良传统，学业有成，报效祖国。

在这个转变过程中，清华校友总会加大对人才成长规律的研究，以更好地指导在校学生学习成长和离校校友的发展进步。自 2004 年开始到 2009 年，校友会连续六年在校庆期间发放调查问卷，收集清华校友对学校

人才培养工作的第一手反馈资料。校友会通过组织学生志愿者对校友进行面对面的调查、与各地校友会联络发放问卷等方式进行了六次大规模的清华校友问卷调查。在这些调查研究中，得出很多非常有价值的人才成长规律，如空降兵现象、短板效应现象、龟兔现象、二极管现象、天花板现象、第十名现象等；还提出人才成长的三大要素，包括“创新突破”“优势积累”“目标选择”，并以王军、张朝阳、邓锋等校友的成功事例对比一些校友失败的案例证明目标选择的重要性。从学校迈向社会的第一步很重要，成功的关键是选择一个适合自己发展、能够为国家、为社会做贡献的岗位，最好能将自己的发展与国家的发展相结合。第一步选择至关重要，其次就是坚持做下去，什么事情都不可能一蹴而就，坚持是成功的最重要因素。

根据成功校友的经验总结，清华的老师建议大学生们应该以目标为导向积累优势，创新人才在同一层次上的优势积累，往往要经过两个或两个以上重要岗位的磨炼，根据优势积累模式，建议同学们尽早进入相关行业领域积累优势，并且强调了创新对人才成长的重要性，鼓励同学们要善于创新，并且全面发展，积极参加学生工作、社团活动和社会实践。除了定期邀请杰出校友来校做各种人生讲座之外，清华校友会这些年一项最重要的工作就是给大学生们做报告、做规划，每次演讲，总不忘提醒佼佼学子们，清华校友资源是无价之宝，具有很好的信誉，希望大家能够珍惜，并且能够时刻牢记清华人身上的历史责任，将校友的精神传递下去。同时希望同学们毕业后能够保持低姿态、制定中等目标、以高标准严格要求自己，取得人生道路的成功。

30.6.6　创建世界一流大学必须有一流的校友会

现代的高等教育中，评价一所大学水平的重要指标是校友。随着教育资源竞争的日趋激烈，很多国外著名的院校已经把目光投向中国的校友资源，纷纷在中国成立校友会。如美国伊利诺理工大学、美国城市大学、美国约翰斯·霍普金斯大学等都在北京成立了中国校友会，整合中国校友资源。美国伊利诺理工大学主管国际事务副校长 Darsh T. Wasan 曾谈到，从学校长远的发展来看，仅依靠在美国本土的教学优势难以应对日益激烈的教育资源竞争。在北京成立校友会，不仅仅因为学校看中中国众多的校友资源，更重要的是看准了中国教育市场良好的发展势头和发展机遇，希望汇集各类教育资源。Darsh T. Wasan 还特别提醒中国学生，有些人在国外就读期间，大部分时间生活在自己熟悉的小群体里，缺乏与不同文化背景的人进行沟通。一些学生在国外读了几年书，并不认识几个外国朋友，这对学生将来的发展不利。成立校友会的一个重要目的也是帮助这些学生建立一个国际化的人脉网络。因为在一些高端领域，不同文化与团队之间的合作是很重要的，充分利用合作可以发挥更大的优势。

原北京大学校长、北京大学校友会会长许智宏院士在 2006 年首届中国大学校友会会长论坛主旨发言中指出校友对母校的支持，对母校声誉的提升，以及校友的捐赠对大学发展都是十分有益和重要的，这些已成为大学生存和发展的重要支柱之一。因此，我们也就理解国际名校为什么十分重视校友工作。这些世界名校大多历史悠久，特别是那些著名的私立大学，均有多年的校友工作经验，有一套成熟的校友工作体系和工作机制，这些都值得我们学习和借鉴。

30.7 日本浙江大学校友会资源整合创新

浙江大学是一所历史悠久、声誉卓著的高等学府，坐落于中国历史文化名城、风景旅游胜地杭州。浙江大学的前身求是书院创立于 1897 年，是中国人自己最早创办的新式高等学校之一。在历史发展进程中，1952 年院系调整时，已经在国际上享受名誉的浙江大学被分解，其留在杭州的主体部分被分为多所单科性院校，后分别发展为原浙江大学、杭州大学、浙江农业大学和浙江医科大学。1998 年，同根同源的四校实现合并，组建了新浙江大学，迈上了创建世界一流大学的新征程。日本浙江大学校友会就是在这样的历史背景下，由原浙江大学校友会联合在日学习和工作的原浙大、杭大、农大和医大的毕业生一起，开始筹备新的日本浙江大学校友会。2006 年 4 月 16 日，来自日本全国各地的留日浙大校友在位于东京的中国大使馆教育处召开校友大会。

日本浙江大学校友会的宗旨是联谊校友、回报母校、贡献社会。校友会理事会期望通过各种交流活动，加强校友之间、校友与母校以及与其他国家和地区的校友会之间的联系与沟通；为校友提供各种信息及各种可能的协助；团结广大在日校友共同为祖国、为地方、为母校的发展做出贡献。

日本浙江大学校友会是一个由留日浙江大学的校友自愿组建而成，据不完全统计，目前在日本学习、工作的浙大校友总数在 2 000 人以上。经过近 10 年的发展，在校友会注册登录的校友也达到 500 人。

日本浙江大学校友会为了适应各地校友以及不同兴趣校友的需求，已扩展了北海道分会，东北分会、关西分会、中部分会、九州分会、青年分会、美食会、育儿分会、经济金融等各种分会，逐步形成了日本浙江大学校友会各种校友联络网，以很多不同的网络让校友互相联系，只要你有兴趣，你就能找到相同兴趣的校友，这种理念把众多的浙大校友凝聚成一个团结友爱的整体。

30.7.1　校友会运营思想

运营校友会时我们重视友情。毫无疑问，友情远远高于所谓的真理。

那校友会是什么？实际上很简单，校友会就是一个友池，用来让大家放一点友情来共享。看一个校友会是否运营的好，就是看这个池子有多大，水有多深，是清澈见底还是浑浊不清，是鱼欢水悦还是暮气沉沉。

经营友情说起来简单，实际上是件非常具有挑战的事情，因为友情原本是自然发生的现象，而非被经营的物质对象。既然大家都信心满满要做，不妨一起做一次尝试，看看能否经营好友情。

校友会的友情价值可用一个数学算式来表示 = sum（广度 × 密度 × 深度 × 纯度）。

30.7.2 用个体来具象集体，用小群体来具象大集体

提起校友会时，有时会比较抽象。到底是指校友会、理事还是指某一群运营理事会的人，是东京地区的校友还是日本所有的校友。提起校友，我们就会说有 500 人，可是他们都在哪里工作、生活，他们需要什么样的支持、帮助，他们能为其他校友提供什么样的帮助和支持。都没有具体的印象，不是非常的清楚。

日本浙江大学校友会有很多杰出校友，除了极少数人了解一些信息外，几乎大部分的校友都不知道。还有许多铁杆的校友无私地为校友会工作，是他们支撑校友会走到今天，几乎大部分校友都不知道。也有许多校友组织了很有意义的团体，开展了丰富多彩的活动。相信很多校友在那里结下了友谊。各地方的校友也组织过许多很有意义的活动。只有把这些人和事，一个一个描述出来，才能真正获得我们校友会的具象。

两位校友聚在一起喝一次小酒，那也是校友活动。更不用说一群校友聚在一起愉乐了。正是这些大大小小的校友活动汇聚在一起才构成一幅校友会真实而丰富的具象。

有了这些具象，当再次提起校友会时，就会浮现出散居在日本各地校友欢快的脸，就会想起校友们所取得的成就，会为之感到自豪和骄傲，会真诚地感谢每一位为搭建这个平台付出心血的校友。有了这样的具象，才能激发出大家都为之添砖加瓦的热情。

30.7.3　开放与协商

信息和决策的屏蔽将会造成校友之间信息的不平等。猜忌是友情的公敌。而实际上校友会的运作根本就不需要有屏蔽的事情。在阳光下运作就能凝聚信任，信任产生效率，就可以大大节省为争论无谓的真理而付出的时间、精力和感情。公开透明的运作方式应该是最高效的运营方式。

另外，需要注意的是不能用经营企业的方式来经营校友会。经营企业一般是自上而下，职责分明，重视结果，论功行赏，赏罚分明。但这种做法不适合于校友会，这是由于校友会经营的是友情，实际上真正适合于校友会的组织结构中不应该有上下级之分。但因为史上还没有一个真正合适于经营友情的组织结构，所以不能借来使用。好在组织结构仅仅是一个组织实现目标的一个工具，组织追求的目标才是根本之所在。校友会追求的目标是增进友谊，所以应该重过程而轻结果，企业的经营正好与之相反。在校友会没有成败优劣之分，只要在过程中付出了，积累了友谊，结果错了又怎样，没有结果又如何，该得到的都已经得到了。就像技术部大家一起做网站，大家自愿的付出时间和精力，在付出的过程中结识了新的朋友，加深友情，形成了技术部快乐的圈子，同时又让广大的校友享受到了方便的网络交流平台。虽然校友们为此付出了时间、精力，但却是件愉快的事情。至于最终网络做成什么样子，什么时候做成，实际上并不是很重要，也没有必要去刻意追求。所以校友会运营中最重要的是尊重个人的意愿。朋友一起做事，重的是协商、尊重、自愿与合作，靠的是相互的激励，求得彼此之间的友情，这些都与能力、责任和义务无关的。这就是校友会行为与企业行为的不同之处，所以不要被企业的做事行为方式所困扰。

30.7.4　校友会具体运营

为了把共同的大家庭建设好，校友会理事会将努力跨越时间、空间从各个方面健全发展校友会。从时间节点上，努力记录校友会的历史，把校友会和校友的精彩记录下来，并且努力正规化校友会的大家庭做事方式。从空间上，努力增强校友凝聚力、建好校友会网站、丰富校友生活、增加校友和母校沟通，努力回馈社会。同时做好以下几件事。

第一件事：记录校友会的历史，感恩校友。

校友会长期以来得以稳定发展，无不凝聚了每一位热心校友的无私奉献。所有为校友会做出贡献的校友都应该受到感谢，都应该被记住！为了保证校友会今后更好地发展，梳理长年的校友会工作经验，把校友会办事方式逐步正规化，要整理校友会成立以来的重大事件，以及为校友会做出贡献的所有校友信息。这样，感谢和记住校友的同时，让新校友能够了解校友会的发展历史和传承校友会的优良传统。

推选“铁杆校友”。为热心参与校友会活动或积极为校友工作奉献的校友，颁发“铁杆校友”纪念物，以感谢和奖励他们为校友会做出的贡献。推选“校友之家”以感谢和鼓励长期为校友活动提供场所的校友。

第二件事情：了解校友，宣传校友。

校友来自五湖四海，有着不同的背景不同的环境，也都有一个共同的浙大母校、共同的精神传承。不同和相同之间，校友会就有了很多校友的事迹和校友会的精彩瞬间值得挖掘和传播，也有很多经验可以分享和交流。

建立“杰出校友”的宣传制度。颁发“杰出校友”荣誉证书给在工作事业上取得优异成绩的校友。许多校友的事迹都见诸于报端，有太多的优秀校友需要校友会进行整理、记录、宣传和奖励。这些事迹将会激励后来的浙大人更加奋发努力。

挖掘和传播“校友故事”。通过宣传校友的感人故事，激励年轻的校友团结、合作，共同迎接面对挑战。记录校友会大家庭的每一个精彩瞬间，感动校友、凝聚校友、传播校友友谊。

第三件事情：建好网站，沟通友情。

原网站凝聚了很多老校友的辛勤，但为了适应时代变化，智能化等需求，需要采用新的服务器，建立新型或更好的网站，让校友更加易于交流，让校友看到明亮的网站就想起校友会。校友会新网站将成为全体校友的共同资源，欢迎校友自由投稿、自由组建各种外围兴趣小组或协会、发布非营利性活动消息，以方便校友交流、交友和服务校友为目的，新型网站将欢迎全体校友链接个人主页、校友公司主页、校友实验室主页、校友从业部门主页等，以增进校友间交流。

目前日本浙江大学校友会已有的外扩组织有：美食会、足球队、育儿会、登山会、校友友池、东京股市会、乒羽联盟。

第四件事情：丰富活动，彰显凝聚。

首先，办好例行的三大活动，即新年会、合宿、迎新会。争取每年将其中的一次办成各地校友前来参加的大型校友大会，并增加文艺交流。让新老校友相聚交流，在增进友谊的同时，彰显浙大校友的凝聚力。

其次，不定期举办校友生活交流会，着重在育儿经验、教育升学、股市、理财、法律、旅游等主题，请校友关注并邀请其身边的能人、达人给广大校友分享经验和体会。

再次，尽力进一步发展在日教授群体的力量，做一些可能的学术交流、人生经验分享。学生校友也能围绕学生群体的需求办一些学生生活学习相关的体验分享。青年校友也能发扬青年人的激扬文字，增强青年人间的友谊。

最后，努力和母校沟通，为母校做些义工服务。同时也努力增强校友会的对外联系，加强已有的和华为公司等的交流，也进一步扩展校友会对别处的联系，条件允许的话再度启动校友会基金运营回馈社会，努力让校友会大家庭成为社会的有机分子。

第31章

校友会整合资源的创新需求

31.1 校友会不能仅仅成为饭局

最近参加了几个校友活动，感触颇多，发现校友聚会的社交功能正面临重大变化。校友会的社交功能正受到越来越多的关注，而同届别、同地域校友以饭局式举行的校友聚会虽然众多，但交流效果不好，反倒是行业性或有特定主题的校友聚会具有更好的延展性。

校友关系就像同乡关系一样，有着悠久的历史和实用的好处，很多利益相关的校友在聚会中建立了很好的联系。

不过，多数校友会本身的存在却有点尴尬，因为这些校友会往往都是学校管理当局出马组织，联络各地的活跃校友形成分会，按照中国的习惯，一般都是由当地的知名校友担任会长，每年组织一两次活动，通报一下母校的最新发展形势。对学校来说，不少学校着眼于吸引富有校友的捐助，如有的学校每年会列出需要捐助的项目供校友认捐。而校友们，则侧重在事业上的相互帮衬，形成人脉关系，在人情社会这也具有必然性。

问题是，很多人对“聚会”的理解仅仅在于饭局，一群人围桌而坐，讲几个段子，怀几分旧，吃饱了就散场。大型的校友聚会也常出现按照官职高低、钱财多寡分配荣誉和排位的场景，活动组织者有意无意围着大人物转，如此功利虽然情有可原，却伤了其他校友的感情。

中国人对于社交的理解或许缺乏社会性和历史性的熏陶，在计划经济时代，民间的公开社交受到极大的抑制，对于社交的理解、程序和礼节可能都没有多少经验，于是，只好参照社会上的方式，把饭局当成校友社交形式。

在笔者看来，对已经工作多年的校友来说，他们期望的可能不仅仅是聚集起来怀旧，还希望能吸纳新的信息，开辟新的社交圈子。校友会的活动实际上可以参照目前流行的网络社交聚会方式，比如按照职业、兴趣类型进行细分，组织各种形式的主题演讲、分享活动等。在各种大型校友聚会中，大会往往草草走过场，更多的交流来自会后小群体之间的交际，同行业的、同兴趣的人往往容易凑成后续的各种聚会。

同时，母校的校友总会除了通报学校的最新发展状况、提供捐赠目录，似乎也可以提供更多的“增值服务”给校友。例如个别大学让校友可以拿校友卡读图书馆的藏书，可以在学校食堂吃饭等。

实际上，给予校友类似的小小特权其实对学校并没有什么损失——校友们多无时间去借书，而这样却维系了一种必要的荣誉性关联。在国外，有些私立大学对于校友的子女入学还有所照顾。也许以后，随着中国的私立大学增多、生源竞争激烈，这也会成为校友会的服务内容之一吧。

31.2 世界上能够产生最好的朋友的地方是学校和战场

在人际交往中，引申而来的人脉圈子，决定了一个人事业的高度。血缘、地缘、业缘，同乡、校友、同僚、战友等，都是形成人际交往圈子的重要因素。无论是在西方还是在我们中国，在所有社交圈中，校友圈子又显得比较特别，有人说，世界上能够产生最好的朋友的地方是学校和战场。

31.2.1 校友纽带助推圈子共赢

在美国，高校都非常重视经营校友圈子，每年有大量捐款都来自校友。很多名校还有专门的校友网站，如哥伦比亚的校友网站，首页只有四个部分：E－connection（在线校友录）、Career Support（职业帮助）、Gathering（捐赠）、Learning（继续学习）。无独有偶，杜克大学，也在校友网站首页的醒目位置放上了 Career Service（职业服务）的选项。

在中国，校友圈子是被严重低估的资源。事实上，在职场和商场中，我们常常能看到许多因校友圈子而促成的共赢局面，但国内商务社交却至今没有深入挖掘这层关系下的宝藏。目前，国内有些高校校友圈子的经营走在前面，除了前述的“清华帮”外，人大校友自发在各地举办金融论坛；北大校友自发组织了一八九八校友创业咖啡馆；中科大校友自发组织中科大新创基金会。

校友圈子的重要性在近十几年来形成的中国金融投资领域里开始逐渐凸显。人大有上海的浦江金融论坛、北京的燕山金融论坛，南北呼应以文会校友，一年四次，每季论坛都与当时的金融市场形势、证券投资密切联系，参加论坛的人员多数是人大校友，规模常在二三十人。

论坛、俱乐部、基金会等，这些则作为联系校友圈子的良好舞台，一些相对活跃有影响力的校友在其中穿针引线，分享成功经验甚至失败教训。

2013 年 10 月，依托北大校友创业联合会平台，北大一百多位校友企业家、创业者、投资人众筹成立了国内首家校友创业主题的咖啡馆“一八九八”，旨在通过连接学校、校友、社会、凝聚多方资源，打造校友创业之家。据统计仅成立一年后，一八九八咖啡馆就举办了超过三百场创新、创业相关活动，多位咖啡馆发起人以及校友通过这个平台大为受益，或是习得知识，或是获得融资，或是结识人脉，或是达成合作。更重要的是，这种全新的众筹模式，延伸出了更多的众筹组织，如金融客咖啡、若水合投、佳美儿童口腔医院等。

再如中科大的例子，刘志峰、王巍和玩蟹科技的联合创始人胡磊、万城同为少年班校友。2011 年 6 月的一天，玩蟹科技总裁叶凯在那条创业家云集的知春路上，见到了科大少年班的校友刘志峰。校友叙旧后，刘志峰答应为才创业两年的叶凯引荐几个手游界的校友，交流一下经验。而之所以能为校友之间搭建桥梁，是因为刘志峰是中科大新创基金会负责人。三天以后，刘志峰向北纬通信旗下的创投永辉瑞金推荐了玩蟹科技，北纬通信的创始人傅乐民也是科大的校友。月底，北纬通信副总裁李韧、蜂巢游戏总经理王巍去造访了玩蟹科技的工作室。

2012 年，玩蟹科技正式推出手游“大掌门”，叶凯、胡磊、万城等校友们帮了他们一把，北纬通信旗下蜂巢游戏担任“大掌门”的独家 Android 发行商。北纬通信的渠道与市场优势，为“大掌门”的市场推广带来的影响力不可小觑。仅 2013 年上半年，玩蟹科技的营收就达 9 669. 14 万元，对于公司业绩的爆发式增长，玩蟹科技曾公开表示主要得益于“大掌门”的成功。当然，这是一个双赢的合作，北纬通信的股价也由 2013

年年初的16元飙升至60元。玩蟹科技的成绩，让同样在做游戏的校友周程和王斌很激动。虽然处在同一个行业，但相较于竞争，科大校友更多的是合作与共享。

相比之下，吉林大学的校友会更具官方性质，是于2010年正式通过国家民政部审核，获准注册登记的独立的社会组织。吉林大学校友会以着重在加强联络、建立组织、搭建平台和增进合作等方面做出积极努力，在较短时间内完善了校内外校友工作体制，多次促成校友企业、社会企业与吉林大学的合作，在人才培养、科学研究和校园文化建设等高校建设与管理事务中发挥了积极作用，构造了学校关心校友、校友关心母校，相互支持、共同发展的良好局面。

纵观几个优质的校友圈子以及基于这些圈子所产生的力量，经营校友圈子的益处也不言而喻。

31.2.2 围绕校友关系的商务社交利器

当然，校友圈子的经营也并非一蹴而就。经营校友圈子最大的困难就是学生毕业后，信息就随之丢失。在校友间，最容易行成校友圈子的就在上中下三届学生，年代久了校友间较难取得联系。虽然高校有比较全面的学生信息，但是由于缺少更新，信息也就丧失了价值。

在毕业校友信息的搜集方面，比较主动的如吉林大学，每年靠给学生打电话一个个去联系，但是这种做法效率并不算高。深耕于校园的人人网原本拥有着得天独厚的校友资源，但是由于人人网的用户都十分年轻，年龄大的校友也就缺乏联系。这时，就非常需要一个围绕校友关系的产品，方便人们去经营校友关系，帮助各大高校掌握校友动向。

单打独斗的时代已经过去，抱团发展已经成长起来。无疑，校友关系，为抱团发展提供了重要基础。师兄师姐介绍和推荐工作的案例不胜枚举，而借助校友商务社交，结识更多的师兄师姐、师弟师妹，则让自己的商务交际和职业发展的半径大为扩大。

基于校友的关系，以及全面丰富的个人资料，建立校友商务人脉圈，将是国内商务社交的破冰点，成为人脉拓展方面最有意义的商务交友方向。经纬网一款新的围绕校园社交展开的APP“校友汇”针对校友商务社交进行深入挖掘，向用户智能推荐校友，去建立基于校友的二度人脉。不怕工作难找，最重要的是，要找到优质队友圈子。有了好队友，好工作不再难找。

31.3　借鉴美国经验，创新我国高校校友会资源整合的运作机制

随着我国高等教育的快速发展，大学校友数量大幅增加，校友会作为凝聚和联系校友的一个重要平台，发展却相对滞后，不少大学校友会的活动仅限于聚会和捐赠方面，忽略了在联络和服务校友方面的职能。而以美国的高等院校校友会为首的西方发达国家的校友会取得了举世瞩目的成就，美国大学校友会的设置和发展都十分完善，为大学开发校友资源提供了有力支持，校友对大学的捐赠已成为非常重要的经费来源。

31.3.1　中美两国大学校友会的发展历程

美国大学校友会历史悠久，1792年起耶鲁大学就开始以班级为单位由校友秘书组织开展聚会，逐渐形成了今天耶鲁大学班级定期聚会的惯例。校友会最初成立主要是为了增加毕业生在大学管理和政策制定中的影响力，增强校友间的联系和交流，是非营利性社会组织。而随着校友聚会活动的日益频繁，1821年威廉姆斯学院成立了第一个正式的校友协会，它是

北美大学中最古老的校友组织，随后其他地区的大学如普林斯顿大学、哈佛大学等陆续成立了校友会，1897 年密歇根大学成立的校友会，已拥有全职秘书且由校友会负担薪水。这些校友会的成立一方面密切了校友间的联系交往，另一方面也大大提升了大学的声誉和地位。

根据校友会与大学间的所属关系，美国大学校友会可分为依赖型、独立型、合作型三种类型。

早期的美国大学校友会一般都属于依赖型，校友会由大学主导开展活动，所需活动资金基本都来源于大学。校友会工作人员属于学校职员，实行校长负责制，该类型可以充分利用大学拥有的各种资源，服务对象主要是大学，但由于受制于大学的管理体制，自主开展工作的动力较差，极易被边缘化。

随着校友会的不断发展，许多校友会成员更倾向于脱离大学行政管理的束缚，远离校园事务管理，以便有更多的独立性来规划和统筹安排校友工作。这类校友会资金来源于会员所交会费，工作向校友会董事会负责，主要为校友服务，但由于过分强调独立性，与大学间的联系较少，容易与大学的发展脱节。

合作型校友会独立于学校的行政管理之外，但与负责大学校友工作的部门保持密切合作，校友会向大学和董事会双方负责，发展目标兼顾大学和校友两个方面，经费除少部分由大学提供外，多数由校友会自己筹集。合作型校友会既保障了自身开展工作的独立性，又照顾到服务大学的目标，有利于调动各方工作的积极性，是目前许多大学都采用的类型。

中国大学的校友会正式成立较晚，但科举时代称呼同榜及第者聚会的“同年会”可视为校友聚会的原始雏形。“同年”是古代科举考试同科考中进士、同榜登科者的互称，清代科考中式之年甲子相同，亦称“同年”，“同年”是传统社会中最为重视的社会关系资源。“同年会”是由“同年”自愿组成，其开展的活动如唐代进士科发榜后的曲江游宴、杏园探花，宋代的同年序齿仪式等，其目的就是为加强“同年”之间的联系。

现代的大学校友会一般是由校友自愿组成的非营利性社会组织，大多依托于母校开展工作，如为大学筹集资金、校庆聚会等，但由于很多大学校友会没有在国家民政部登记注册，还处于不合法状态。

中国大学校友会从类型上可分为依赖型和合作型，其中依赖型校友会与美国大学类似，校友会挂靠于大学行政机构，工作人员为学校职员，经费来源于大学提供和校友捐赠，工作主要围绕大学的需求展开。

合作型校友会目前多存在于大学的地方校友会中，它们是真正意义上独立的社会团体，一般是以校友为团体申请注册，日常经费来源于会员会费、校友捐赠等，与母校之间是合作关系，为大学和校友的利益开展工作。

31.3.2　中美两国大学校友会的主要职能

美国大学校友会发挥着为大学筹集资金、建立校友关系网、为校友提供服务等职能。

一是筹集资金。美国私立大学的经费来源主要依靠社会捐助；公立大学由于政府拨款不断削减，办学经费也十分紧张。美国大学校友会设有专门的机构负责捐赠活动，通过各种途径发动校友为母校捐赠，虽然一开始时校友捐赠规模比较小，但随着大学日益重视和校友会的不断努力，校友捐赠在大学经费来源中的比例不断提高。2000 年，约有 200 万美国公立大学校友为其母校捐助，耶鲁大学、斯坦福大学和哈佛大学的捐款数额分别为 2.33 亿美元、2.1 亿美元和 1.88 亿美元。

二是参与大学管理。在美国，校友一般通过校董事会形成对大学管理的影响。美国大学校董事会或理事成员中部分人选是由校友会提名产生的，东部地区许多私立大学的校友更是直接作为董事会成员参与大学的管理工作。如校友们直接参与完成了耶鲁大学的本科教育改革报告。校友会一般不直接干涉大学的决策过程，更多时候通过财政支持计划对大学施加间接影响。如校友会通过各种途径了解教师与学生的实际问题并予以资助。此外，校友们还在大学发展规划的制定、院校评估等方面发挥着十分重要的作用。

三是建立校友关系网。美国大学的校友关系网非常重要，大学可以通过这个网络招募优秀生源，也可以为大学毕业生提供高质量的就业岗位。对学生择校的调查显示，成功的校友典型可以起到很强的引导作用，在影响学生择校的因素中校友居第二位，仅次于大学的学术质量。大学校友会设有招生委员会，通过邀请优秀学生到校参观等方式吸引优秀生源报考。由于毕业生就业率直接关系到学校的各项排名，大学会通过校友关系网为毕业生寻求各种优质岗位。大学校友会设有职业指导委员会专门负责为大学毕业生推荐工作机会和传授社会经验，特别是专业性较强的行业更是如此。

四是为校友提供各类服务。随着科技的飞速发展，广大校友离开学校后仍然渴望接受继续教育以提升自己。美国大学校友会根据实际情况为校友开展一系列服务，如耶鲁大学校友会与期刊库、耶鲁大学图书馆合作，面向耶鲁校友开通电子通道，校友只需注册便可免费获得超过千种的学术期刊。美国部分私立大学从 1916 年开始为校友提供继续教育机会，至 1959 年布朗大学成立了专门的校友学院，校友继续教育不断完善发展，形式也从最初的讲座、短期课程培训等发展到后来的研讨会、夜校等。为校友提供继续教育机会可以增强校友的竞争实力，为他们走向成功创造更好的条件，也可以让校友更好地了解大学的发展和需求，能有效加强校友和大学间的沟通联系。

我国大学校友会目前的职能还比较单一，主要是联络广大校友和服务大学的建设开展。对大学而言，分布于各行各业的校友是非常难得的资源，既包括校友本身可作为人才资源，更包含了校友所拥有财力、物力、信息、社会影响力等各方面。校友会作为开发校友资源的平台，通过定期举办校友聚会和联谊活动，发挥为大学和校友牵线搭桥、沟通交流的重要作用。校友们对母校都十分关心，对大学的专业优势、师资力量、科研水平和发展需求等都比较了解，对自己所处的行业又比较熟悉，拥有很多人际交往方面的有利条件，通过搭建母校与校友间经济科技合作和学术文化交流平台，推动大学与企业进行全面合作，提高大学的知名度和社会影响力。同时，校友会也是大学筹措办学资金的一个重要渠道，校友们的捐助可以有效解决大学发展过程中的资金困难问题。

31.3.3　中美两国大学校友会的组织结构

全面服务于大学发展是美国大学校友会的立足目标，随着大学的不断发展校友会担负的职能也越来越多，使得从领导层到普通师生都很重视校友工作，大学对校友会组织建设也都十分重视，大学校长们也常常花大量时间参与校友活动，把校友会工作看作大学组织建设的一部分。

美国大学校友会机构设置十分规范，人员配备完整，在运行过程中一般分为两个层次，即校友董事会和校友委员会。校友董事会负责管理校友会，是校友会的立法、决策和执行机构，有权制定政策、议事日程和规章制度等，负责指导由校友会发起的校友会活动。董事会规模大小不一，少则十几人多则几百人，成员一般都是管理、市场和战略规划等方面的专业人士。

校友董事会下设执行委员会、提名委员会、计划委员会、职业指导委员会和发展委员会等，通常由各委员会提出政策建议，提交给董事会审批，董事会通过决议后由各委员会负责具体执行。各委员会分工具体，职能明确，如执行委员会代表董事会执行、处理各种日常事务和紧急情况，提名委员会负责认证、招募和提名学校董事会候选人，计划委员会统筹安排校友董事会的活动和计划，职业指导委员会负责召集校友参与学校活动，为大学生讲授专业方面问题和传授社会经验，发展委员会负责动员校友向母校捐赠等。

各委员会工作人员都是经过挑选的专业人员，各部门除了负责人之外，还设有秘书、联络人员、普通职员等，而雇佣方式既有全职工作人员，也有临时的兼职人员。同时校友会还会面向大学生、校友和大学教职工招募志愿者，申请人员只需向有关部门提交申请表格，经审查合格后即被录用。这种组织机构可以使校友会工作既做到统一领导，又能够任务明确，有助于各部门挑选专业工作人员开展工作，处理问题时更具灵活性，保证了校友会高效率运转。

中国大学依赖型校友会一般挂靠于大学的行政机构，如很多大学设置的校友办公室，其工作对大学负责。调查显示，大学设置的校友工作机构人员配备普遍较少，一般为 2 ~ 4 人，很多大学为解决人手不足问题，不得不聘用校内退休老教师。

合作型校友会机构比较完善，目前大学各地方校友会多是采用此模式，一般包括会员代表大会、理事会、秘书处等，有些还设有常务理事会。会员代表大会负责制定和修改校友会章程、选举和罢免校友会理事、审议理事会的工作报告和财务报告等事宜，是校友会最高权力机关，代表实行任期制，是会员表达个人意愿和维护自己合法权益的基本组织形式。

31.3.4 如何借鉴美国经验

同美国大学校友会相比，中国大学校友会还存在定位模糊，组织机构不完善、人员配备不足、职能略显单一等问题。应从以下两方面进行改进。

第一，明确定位，强化服务意识。

中国大学校友会多数还属于依赖型，校友会组织开展的活动多依托于大学，更多考虑大学的需求，对校友的服务还停留在表层阶段，形式也比较单一，通常是校庆聚会活动、分发校报等。校友会应兼顾大学和校友两方面的利益，开展工作既需围绕大学的发展，也应满足校友的需求。校友会应加强与地方校友会之间的交流联系，鼓励它们结合地方实际，因地制宜开展活动，促进校友所在单位与大学的交流合作；定期组织校友返校聚会和座谈交流，加大校友间的沟通联络；利用现代网络技术，加强校友会网站等新媒体平台的建设，搭建现代化的校友在线交流平台；通过采访知名校友，对他们的事迹进行搜集整理，在校友会网站进行宣传报道，扩大校友的社会影响；邀请优秀校友到大学开展讲座，为大学生讲述人生经历和奋斗历程；为校友免费提供分享大学图书馆资源的机会，帮助他们接受继续教育，提升个人综合实力，促进校友与大学间的沟通交流，增进校友对母校的感情。

第二，完善机构，加强人员配置。

大学校友数量众多，分布范围也很广，校友会没有充足的人员很难圆满完成工作目标。中国大学校友会可以借鉴美国大学校友会的模式，建立多样化的用工方式，实行全职和兼职相结合的方式来满足工作需要。可以根据不同时间段的工作需求，对雇佣人员进行机动调整，做到人员的合理配置和使用。同时可以建立校友工作志愿者制度，从大学内外招募学生、教师和校友参与进来，一方面可以有效解决校友会的人员不足问题，另一方面可以使在校大学生参与到校友会工作中来，为他们将来走上社会后回馈母校、贡献母校打下感情基础，而毕业的校友回校参与校友工作，可以增进校友与母校间的交流联系，强化校友的母校情结。

同时，中国大学校友会基本分为大学校友会和地方校友会两个类型，组织机构种类较为单一，应充分发挥大学院系的积极性，组建院系一级的校友会工作机构，让广大专业教职员工参与进来，发挥他们接触面广和人脉多的优势。由于班级内部同学间更加熟悉，联系更多，可以将班级作为校友会的基本组成单元，以班级为单位开展校友聚会等活动，从而提升整个校友会的凝聚力，更好地为广大校友做好服务工作。

后　　记

随着略带寒意的秋风劲吹，最近京城空气质量明显改善，人们尽享北京最美好的季节。近三年，北京遭遇过数次较严重的雾霾天气，在北京的我，为了躲避雾霾，正好促成了我完成这本《整合创新——移动互联·物联网·大数据时代的资源整合》的修改工作。完成这本书对我来说意义重大，因为这是我计划中整合三部曲的最后一本了。本书完成并付梓为我写作目标的完成画上圆满的句号。

回顾这么多年来，更多的时日是奔波在路上，为各地的朋友们做些整合资源、发展项目的事情，由于帮助了大家，总是受到很多赞扬，我脸烧如炭。把自己和朋友们整合资源的一些探索和经历呈现出来，汇集成册，展现给大家，就当一种自己应尽的义务和责任吧。

对我而言，完成这本书是一次艰难的跋涉，它虽然不够完美，甚至略显粗糙，但我对她是用尽百分之百的心力和智力的。在编撰这本书时，我常常要对一个案例的选择、某段文字的内容进行反复修改。因为越收集资料，越分析自己面对的项目，越研究下去，就越不敢妄言。因为了解得越多，就越发现现象及其背后本质的复杂性。写作本书的经历亦是认清自己的过程，认识到自己的分量以及自己所欠缺的东西，并挖掘自己可以努力的方向。

这本书的顺利完成，离不开朋友们的关心与帮助。再次感谢多年来给予我许多有益教诲的老领导、老前辈、企业家和各界的朋友们。你们严谨的治学态度、不染俗流的学者风骨、诲人不倦的师长风范和敢为人先的创业胆识为我树立了做人、做事、做课题研究的楷模！我深深感谢所有关心、爱护和帮助过我的每一个人，也感谢为本书出版辛勤工作的同志们，谢谢你们！

杜　芸

2017 年秋日于北京万寿路